高职高专旅游与酒店管理类教学改革系列规划教材

"十二五"职业教育国家规划教材
经全国职业教育教材审定委员会审定

餐饮服务与管理

第三版

刘 勇　马 磊　主　编
杨　涌　副主编
刘胜勇　主　审

CATERING SERVICE
AND MANAGEMENT

化学工业出版社
·北京·

餐饮服务与管理是高职高专院校旅游管理专业和酒店管理专业的主干专业课程。本教材根据学生的认知规律，以餐厅创办和经营的工作过程为导向，并选取典型工作任务，按照餐厅的运营流程来编写。本教材共分八章，主要包括餐饮概述、餐厅与菜单计划、餐饮原材料采保管理、餐饮生产管理、餐饮服务技能训练、餐饮服务质量管理、餐饮销售管理、中西式快餐厅的运营与管理等内容。本教材为第三版，修订时响应了国务院提出的"大众创业、万众创新"号召，融入创业创新元素，并融入课程思政元素，旨在训练学生从事餐饮服务工作的基本技能和操作程序，强化餐饮服务与管理工作必备的观念和意识，培养餐饮创业能力与餐饮管理技能，提高学生的职业道德和职业素养水平。本书既可作为高职高专院校旅游管理专业、酒店管理专业学生的教材，也可作为餐饮企业服务与管理人员的培训教材或自学用书。

图书在版编目（CIP）数据

餐饮服务与管理/刘勇，马磊主编. –3版. —北京：化学工业出版社，2020.5（2023.1重印）
ISBN 978-7-122-36332-9

Ⅰ.①餐⋯　Ⅱ.①刘⋯②马⋯　Ⅲ.①饮食业–商业服务–高等职业教育–教材②饮食业–商业管理–高等职业教育–教材　Ⅳ.①F719.3

中国版本图书馆CIP数据核字（2020）第034091号

责任编辑：王　可　于　卉　　　　　　　　装帧设计：张　辉
责任校对：宋　玮

出版发行：化学工业出版社（北京市东城区青年湖南街13号　邮政编码100011）
印　　装：大厂聚鑫印刷有限责任公司
787mm×1092mm　1/16　印张15½　字数368千字　2023年1月北京第3版第3次印刷

购书咨询：010-64518888　　　　　　　　售后服务：010-64518899
网　　址：http://www.cip.com.cn
凡购买本书，如有缺损质量问题，本社销售中心负责调换。

定　　价：46.00元　　　　　　　　　　　　　　　　　　　　　　　　版权所有　违者必究

前言

本教材适用于高职高专院校旅游管理专业和酒店管理专业的主干专业课程"餐饮服务与管理"的教学。本教材为第三版,内容在上一版基础上进行了修订,修订重点有以下几方面。

(1)本版教材响应了国务院提出的"大众创业、万众创新"的号召,融入创业创新元素。根据学生的认知规律,以餐厅创办和经营的工作过程为导向,选取典型工作任务,按照餐厅的运营流程来编写教材。旨在训练学生从事餐饮服务工作的基本技能和操作程序,强化餐饮服务与管理工作必备的观念和意识,培养餐饮创业能力与餐饮管理技能。

(2)本版教材融入了课程思政元素。近年来在餐饮业出现了一些负面事例,使消费者对餐饮业的信任度下降,从而对餐饮行业造成了较大的影响。所以应加强学生的思想道德教育和职业诚信教育,以提高学生的职业道德和职业素养水平。

(3)本版教材体现了我国餐饮业发展的新趋势。近几年,随着经济的快速发展,我国餐饮业获得了长足发展,餐饮消费时尚和发展模式也发生了很大变化。鉴于此,本版教材对相应数据和状况进行了及时更新。

本版教材由刘勇、马磊任主编,杨涌任副主编,由江苏建筑职业技术学院教授刘胜勇主审。参加编写人员分工如下:金疆(承德旅游职业学院),第一章;杨涌(承德旅游职业学院),第二章、第四章;于丽曼(徐州工业职业技术学院),第三章;刘勇(徐州工业职业技术学院),第五章、第七章、第八章;张翠菊(黑龙江旅游职业技术学院),第六章三、四节;夏池莲(黑龙江旅游职业技术学院),第六章第一、二节。

本书在编写过程中,参考并引用了国内外同行的有关教材、资料和研究成果,在此表示衷心感谢!由于编者水平有限,书中难免有疏漏之处,恳请同行专家和读者指正。

编者

2020年5月

第一版前言

"餐饮服务与管理"是高职高专院校旅游管理专业和酒店管理专业的主干专业课程。本书共分十章,主要从餐饮服务技能、餐饮管理理论与实务两个方面介绍了餐饮服务与管理的基本理论、基础知识及餐饮部运行与管理的基本程序和方法,训练学生从事餐饮服务工作的基本技能和操作程序,强化餐饮服务与管理工作必备的观念和意识,培养胜任酒店服务与基层管理工作、适应行业发展与职业变化的基本能力。

本书在编写过程中努力体现以下特色。

① 有针对性。强调以应用为教学重点,基础理论以够用为度,着重培养学生的技术应用能力和创新能力,适应高职教育层次。

② 实用性强。内容翔实,要点突出,并与餐饮企业工作的实际相结合,与职业资格鉴定相衔接;难度适中,而且提供了服务技能的实训指导,便于教学的组织与实施,具有很强的可操作性。

③ 图文并茂。采用适量的图、表,使读者对知识内容有直观的、清晰的了解。

本书既可作为高职高专院校旅游管理专业、酒店管理专业学生的教材,也可以作为餐饮企业服务与管理人员的培训教材或自学用书。各院校和各专业在使用本教材时,可根据各自情况,有所侧重。

本书由张翠菊任主编,刘勇、杨涌任副主编,由孙静教授主审。参加编写人员分工如下:金疆编写第一章;张翠菊编写第二章、第三章第二~四节、第五章第二~三节;姚远编写第四章第二~五节;夏池莲编写第五章第一、四节;杨涌编写第六章、第八章;刘勇编写第七章、第九章、第十章、第三章第一节、第四章第一节。

在本书的编写过程中,参考了国内外同行的有关教材、资料和研究成果,在此表示衷心感谢!

由于编者水平有限,书中难免有疏漏和不妥之处,恳请同行专家和读者指正。

编者
2007 年 5 月

目 录

第一章 餐饮概述 ……001

第一节 餐饮管理目标和任务 ……001
一、餐饮管理的目标 ……001
二、餐饮管理的任务 ……002

第二节 餐饮管理特点 ……003
一、餐饮生产的特点 ……003
二、餐饮销售的特点 ……004
三、餐饮服务的特点 ……004

第三节 餐饮企业组织机构与职能 ……005
一、餐饮企业的组织机构设置 ……005
二、餐饮各组织机构的一般模式 ……006
三、餐饮部各部门的主要职责 ……009
四、餐饮工作人员的岗位职责 ……009

第四节 餐饮业的发展趋势 ……013
一、经营方式多样化 ……013
二、产品及经营创新化 ……014
三、餐饮服务个性化与亲情化 ……015
四、餐饮消费两极化 ……016
五、快餐业发展迅速化 ……016

六、餐饮管理现代化……………………………………………………017
本章小结………………………………………………………………019
复习思考题……………………………………………………………019
实训题…………………………………………………………………019

第二章　餐厅与菜单计划……………………………………………020

第一节　餐厅的设立……………………………………………………020
　　一、餐厅的选址………………………………………………………020
　　二、餐厅市场区域分析………………………………………………022
　　三、确定目标顾客……………………………………………………023
　　四、确定餐厅的经营宗旨……………………………………………024

第二节　餐厅的设计与布局……………………………………………026
　　一、餐厅设计的要求与原则…………………………………………027
　　二、餐厅设计内容……………………………………………………028

第三节　菜单的种类与实施……………………………………………030
　　一、菜单的作用………………………………………………………030
　　二、菜单的实施策略…………………………………………………031
　　三、菜品的选择………………………………………………………037

第四节　菜单的设计和制作……………………………………………041
　　一、菜单的内容………………………………………………………041
　　二、菜单内容的安排…………………………………………………043
　　三、菜单的设计和制作………………………………………………044
　　四、菜单设计制作中应注意的问题…………………………………045
　　五、菜单设计者的素质要求…………………………………………046

本章小结………………………………………………………………047
复习思考题……………………………………………………………047
实训题…………………………………………………………………048

第三章 餐饮原材料采保管理 ··· 049

第一节 采购管理 ·· 049
一、采购员的配备和选择 ··· 049
二、采购质量管理 ·· 050
三、采购的间隔时间与方法 ··· 050
四、采购价格管理 ·· 053
五、集中采购 ·· 054

第二节 验收管理 ·· 054
一、验收人员、验收场地和设备的要求 ······························· 054
二、验收控制 ·· 055

第三节 贮存管理 ·· 057
一、库房的分类和贮存条件 ··· 058
二、货物的安排与管理 ··· 062

第四节 原材料发放控制 ··· 065
一、食品原料的发放 ··· 065
二、饮料的发放 ·· 065
三、内部原材料调拨处理 ·· 066
四、原材料盘存管理 ··· 066

本章小结 ·· 068
复习思考题 ··· 068
实训题 ··· 068

第四章 餐饮生产管理 ·· 069

第一节 餐饮生产管理概述 ·· 069
一、餐饮生产部门基本特征 ··· 069
二、餐饮生产组织机构与人员配置 ···································· 070

三、餐饮生产场所的规划与布局…………………………………………074
　　四、餐饮生产设备配置……………………………………………………077

第二节　餐饮产品质量控制………………………………………………………079
　　一、餐饮产品质量构成要素………………………………………………079
　　二、制定标准食谱…………………………………………………………080
　　三、控制生产过程…………………………………………………………081

第三节　餐饮产品成本控制………………………………………………………086
　　一、餐饮成本构成分析……………………………………………………086
　　二、成本核算与成本报表…………………………………………………088
　　三、餐饮成本分析与控制…………………………………………………093

第四节　餐饮生产安全管理………………………………………………………097
　　一、餐饮生产安全控制……………………………………………………097
　　二、餐饮生产卫生控制……………………………………………………098

本章小结………………………………………………………………………………101
复习思考题……………………………………………………………………………101
实训题…………………………………………………………………………………101

第五章　餐饮服务技能训练………………………………………………………102

项目一　餐饮服务基本技能训练…………………………………………………103
　　任务一　托盘技能训练……………………………………………………103
　　任务二　餐巾折花…………………………………………………………107
　　任务三　摆台………………………………………………………………110
　　任务四　斟酒………………………………………………………………118
　　任务五　点菜………………………………………………………………122
　　任务六　分菜………………………………………………………………124
　　任务七　其他服务技能……………………………………………………129

复习思考题 ·· 135

项目二　中餐服务技能训练 ·· 136
  任务一　中餐零点服务 ··· 136
  任务二　中餐宴会服务 ··· 143

复习思考题 ·· 151

项目三　西餐服务技能训练 ·· 152
  任务一　西餐早餐服务 ··· 152
  任务二　西餐正餐服务 ··· 154
  任务三　西餐宴会服务 ··· 156
  任务四　自助餐服务 ·· 160

本章小结 ··· 162

复习思考题 ·· 162

第六章　餐饮服务质量管理 ··· 163

第一节　餐饮服务质量管理概述 ··· 163
  一、餐饮服务质量的涵义 ··· 163
  二、餐饮服务质量的构成 ··· 164
  三、餐饮服务质量的特点 ··· 166

第二节　餐厅优质服务 ·· 167
  一、服务的内涵 ·· 167
  二、优质服务的主要标志 ··· 169
  三、餐饮服务人员的素质要求 ··· 170

第三节　餐饮服务质量控制 ··· 173
  一、餐饮服务质量控制的基础 ··· 173
  二、餐饮服务质量控制的方法 ··· 174

三、餐饮服务质量的监督检查 …………………………………………… 176
　　四、餐饮服务质量分析方法 …………………………………………… 178
　　五、PDCA 管理循环 …………………………………………………… 181

第四节　提高餐饮服务质量的措施 …………………………………………… 182
　　一、确立现代餐饮服务质量意识 ……………………………………… 182
　　二、以客人需求为核心设计服务质量标准 …………………………… 182
　　三、实施全面质量管理 ………………………………………………… 183
　　四、导入 ISO 9000 族国际质量标准体系 …………………………… 184
　　五、落实 5S 管理精神 ………………………………………………… 184
　　六、正确处理宾客投诉 ………………………………………………… 185
　　七、开展优质服务竞赛和质量评比活动 ……………………………… 187
　　八、餐饮服务质量效果评定 …………………………………………… 187

本章小结 ……………………………………………………………………………… 189
复习思考题 …………………………………………………………………………… 189
实训题 ………………………………………………………………………………… 189

第七章　餐饮销售管理 ……………………………………………………………… 190

第一节　餐饮定价 ……………………………………………………………… 190
　　一、餐饮产品价格结构的特点 ………………………………………… 190
　　二、餐饮定价目标 ……………………………………………………… 191
　　三、定价策略 …………………………………………………………… 192
　　四、定价方法 …………………………………………………………… 196

第二节　餐厅销售决策 ………………………………………………………… 198
　　一、餐厅营业时间决策 ………………………………………………… 199
　　二、清淡时间价格折扣决策 …………………………………………… 200
　　三、亏损先导推销决策 ………………………………………………… 200

第三节　销售控制

一、点菜单控制 ·· 201

二、出菜检查员控制 ··· 202

三、收银员控制 ·· 203

四、酒水的销售管理与控制 ··· 203

五、销售指标控制 ·· 206

六、餐饮销售报表 ·· 207

第四节　餐饮营销

一、广告营销 ·· 208

二、宣传营销 ·· 209

三、员工推销 ·· 210

四、菜单营销 ·· 211

五、餐厅形象营销 ·· 211

六、餐饮营销策划 ·· 212

七、餐饮营销的发展趋势 ··· 215

本章小结 ··· 219

复习思考题 ··· 219

实训题 ··· 219

第八章　中西式快餐厅的运营与管理 ·· 220

第一节　中西式快餐的发展现状 ·· 220

第二节　西式快餐厅的运营与管理 ·· 222

一、生产工业化 ·· 222

二、生产标准化 ·· 222

三、经营连锁化 ·· 223

四、服务优质化 ·· 223

五、卫生明确化 …………………………………………………………… 223
　　六、定位准确化 …………………………………………………………… 224
　第三节　中式快餐的发展前景与发展途径 …………………………………… 224
　　一、中式快餐存在问题分析 ……………………………………………… 224
　　二、中式快餐的发展前景 ………………………………………………… 226
　　三、中式快餐的发展途径 ………………………………………………… 226
　　四、中式快餐连锁经营具体模式 ………………………………………… 230
本章小结 …………………………………………………………………………… 232
复习思考题 ………………………………………………………………………… 233
实训题 ……………………………………………………………………………… 233

参考文献 ………………………………………………………………………… 234

第一章 餐饮概述

学习目标

明确餐饮管理的目标和任务;掌握餐饮管理的特点;熟悉餐饮企业组织机构与职能及餐饮各主要岗位的职责;了解餐饮业的发展趋势。

第一节 餐饮管理目标和任务

餐饮业是利用设备、场所和餐饮产品为外出就餐的客人提供社会生活服务的生产经营性服务行业。餐饮业的经营类型十分复杂,饭店、宾馆、餐馆、酒家、酒楼、饭庄以及快餐店等,都从事餐饮经营。但不管其经营类型多复杂,餐饮管理都必须以目标市场为对象,以产品质量和服务质量为中心,以生产经营活动为主体,以提高经济效益为目的,使企业的等级规格及用餐环境与接待对象相适应。

餐饮管理是指从客源组织、食品原材料采购、厨房生产加工到餐厅销售服务的系统管理过程。

一、餐饮管理的目标

1. 增强服务意识,提高人员素质

餐饮业属于服务行业,服务是餐饮企业安身立命之本,也是餐饮企业迎接竞争的良策之一,完美而亲切的服务往往会赢得宾客的青睐。所以餐饮企业的工作人员必须要增强自己的服务意识,踏实地做好服务工作,树立起为他人服务光荣的意识观。如今服务已成为

特殊的商品，能否为宾客提供优质服务，取决于从业人员的综合素质和企业的整体管理水平。无数实践证明，产品质量取决于企业的"人员质量"。但是，"人员质量"除了与学历高低、学问深浅、知识多少等因素有关以外，还与经验、技术、进取心、向心力、热心、公德等因素有很大关系。

2. 拓展经营项目，开发特色产品

餐饮经营要敢于突破传统的模式，将用餐和其他活动结合起来，产生一种全新的经营理念，使美食融多种文化形式于一体，提高餐饮的参与性、观赏性和娱乐性。在当今的餐饮业竞争中，要想争取更多的客源，获得更多的利益，不断地开发特色产品是有效的途径之一。在特色产品开发方面，必须要遵循"投其所好、供其所需、适其所向、补其所缺"的原则，开发适销对路的特色产品来吸引宾客。

3. 改善餐饮环境，突出文化特点

现代餐饮经营已进入一个全新理念的时代。越来越多的消费者更注重餐厅环境氛围，追求用餐的情趣和心情，因此，现代餐饮不只是出售产品，同时也出售温馨的感觉和愉快的体验。也就是说，宾客需求是由物质需求和精神需求构成的统一体，到饭店用餐不仅是为获得食品的使用价值以满足某种生理需求，同时也是希望得到一种美好的享受。而饮食环境也是我国饮食文化审美过程的一个重要方面。今天，餐饮的文化性已经渗透到经营的方方面面，从餐厅的设计布置、装饰到菜品的色、香、味、形、器，无一不是文化的结合体，所以在餐饮经营管理方面可将文化特色作为经营的主要方向，为餐饮经营开辟新的思路。

二、餐饮管理的任务

餐饮管理的任务是以市场开发和客源组织为基础，以经营计划为指导，利用餐饮设备、场所和食品原材料，科学合理地组织餐饮产品生产和销售，以满足消费者的需要。

1. 进行消费者需求调查，确定目标市场

通过多种方式对消费者需求进行调查，据此选择目标市场和主要客源，并确定餐厅经营的主要产品、经营方式、经营策略、产品价格，保证市场定位始终适应目标市场的需求变化。

2. 合理确定餐饮企业的管理目标

根据企业的市场定位，结合企业的经营策略和措施，在市场调查与分析的基础上，做出市场预测，制定餐饮管理经营计划，确定餐饮企业的收入、成本、费用和利润目标。

3. 对食品原材料的采保管理

确保采购的食品原材料质量、数量、价格及提供的时间都符合经营的要求；验收的食品原材料全部符合订货的要求；储存的食品原材料尽可能保持进货时的质量，减少储存中的损耗；发放的食品原材料应满足生产的需求，符合质量标准。

4. 对厨房的生产管理

根据餐厅经营的产品风味，合理安排生产流程，保证产品质量。

5. 餐厅服务与管理

在餐厅销售资料的基础上，对餐厅销售进行预测；制定餐厅服务工作及管理计划；制定严格的岗位规范和服务程序；制定有效的员工考核与激励机制。

6. 餐饮成本管理与控制

制定标准成本和消耗定额；做好成本核算，加强成本控制；做好成本考核和成本分析，降低劳动消耗；通过提供各项成本的形成情况，分析实际成本与标准成本和目标成本之间的差异，为管理者做出正确决策提供客观依据。

> 📖 **本节思政教育要点**
>
> 作为餐饮企业的工作人员必须要增强自己的服务意识，踏实地做好服务工作，树立起为他人服务光荣的意识。

第二节　餐饮管理特点

一、餐饮生产的特点

1. 产品种类多、批量小，且难以保存

餐饮企业要为宾客提供的食品多达几十种甚至数百种，但宾客需要的品种较少，数量较小，使得餐饮企业大多数产品不可能成批生产，这就给餐饮产品质量的稳定带来很大困难。另外，菜肴等食品一经出炉，其色香味形等质量指标就会随着时间的延长而降低。因此要想保证产品质量，满足宾客对食物的要求，餐饮产品应以现做现售、即刻食用为佳。除了餐饮产品成品的质量难以保持外，制作餐饮产品所用的原材料也是不易保存的，如使用最多的鱼类、肉类、禽类、蔬菜类等各种鲜货原料。而原材料的质量会直接影响产品的质量，所以原材料的购买一定要根据菜单，并结合菜点的销售情况、成本和利润情况，避免浪费而造成的成本增加。

2. 产品生产时间短，且属于一次性消费

餐饮生产在时间上有其特殊性，属于现点、现做、现消费。它必须在宾客进餐厅点菜后才开始进行，客人所要食品品种确定后，原则上20～40min必须送到客人餐桌上。而从宾客点菜到烹制、消费、结账等一系列活动完成所花费的时间也非常短促，一般大概一到两个小时。同时，客人的餐饮产品消费只是一次性的。它既不像客房的家具、床可以反复使用，又不比整瓶酒水的销售，客人付账后一次消费不完，可暂留在日后继续饮用，因此对餐厅厨师和服务人员要求较高，即要求在短时间内为客人提供满意的服务。

3. 产品生产量不固定，且产品信息反馈快

餐饮产品的生产量随机性很强，因为进餐的客人多少不一，消费品种各不相同，消费量也各不相同，所以，其生产量一般很难预测，这给餐饮生产的计划性带来很大困难。要保证相对稳定的客源并不断吸引新的客人，除了提供价廉物美的菜肴和优质服务外，还要进行积极的产品促销。另外，由于客人的消费时间较短，所以餐饮企业可以很容易在极短的时间内得到客人对餐饮产品的反馈信息。如有些餐馆的厨师都编号上岗，对客人的每一道菜都标上厨师的编号，客人对产品有什么意见，可以通过服务员将信息反馈给产品制作

人，制作人便可及时掌握客人的喜好。同时，客人也可以通过编号了解各厨师烹调技术和口味特点，再来就餐时就可以选择适合自己口味的厨师为自己烹调，这种做法无形中提高了客人身份，同时也提高了厨师的责任感。

4. 产品生产手工操作，且生产过程管理困难

餐饮生产，是厨师技术性操作的艺术展现，是饮食文化的重要组成部分。餐饮产品特别是在中餐产品的生产过程中，由于菜品多样、制作方法多样且复杂，因此以厨师手工操作为主。如面点制作、拼盘造型等许多技术在相当的一段时间内，不可能用机械化生产来替代。除了产品的制作过程复杂外，原料采购、服务及产品销售的过程同样环节众多，任何一环出现差错都会影响产品的质量，给餐饮生产过程的管理带来困难，只有不断改善生产、经营和服务状况，合理利用人、财、物等资源进行有效的管理，才能提高质量，扩大收入，增加利润。

二、餐饮销售的特点

1. 餐饮产品销售受时间和空间的限制

餐饮产品的销售量要受时间的限制。一般在早、中、晚的就餐时间，餐厅里客人人数较多，但就餐时间一过则餐厅中客人人数立刻下降，甚至没有客人，这就决定了餐饮销售时间的集中性。针对餐饮销售的这个特点，餐饮企业可以通过增加服务项目（如送餐服务）、延长营业时间（如夜间供餐）等方法提高餐饮的销售量，增加收入。同时，餐厅空间的大小也会对产品的销售量产生影响。餐厅营业面积小餐位少，销售量就小；餐厅营业面积大餐位多，销售量相对就大。所以餐厅必须在已确定的硬件条件下，提高餐位周转率，做到领位快，上菜快，结账快，以令客人满意的服务吸引客人，从而提高销售量。

2. 餐饮销售毛利高，资金周转快

餐饮收入减去原料、调料成本，称为毛利。餐饮企业的毛利率一般在50%～60%之间，但是餐饮收入可变性大，这个可变性是指销售额波动幅度大，销售额的波动会直接影响餐厅的毛利收入。因此，餐饮企业必须采取积极措施保持销售额的稳定，来获得相应的利益。另外，由于餐饮产品制作快，客人消费快，绝大多数用现金结账，因此资金周转快。用现金购买的原料当天就可收回现金，很快可将现金投入扩大再生产，以提高经济效益。

3. 固定成本高，开支比重较大

餐饮经营中除了有食品原料成本外，还有很多其他的成本费用，如设施设备、劳动力成本及水、电、气的消耗成本等，这就使得餐饮经营的日常开支比重较大。针对这一问题餐饮企业可通过节能降耗、提高原料使用率、降低成本来增加收益。

三、餐饮服务的特点

1. 无形性

无形性是餐饮服务的重要特征。餐饮服务包括凝结在食品和酒水上的厨师技艺、餐厅的环境、餐前与餐后的服务工作等。而任何一种服务都不可能量化，餐饮服务也不例外，

它只能在就餐宾客购买并享用餐饮产品后凭生理和心理满足程度来评价其质量的优劣。餐饮服务的无形性给餐饮经营带来了困难，所以服务员必须接受专业化与灵活性的服务训练，以有效应对不同类型的宾客，向他们提供最适合的服务，尽可能满足他们不同的消费需求。

2. 一次性

餐饮服务的一次性是指餐饮服务只能当次使用，当场享受，过时则不能再使用。所以，任何一次餐饮服务的生命周期都是短暂而有限的。当客人用餐时间一过，服务对象就发生变化，而该服务也就结束了。这就意味着如果不能利用宾客来餐厅消费的时机为客人提供令其满意的服务，那么餐厅失去的将是无法弥补的收入。所以要注意接待好每一位宾客，设身处地为宾客着想，给他们留下良好的印象，从而使宾客再次光顾，巩固原有客源市场，不断开拓新的客源市场。

3. 同步性

又称直接性，指的是餐饮产品的生产、销售、消费几乎是同步进行的。餐饮产品的生产过程即是宾客的消费过程，即现生产、现销售。同步性决定了服务人员要在短时间内赢得客人，以优质服务促进餐饮产品的销售。

4. 差异性

一方面，餐饮服务是由餐饮部工作人员通过手工劳动来完成的，而每位工作人员由于年龄、性别、性格、所受教育程度及其职业培训程度等方面的不同，他们为宾客提供的服务也不尽相同；另一方面，同一服务员因在不同的场合、不同的情绪、不同的时间，其服务方式、服务态度等也会有一定的差异。在餐饮管理中，要尽量减少这种差异性，使餐厅的服务质量趋于稳定。

> 📖 **本节思政教育要点**
>
> 　　鉴于餐饮服务具有一次性、同步性的特点，餐饮服务员应珍惜服务机会，为客人提供不留遗憾的优质服务。
> 　　鉴于餐饮服务具有差异性的特点，餐饮服务员应增强抗干扰的能力，保持稳定的心态，为客人提供稳定的服务。

第三节　餐饮企业组织机构与职能

一、餐饮企业的组织机构设置

餐饮业的组织机构是针对企业餐饮经营管理目标，为筹划和组织餐饮产品的供、产、销活动而设立的专业性业务管理机构。

餐饮企业部门多、环节多、涉及的范围广，而且员工不仅工种多，文化程度差异也大，要将这样一个复杂的部门管理好，必须建立一个合理有效的组织机构，进行科学分工，使各部门各司其职，以确保企业能正常运转。

一般餐饮企业在设置其组织机构时，大多将"精简与效率相统一"作为设置的根本原则，目的是用最少的人员，通过合理的分工，提高工作效率。餐饮企业的组织机构的设置会受到多种因素的影响。确定其组织机构规模和机构形式的主要依据有以下几方面。

1. 餐厅类型的多少

餐厅类型越多，专业化分工越细，内部人员、部门越多，组织机构的规模也就越大。例如，大型酒店的餐饮部一般都设有中餐厅、西餐厅、咖啡厅、宴会厅、酒吧间和自助餐厅等各种类型的餐厅，有的多达十几个，甚至几十个。不仅餐厅专业化程度高，而且厨房分工与此相适应，组织机构的规格必然庞大。反之，小型酒店只有2～3个餐厅，组织机构的规模必然较小，组织机构的具体形式也必然各不相同。

2. 餐厅接待能力的大小

餐厅接待能力是由其座位多少决定的。餐厅座位越多，规模越大，用人越多；与此相适应，厨房规模越大。反之，餐厅座位少，组织机构的规模也相应较小。餐饮组织机构的规模和形式必须和餐厅接待能力相适应。

3. 企业餐饮经营的专业化程度

餐饮业主要有酒店和餐馆两种类型，二者的具体组织形式也必然各不相同。酒店是一种综合性服务行业，其中的餐饮部门不是一个独立的企业，而是其组织机构的一部分，餐饮管理中所需要的工程、财务、安全、培训、人事劳动等管理工作由企业职能管理部门承担。因此，餐饮管理组织机构的规模可以相对较小。而餐馆、酒家等都是独立的企业，需要建立全套组织机构，在餐厅接待能力相同的条件下，组织机构的规模则相对较大。

4. 餐饮经营市场环境

不同地区、不同企业、不同时期餐饮经营的市场环境不同。处于卖方市场条件下的企业市场环境好，用餐客人多，餐厅座位周转快，用人相对较多；而处于买方市场条件下的企业情况则相反。因此，餐饮管理组织机构的规模和形式会随着市场环境的变化而调整。

二、餐饮各组织机构的一般模式

现在的餐饮业包括了社会餐饮、酒店餐饮、连锁餐饮以及快速餐饮四类形式，其中酒店餐饮是餐饮业的重要组成部分，其组织机构的设置是较为全面的，下面就以酒店餐饮部的组织机构为例说明餐饮部组织机构设置的模式。

1. 小型酒店餐饮部的简单模式

这种饭店餐厅数量少、类型单一，大多只经营中餐，其组织机构形式如图1-1所示。

2. 中型酒店餐饮部的复杂模式

这种酒店餐厅类型比较齐全，厨房与餐厅配套，内部分工比较细致，餐饮管理组织机构相对复杂，其机构形式如图1-2所示。

3. 大型酒店餐饮部的专业化模式

大型酒店有5～8个餐厅，多的可达十几个、几十个餐厅，中西餐厅、宴会厅、酒吧等各类餐厅齐全。厨房与各种类型的餐厅配套，内部分工十分细致，组织机构专业化

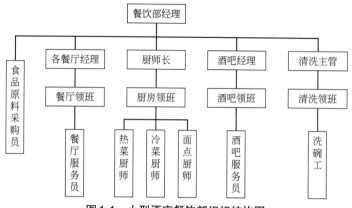

图1-1 小型酒店餐饮部组织结构图

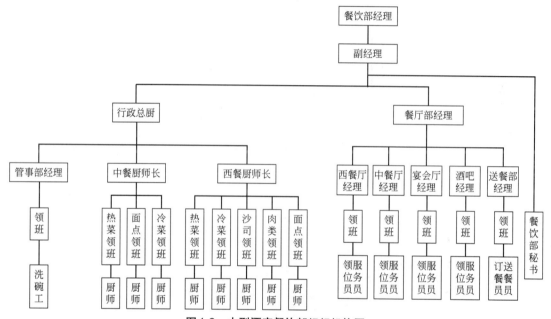

图1-2 中型酒店餐饮部组织机构图

程度高。在餐饮管理的具体组织形式上又分两种模式：一种与中型酒店基本类似。每个餐厅都设有与之配套的厨房，各个厨房分别负责自己的食品原材料加工。其组织机构形式可在参阅中型饭店的基础上，增加餐厅和厨房。另一种是厨房实行专业化管理。酒店设立中心厨房，各个餐厅设立卫星厨房，中心厨房统一为各卫星厨房加工食品原材料，按量装袋，供各卫星厨房使用，各卫星厨房则主要负责菜点的炉灶烹制。只有需要现场加工的特殊产品才在卫星厨房现场加工烹制，由此形成专业化组织机构模式，具体形式如图1-3所示。

4. 餐馆、酒家一般模式

餐馆、酒家是独立的企业，其组织机构形式与饭店的餐饮部不同，它具有较健全的机构。其组织机构的具体形式也因企业规模、档次高低、接待能力不同而不同，一般模式如图1-4所示。

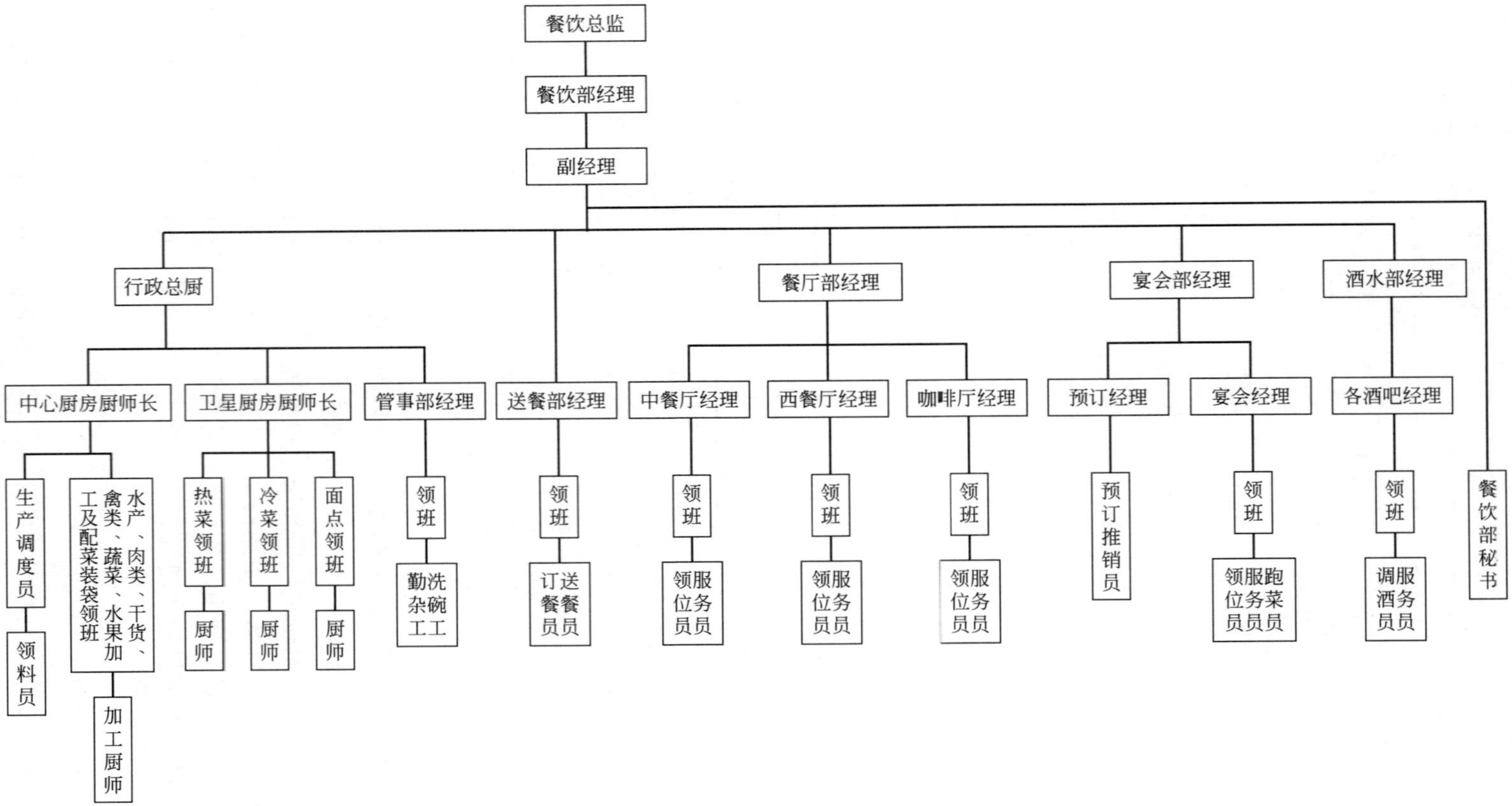

图1-3 大型酒店餐饮部组织结构图

组织结构（从左至右层级）：

- 餐饮总监
  - 餐饮部经理
    - 餐饮部秘书
    - 副经理
      - 酒水部经理
        - 各酒吧经理
          - 领班
            - 调酒员
            - 服务员
      - 宴会部经理
        - 宴会经理
          - 领班
            - 领位员
            - 服务员
            - 跑菜员
        - 预订经理
          - 预订推销员
      - 餐厅部经理
        - 咖啡厅经理
          - 领班
            - 领位员
            - 服务员
        - 西餐厅经理
          - 领班
            - 领位员
            - 服务员
        - 中餐厅经理
          - 领班
            - 领位员
            - 服务员
      - 送餐部经理
        - 领班
          - 订餐员
          - 送餐员
      - 管事部经理
        - 领班
          - 勤杂工
          - 洗碗工
    - 行政总厨
      - 卫星厨房厨师长
        - 面点领班 — 厨师
        - 冷菜领班 — 厨师
        - 热菜领班 — 厨师
      - 中心厨房厨师长
        - 水产、禽类、肉类、蔬菜、水果、干货加工及配菜装袋领班
          - 加工厨师
        - 生产调度员
          - 领料员

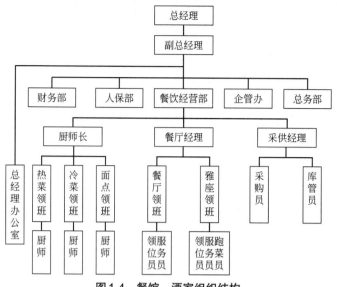

图1-4 餐馆、酒家组织结构

三、餐饮部各部门的主要职责

1. 餐厅的主要职责

负责满足宾客的餐饮需求，及时与宾客沟通，征求宾客意见，确保为宾客提供优质服务。保证产品质量，控制经营成本，完成每月营业指标。

2. 酒水部的主要职责

根据各餐厅的特点和要求，提供各种酒水及各种酒水的服务方式。控制酒水出品的数量和分量，检查出品的质量，减少损耗降低成本。

3. 管事部的主要职责

进行餐具清洁工作和机器设备的保养工作，确保服务区域的所有用品充足，保持厨房区域的清洁卫生，并完成上级交给的其他工作。

4. 采购部的主要职责

调查研究各部门物资需求及消耗情况，做出物资采购计划，并进行采购工作。要熟悉和掌握餐饮部所需各类物资的名称、型号、规格、单价、用途和产地，并熟悉各种物资的供应渠道和市场变化情况，确保餐饮部物资的正常采购量。检查购进物资是否符合质量要求，按计划完成各类物资的采购任务，并在预算内尽量减少开支。

5. 宴会部的主要职责

制定宴会部的市场推销计划，积极开展各种宴会促销活动，确保经营预算和目标的实现。负责大型宴会的洽谈、设计组织与安排工作，并参与大型活动的接待服务工作。

四、餐饮工作人员的岗位职责

1. 餐饮总监的岗位职责

餐饮总监隶属于酒店总经理，在总经理的领导下，全面负责酒店餐饮管理工作。指挥餐饮部经理、各餐厅经理和行政总厨。其具体岗位职责如下。

(1) 参与酒店发展战略的制定。
(2) 为酒店战略发展提供相关专业咨询。
(3) 了解市场动态,预测市场变化。
(4) 协助总经理制定餐饮各部门经营策略。
(5) 制定和完善下属各部门的岗位工作说明书、工作程序与标准以及部门内部规定。
(6) 指导下属部门制定工作计划,并督导其执行。
(7) 培训下属部门经理,监督、指导和评估其工作。
(8) 协调下属各部门的工作。
(9) 督导餐饮服务。
(10) 进行出品质量和成本控制,提高餐饮部经济效益。
(11) 处理突发事件,维护宾客利益及饭店利益。
(12) 自我管理。

2. 餐饮部经理的岗位职责

餐饮部经理隶属于餐饮总监或酒店总经理,在餐饮总监或酒店总经理的直接领导下,全面负责餐饮部的日常服务与管理工作,完成上级交办的其他任务。其具体岗位职责如下。

(1) 全面负责餐饮部的经营管理工作,直接对餐饮总监或总经理负责。
(2) 负责制定餐饮部长期、短期的年度和月度计划,组织、督促完成各项任务和经营指标,并对月度、年度经营情况作分析并报总经理。
(3) 制定服务标准程序和操作规程。检查下属各岗位人员的服务态度、服务规程,保证食品的质量,促使本部门做好卫生清洁工作,开展经常性防火、安全教育。
(4) 与财务部配合做出每年的预算和月计划,研究如何扩大销售范围和销售量,增加经营收入。
(5) 根据市场情况和季节拟订并组织食品的更换计划,控制食品、饮品标准规格和要求,正确控制毛利率和成本。
(6) 与人事部配合招聘、挑选、奖励、处罚、晋升、调动、开除餐饮部员工,并负责组织餐饮部员工的业务和卫生知识的培训工作。
(7) 制定服务技术和烹饪技术培训计划和考核制度。定期同行政总厨研究菜点,推出新菜单,并有针对性地组织服务人员和厨师外出学习其他单位的先进经验和技术。
(8) 了解市场动向,掌握原材料行情,有效控制经营成本,降低营业费用,从而确保营业指标和利润指标的完成。
(9) 注意现场管理,经常性地对餐厅、厨房巡视监督,组织QC(全面质量管理)小组活动,保证各项运作正常。
(10) 亲自组织、安排大型团体就餐和重要宴会,负责VIP宾客的迎送,处理客人的重要投诉。
(11) 主持日常和定期(每周一次)的餐饮部会议,经常检讨业务状况,及时调整、完善经营措施,参加公司部门经理会议。
(12) 抓好设备设施的维修保养,确保各种设施处于完好状态,并得到正确使用,防止发生事故。

（13）协调本部门与公司其他部门的关系，做好总经理或副总经理交办的其他工作。

3. 各餐厅经理岗位职责

（1）全面管理餐厅，确保为宾客提供优质服务，完成每月营业指标。

（2）每日参加餐饮部例会，并于开餐前召开餐厅班前会，布置任务。

（3）安排各领班班次，督导领班日常工作，检查每位员工的仪容仪表。

（4）与厨师长合作，共同完成每月或每日的特选菜单。

（5）控制全餐厅的经营情况，确保服务质量。

（6）按餐饮特点适时提出食品节建议，制定食品节计划及餐厅装饰计划，并组织实施。

（7）对重要宾客及宴会宾客予以特殊关注。

（8）处理宾客投诉，与宾客沟通，征求宾客的建议。

（9）负责餐厅人事安排及绩效评估，按奖惩制度实施。

（10）督导实施培训，不断提高餐厅服务员的专业技术知识和服务技巧，改善服务态度。

（11）负责餐厅硬件设施的维护和更新。

（12）做好与其他部门间的沟通。

（13）适时填写餐厅经理日报表，将餐厅经营情况及发生的特殊事件，包括客人投诉汇报给餐饮总监或总监助理。

4. 餐厅主管岗位职责

（1）协助餐厅经理处理餐厅日常事务，包括雇员培训、餐厅销售、成本及其他。

（2）协助餐厅经理控制和分析下列事项：餐饮产品质量、宾客满意度、业务推广、营业成本、卫生清洁状况。

（3）协助餐厅经理协调及管理餐厅事务，指导餐厅开展快速、有效及礼貌的服务。

（4）与雇员建立并保持密切联系。

（5）在餐厅经理指导下，使员工认识及了解餐厅，对其表现进行评估，召开职工评议会议。

（6）为餐厅雇员举办职工培训班。

（7）餐厅经理不在时，参加每周例会，并提供意见。

（8）餐厅经理不在时，领导餐前会议，保持与厨房的联系工作。

（9）必要时参加对宾客的服务。

（10）确保职工的仪表及制服符合酒店标准。

（11）控制餐厅日常供应。

（12）餐厅经理不在时，处理全部必需的行政事务。包括但不限于下列各项：人员出勤记录、员工排班表、客人记录卡、工作记录。

（13）代表餐厅经理参加餐饮部计划中的预算和目标制定工作。

（14）确保及执行每日盘点。

（15）遵守饭店经营方针和程序。

（16）按要求履行其他职责。

5. 餐厅领班岗位职责

（1）营业时间向服务员布置任务，并督导服务员的工作。

（2）协调、沟通餐厅、传菜部及厨房的工作。
（3）营业繁忙时，亲自为宾客服务。
（4）对特殊宾客及重要宾客给予关注，介绍菜单内容，推荐特色菜点，并回答客人问题。
（5）处理宾客投诉。
（6）开餐前检查餐厅摆台、清洁卫生、餐厅用具供应及设备设施的完好情况。
（7）负责餐厅用具的补充并填写提货单。
（8）每日停止营业后，负责全面检查餐厅，并填写营业报告。
（9）定期对服务员及迎宾员进行绩效评估，向餐厅主管提出奖惩建议，并组织实施培训工作。

6. 餐厅服务员岗位职责

（1）开餐前做好全面的卫生工作，认真做好自己所负责区域的卫生工作，保证提供优雅干净的卫生环境。
（2）服从领班安排，按照工作程序与标准做好各项开餐准备工作：按标准更换台布、摆台；清洁餐厅桌椅和转盘；准备开餐用品如托盘、冰桶、冰桶架、保温瓶、烟灰缸、食品及饮品订单、酱醋壶及酒水车和开餐所需的一切餐具。
（3）开餐后，按服务程序及标准为宾客提供优质服务：点菜、上菜、酒水服务、结账；准确了解每日供应菜式，与传菜员密切配合。
（4）尽量帮助宾客解决就餐过程中的各类问题，必要时将宾客问题和投诉反映给领班，寻求解决办法。
（5）当班结束后，与下一班做好交接工作和收尾工作。
（6）迅速补充餐具和台面用品，保证开餐后的整洁和卫生。

7. 迎宾员岗位职责

（1）主动问候宾客，向客人介绍餐厅情况。
（2）为客人引座、选台。
（3）安排客人就座，呈送菜单。
（4）为客人保存衣物。
（5）接听电话。
（6）接受和安排预订，进行登记，及时通知全体服务人员。
（7）准备餐厅的装饰花卉。

8. 传菜员岗位职责

（1）听从领班布置的开餐任务，以及重要客人和宴会的传菜注意事项。
（2）按照本岗工作程序与标准做好开餐前的准备工作。
（3）将当日厨师长推荐菜和不能供应的菜通知给餐厅领班。
（4）根据订单和传菜领班的布置，将菜准确无误传递到餐厅内，向服务员报出菜名及台号。
（5）做好厨房和餐厅内的沟通工作。
（6）传菜过程中检查菜的质量、温度及分量。

（7）用餐结束后，关闭热水器、毛巾箱电源，将剩余的饭送回厨房，收回托盘，做好收尾工作，与下一班做好交接工作。

> **本节思政教育要点**
>
> 在构建餐厅组织机构时，不要因人设岗，以避免人浮于事。

第四节　餐饮业的发展趋势

俗话说"民以食为天"。自20世纪末期以来，中国的餐饮业进入了史无前例的大发展时期。随着我国国民经济稳定快速增长，城乡居民收入水平明显提高，餐饮市场表现出旺盛的发展势头，餐饮消费成为拉动全年消费需求稳定增长的重要力量。2005年我国餐饮业继续保持两位数的增长，2005年1～6月份，餐饮业零售额稳步攀高，累计实现4016.2亿元，同比净增609.8亿元，增长17.9%。全年营业额增长16%～18%，达到8500亿元左右。

中国餐饮行业持续发展，营业额和就业人数都有所增长。一方面，软件和硬件的建设日新月异，市场竞争日益激烈；另一方面，经济实力的增长、传播媒介的积极引导、营销的合理组合，使人们可支配的收入有了富余，也使得我国餐饮市场的消费潜力不断壮大。总之，我国的餐饮业将呈现出新的发展趋势。

一、经营方式多样化

餐饮企业除了传统的独立经营之外，还可以采用连锁经营、租赁经营或特许经营的方式。

1. 连锁经营

连锁经营是一种商业组织形式和经营制度，是由在同一经营字号的总部统一领导下的若干个店铺或分支企业构成的联合体所进行的商业经营活动。

麦当劳从一间小小的汽车快餐店发展到今天在世界上111个国家建立起了庞大的销售网络，连锁经营功不可没。连锁经营克服了大众化餐饮服务业的作坊式生产，并具有统一的企业标识、统一的产品和服务质量标准，这对于产品较难管理的餐饮业来说，很容易在消费者心目中树立起企业品牌形象。

（1）连锁经营的类型　连锁经营在各国有不同的划分方式。但国际上最常用的有两种方法，这两种方法的类型也比较适合我国的连锁经营，即直营连锁和特许连锁。

① 直营连锁。直营连锁，也称标准连锁，即为总公司直接投资或控股开设的连锁店，在总部的直接领导下统一经营。直营连锁具有资产一体化的特征，即每一家连锁分店的所有权都属于同一主体，归一个公司、一个联合组织或一个人所有。各连锁店不仅店名、店貌等完全统一，经营管理的决策权，如人事权、进货权、定价权、财务权、投资权等也都高度集中在公司总部，总部为每个连锁店提供全方位的服务，以保证公司的整体优势。

直营连锁主要适用于零售业，特别是大型百货商店和超级市场。如美国的沃尔玛、法国的家乐福、德国的麦德隆等。

② 特许连锁。特许连锁又称合同连锁、加盟连锁。其连锁店的店铺同总部签订合同，同时取得使用总部的商标、商号、经营技术及销售总部开发的商品的特许权，经营权集中于总部。如麦当劳、肯德基等。

（2）餐饮连锁经营的特点　连锁经营的特征主要是总部统一负责采购、配送，店铺负责销售，并通过企业形象的标准化，经营活动的专业化，管理方式的规范化及管理手段的现代化，使复杂的餐饮活动在职能分工的基础上，实现相对的简单化，从而实现规模效益。餐饮企业的连锁经营有以下特点。

① 管理模式统一。连锁店以主店为大本营，并在中央管理系统的严格的管理制度下进行投资、采购、出品、服务、销售、业务推广等一系列经营活动，在成本投入方面能够有效加以控制。

② 连锁经营企业的产品可以说是主店产品的"克隆品"，其餐饮产品和餐饮服务能够保持主店的水准，遇到问题时又能及时得到主店管理系统的帮助和解决。

③ 连锁经营可不断增强本餐饮系统集团在市场上的竞争能力。由于其分布地点大多位于新城旺地和繁华的商业地带，加之企业品牌鲜明，传播速度极快，能迅速拓展业务，可形成规模经营。

④ 营销计划和促销活动同步展开。各连锁经营店分摊广告宣传费用，能在进一步发掘客源市场潜力的同时，有效调节各店之间的需求平衡，使本系统在市场的调节和引导下良性发展。

在激烈的市场竞争下，总部为改进经营，保证体系合乎市场和具备强大的竞争力，要进行持续不断的市场信息收集和研究开发工作。而最新得到的市场信息和研究成果也能为所有分店所共享。所以，连锁化经营将是未来餐饮企业扩大经营规模的必由之路。

2. 特许经营

餐饮特许经营指的是以特定的方式将所拥有的具有知识产权性质的名称、注册商标、成熟定型技术、客源开发预订系统和物资供应系统等无形资产的使用权，转让给受让企业，借以获取经济效益。它是直营连锁经营发展到一定阶段后所产生的更高级商业业态，特许经营是一种经营产权的总体转让，它不仅包括专利、商标、专业生产权，也包括软件、版权等著作权，以及技术秘密和商业秘密等专有技术。特许经营作为一种现代营销形式，以其独特的经营机制显现出强大的生命力，一产生便得到迅速发展。目前在我国的永和豆浆、大娘水饺等都是特许经营的餐饮企业。

二、产品及经营创新化

现代餐饮业网点不断增多，竞争不断加剧，给餐饮经营加大了难度。很多餐饮企业已经意识到要想把企业带到最佳的境界，取得更大的经济效益，离不开开拓市场、引导市场、适应市场的"创新"。

1. 餐饮产品的创新

餐饮产品的创新不仅仅是菜点的创新，还包括菜谱、环境、服务、活动等全方位的创新。

菜肴是餐饮企业的灵魂，菜肴的开发，必须客观分析自身的档次与经营条件，正确了解目标市场的适销口味。在产品创新中，菜肴应紧随国际饮食的"五轻"趋势，去开发轻油、轻盐、轻糖、轻脂肪、轻调味品的菜品，更多地注重饮食营养与保健，促使新品迭出，使宾客有更多的选择，以宾客满意最大化来实现市场份额的最大化。

菜谱将更加注重菜肴的组合，形成主题菜谱、特色菜谱；就餐环境更多地借助人员服饰、服务礼仪和配合就餐活动开展的文娱活动来烘托主题；餐饮服务将更加讲究情感化、个性化、标准化；不断开发餐饮主题活动和美食促销活动，掀起餐饮美食高潮，追逐餐饮美食新时尚。

2. 餐饮经营方法的创新

改革开放以后，我国餐饮企业开始打破传统经营方式的格局。20世纪80年代，餐饮业的经营就出现了"食街"的形式，经营者不局限于原有的方式，采用"明档、明炉"；90年代出现了"超市式"餐饮，将餐厅的食品原料统统展示出来，供广大顾客任选；90年代后期，上海出现了"红子鸡"的"溜冰服务方式"，这种奇特的构想打破了传统的服务方式，在餐饮业轰动一时，影响深远，仿效者也多。如今，大小饭店兴起了"外卖"服务。在南京金陵饭店、北京的全聚德等企业的外卖点，每天购买者排成长排，生意十分红火。

有些餐饮场所采取全开放的舞台式厨房，将厨房、餐厅放在一起，宾客在餐厅用餐，可以直接看到厨师炒菜，宾客也可以走到厨房与厨师一起炒菜，这种独特的经营方法，不仅将至于后台的厨房展示在客人面前，让宾客了解并信任食品加工的环境与环节，而且也能让宾客亲自体验餐厅厨房的实际操作过程，感受厨师高超的烹调技艺。

产品经营方法的不断创新，必然会为企业营造一个独特的具有魅力的销售氛围，以引起宾客的注意，进而促使宾客消费，给企业带来更好的经济效益。

三、餐饮服务个性化与亲情化

让宾客满意是每一位餐饮经营者追求的目标，服务作为影响餐饮经营好坏的重要因素，在当今备受重视。传统的规范化服务不会给消费者留下太深的印象，而突出个性化、亲情化的服务方式越来越受到更多宾客的称赞与认可。如今，成功的餐饮管理者越来越多地倡导"自然、纯朴"的餐饮服务风格，并力争在服务细微处给客人一个惊喜，让客人有一种回到家的感觉，从而缩短酒店与宾客之间的心理距离。

我们这里所说的个性化服务，就是以宾客为本，并根据客人层次及需求上的差异，对不同客人采取不同的服务方式，包括对就餐环境、消费档次、菜点品种、菜品口味、质地、饮食忌讳以及服务用语的要求等。具体体现在以下几个方面：客人进店后选座位；入座后是否要茶水或要什么茶水；点菜是否需要服务员帮助；上菜的速度有什么要求；是否要求斟酒和布菜；对菜品疑义的处理；盘中余菜是否要求撤盘或倒小盘；汤碗餐碟的撤换时机；结账付款的方式以及对用餐过程中意外事故的处理等。总之，个性化服务就是在做好规范化服务的基础上还要针对宾客个性的差异最大限度地满足客人的需求。

瑞驰·卡尔顿饭店集团研究认为，服务到位就是要让饭店更像个家，更具有家庭特点和温馨的环境，拥有浓郁的亲情味。"把客人当亲人"是当今不少餐饮企业的服务原则。凡进店消费的宾客，不论是当地居民还是外地宾客，也不论是吃实惠型的还是吃品位型的，服务人员都给他们一样的亲情服务。例如：有的客人点菜过多时，服务员会主动站在客人的角度提醒客人以吃饱、吃好为宜，避免浪费；客人买单后，服务人员若发现餐桌上有剩菜，主动为客人打包；如客人经常光顾，点菜时服务人员会主动向他介绍当天的特价菜和特别推荐菜，以便客人参考选择……员工在具体的服务操作过程中，真情实意、倾其心思为宾客提供最佳服务，且善于察言观色，想方设法让宾客满意和惊喜，这样能让宾客实实在在感受到真情之所在。

现代餐饮服务的亲情化，一方面表现在服务的行为上，另一方面还表现在服务的语言上。山东济南净雅大酒店营造出一种交流式与问候式的服务方式，走进餐厅，服务人员的"晚上好，××先生，来啦，咱们在××号桌……""咱们晚上吃点什么？""咱们今天喝点白酒还是葡萄酒？"等，使你在这里听到的都好像是朋友间的、甚至是亲人间的热情、友好的问候，服务员句句话都会让你感觉到像是在家里的温情。虽然在这里做客你没有上帝的感觉，但是，自始至终你都会领略到他们把客人当朋友、当亲人的服务真谛。

四、餐饮消费两极化

高档饭店的餐饮经营，其规模和经营水准代表了我国目前餐饮业的最高水平，在当地发挥着领导美食潮流、影响餐饮时尚的巨大作用；注重追求文化品位、体现个性魅力、升华美食理念；设备设施先进，技术力量雄厚，信息来源广泛，形象设计完美，这些明显的优势使得消费者将它们作为高级宴请和聚餐的主要场所，从而使高档餐饮企业占据了较大的市场份额。

另一种是强调制作迅速、服务简单的餐厅，包括大众餐厅、快餐厅。它是在传统餐厅的基础上，降低运营成本，如降低设备和餐具的档次、降低服务的要求，来适应工薪阶层和大众消费。因为大众化消费比较稳定，并且极具消费潜力。民以食为天，经营以民为本，所以，从现实和长远的观念来看，大众化永远是餐饮消费市场的主旋律。目前，适合大众消费的餐饮场所已占据了较大比例的市场份额，它们凭借着合理的定价策略、整洁宽松的就餐环境、可口卫生的菜肴、优良快捷的服务、诚实可靠的信誉，吸引了众多消费者。

五、快餐业发展迅速化

自从快餐业在1994年被列入国家"八五"计划，各地政府、各企事业单位都把发展餐饮业作为新的经济增长点加以扶植。特别是1997年11月《中国快餐业发展纲要》出台以后，确定了中餐产品标准化、生产工厂化、连锁规范化和管理科学化的发展方向，加快了快餐业的发展。快餐业以价位低、品种全、风味多、变化快、对胃口等特点，在餐饮市场中保持强劲的发展势头。

1987年11月12日，在北京前门的繁华商业地段出现了中国第一家肯德基餐厅。到2010年年底，肯德基在中国拥有3000家连锁店。现在，以肯德基、麦当劳为代表的国际快餐品牌企业在我国迅速扩张，发展速度明显加快，中式快餐也初步形成市场，消费需求不断增加，呈现出海内外、高中低、传统与现代并存、取长补短、互相竞争、共谋发展的市场格局。据统计，快餐业营业收入约占全国食品营业额的1/3左右。

洋快餐利用标准化质量监控系统，做到口味独一无二、始终如一；以儿童作为目标市场的基准点，以温馨的服务环境为特色，在中国迅速掀起快餐旋风。上海人民公园的肯德基分店以39万元的日营业额刷新了肯德基的全球纪录。而中式快餐在洋快餐的冲击和带动下已经迈出了第一步，如被内贸部确认的三大中式快餐：北京全聚德烤鸭、天津狗不理包子、上海荣华鸡，再有后来的北京东来顺、东北李连贵熏肉大饼、西安德发长饺子、广州青平鸡、上海木子鸡、四川麻婆豆腐、赖汤圆、担担面，都曾是名噪一时的中式快餐品牌。虽然以上快餐最终都未能成为有全国影响力的中式名牌快餐，但它们已经迈出了中式快餐发展的第一步，为以后中式快餐的进一步发展提供了经验借鉴。

随着我国经济的逐步发展，经济活动增多，城乡人均收入持续增加，外加假日消费市场的出现，必然会对快餐业的发展起到有力的推动作用，促使中国快餐业迅速发展。

六、餐饮管理现代化

随着我国经济结构的转变，服务业在整个经济发展中的比例不断上升，而餐饮业作为服务业的重要组成部分，其发展的空间更是不可限量。我国餐饮企业要想经营成功，要想走向国际化，必定要有一整套比较完善的现代餐饮管理模式。现代餐饮管理模式主要包括餐饮经营管理理念的现代化和餐饮管理系统的现代化。

1. 餐饮经营管理理念的现代化

（1）立足市场，创造市场　随着中国和世界经济的繁荣，人们生活质量的提高，对餐饮的需求，无论是花色品种，还是数量和质量的要求都在不断地增长。另外，世界各国各地区经济交往更加频繁，这给餐饮业带来了持续发展的良好机遇。但是，要想在发展中抓住机遇站稳脚跟，餐饮企业就必须立足市场，根据消费者的需求来确定餐厅的经营方式，并在此基础之上有所突破、有所创新。像近年来的假日促销、婚宴消费、美食节促销、创新菜活动等，各企业都是在借力营造市场，取悦消费者获取利润。如果能在纷繁的市场中善于用脑，通过创新和特色在市场中找准切入点，确定符合自身实际的卖点，就能提高餐饮企业经营收入，带来较好的发展前景。

（2）重视质量，精益求精　质量是企业的生命，餐饮企业之间的竞争越来越体现在产品质量的竞争上。随着人们生活方式的改变和生活水平的提高，消费者对餐饮产品的要求不再只是以往的色、香、味、形、廉价，还增加了多元化、营养化和个性化的要求。因此，在产品品质方面，除了要能满足视觉、味觉、嗅觉等感官需求外，更强调高纤维、低盐、低热量、低脂肪、低胆固醇，蔬菜水果则标榜纯天然、绿色无农药。作为餐饮企业要想保证并提高产品质量，首先要严把进货关；其次要制定严格的操作标准和工艺流程；再次要建立服务质量保证体系，树立全员质量意识，确保企业全方位、全过程的"零缺点"。

（3）坚持"以人为本"，加强人本管理　餐饮企业如何发展，归根结底要靠人去做，去推动。管理的关键在于人。要坚持"以人为本"，最大限度地发挥员工的主观能动性。在具体操作上，首先，各岗位人员要有严明的纪律性，下级服从上级，保证政令畅通；其次，各级员工要有高度的质量意识、服务意识，按岗位要求保质保量地做好本职工作。为提高工作质量，可以通过培训的形式提高员工素质和工作能力，增强员工对工作的适应性，对工作质量要进行监督检查，确保各岗位工作的质量达标和整个餐饮企业的正常运行；最后，运用激励手段激发员工能力水平的最大限度发挥，要求员工在规范化服务的基础上创造新的特色服务，实行个性化和情感化服务，以宾客的最大满意为企业的追求目标。

（4）加强餐饮企业文化建设　企业文化建设就像社会精神文明建设，是企业的一种形象、风尚和内在品质。健康、良好、积极向上的企业文化，将极大地推进餐饮企业的发展。餐饮品牌提升，规模拓展，要靠企业文化的不断建设和发展。只有加强餐饮企业文化的建设，才能使餐饮企业的持续发展得到保证。企业文化的建设不是一时之得，一役之成，而是要求全员上下共同努力，以优质服务为基础，通过一定时间的企业形象建设、良好精神风尚塑造及员工温馨工程建设，使员工真正感到餐饮企业是自己的依托，有一种归属感，企业文化所蕴含的一种无形的力量便会油然而生。

2. 餐饮管理系统的现代化

（1）电脑的应用　对许多餐饮企业的管理者来说，缺少详尽、及时的餐饮运作信息是十分普遍的问题。传统的手工收集信息的做法既费时，又费钱，如果能够将现代化的计算机系统引入到餐饮企业的服务管理中，那将极大地提高管理者们对餐饮企业的控制能力。如今，电脑在餐饮业中的应用已越来越普遍。对于菜肴品种价格、账目等方面的管理，电脑的快速与准确令人工望尘莫及。

（2）餐饮管理软件的应用　近几年来，一些电脑开发商把目光瞄准了餐饮业，他们从餐饮经营管理的角度出发，开发了许多功能齐全的餐饮管理软件。餐饮管理软件的应用，使得管理工作节省了大量的人力物力，取得了良好的效果。像餐饮企业应用的"餐饮电脑网络管理系统"不仅使前台的收银管理得以完善，而且使管理者们可以运用电脑做出时段分析（何时人多，何时人少）而合理调配人员；可以进行餐厅经营状况分析，哪个餐厅好，哪个餐厅差，再进一步查找原因；还可以进行消费结构分析，如机关团体、会议、宴会、散客等。从中不难看出，现代化的管理系统给餐饮企业带来了更多的便利，极大地提高了工作效率，同时也使餐饮管理更加规范化。

> 📖 **本节思政教育要点**
>
> 　　鉴于电子商务的蓬勃发展，餐饮经营者应紧跟消费时尚，利用网络信息科技不断创新服务方式。
>
> 　　鉴于餐饮消费具有多变的特点，餐饮经营者应不断推出绿色、健康、新颖的餐饮产品。

 典型案例

用心服务，奉上真情

服务员小陆是北京一家餐厅的服务员，晚餐在为客人服务时，发现同一位客人连续向她要了两次餐巾纸用于擦鼻涕，并不时咳嗽。细心的小陆便让厨房做了一碗姜汤。当她把一碗冒着热气的姜汤送到这位客人面前时，客人一下愣住了，小陆热情地解释道："刚才送餐巾纸的时候，我听到您咳嗽了几声，我估计您可能是感冒了，因此让厨房给您做了一碗姜汤，一来可以驱驱寒气，二来对治感冒也有一定的效果。"

小陆的用心服务令在场的所有宾客都很感动，并对她的服务给予了很高的评价。

评析

"用眼看，用耳听，然后去做"这句话说起来很简单，做起来却并不简单，它需要服务员有一颗全心全意为顾客服务的心。这种全身心的投入源于对客人的深厚感情。服务员只有将客人当成需要精心服侍的亲人与朋友，才能使服务富于情感和魅力。有了这种将心比心的感情换位，服务就不仅仅停留在规范和标准上，而是提高到人性化的高度。服务员小陆凭借客人连续要了两次餐巾纸的举动，并结合自己观察到的客人咳嗽的症状，判断出客人感冒了的事实，及时为客人送来了一碗姜汤。如果不是服务员用心，怎能在如此细微之处，体现对客人的一片真情。一碗姜汤传递了对客人的关爱，也温暖了客人的心。

优质服务离不开一个"亲"字。"宾至如归"的核心，是让客人在酒店感到与在家里一样的亲切、温暖。这就需要酒店员工把尽可能多的亲情送给客人。也就是说高境界的服务需要服务人员真正的投入，要把自己的感情融入对客人的服务中，营造一个亲切、温馨的服务氛围，最大限度地给客人真情挚意，让客人获得一种难以忘怀的消费体验。在激烈的餐饮市场竞争中，要赢得顾客对企业的忠诚，就必须以心换心、以感情投入。因此，真正关爱顾客、培养对顾客的诚挚感情成为服务要素的重要内容。

本章小结

本章介绍了餐饮管理目标和任务、餐饮管理特点、餐饮企业组织机构与职能和餐饮业的发展趋势。餐饮管理的任务是以市场开发和客源组织为基础，以经营计划为指导，利用餐饮设备、场所和食品原材料，科学合理地组织餐饮产品生产和销售，以满足消费者的需要。并且从餐饮生产、销售和服务三个方面阐述了餐饮管理的特点。详细介绍了餐饮企业常见的组织机构设置、各机构的主要职能及各主要岗位的岗位职责。最后对餐饮业未来的发展趋势做出了预测。

复习思考题

1. 餐饮管理的任务是什么？
2. 简述餐饮管理的特点。
3. 大型餐饮企业的组织机构包括哪些部门？各部门的主要职能是什么？
4. 如何实现餐饮企业管理现代化？

实训题

通过参观不同类型、不同规模的饭店，了解其组织机构的形式，熟悉饭店的一般岗位设置与岗位职责，并能对其组织机构的合理性进行评价。

第二章 餐厅与菜单计划

学习目标

了解影响餐厅选址的因素；掌握餐厅设施、设备及家具的配备方法以及餐厅环境设计的基本原理、要求和方法；了解菜单在餐饮管理中的作用；熟悉菜单的种类及实施策略；掌握菜单的设计制作方法。

第一节 餐厅的设立

餐厅是为人们提供家外就餐服务的商业性企业。现代随着人们生活水平的提高，以各种动机外出就餐的消费者群体日益增多，所以在我国居民中存在着很大的餐饮消费空间。一家经营成功的餐厅在设立时，无论是在餐厅的地理位置上，还是在经营宗旨上，以及餐厅的设计布局上都应以消费者的就餐需求为宗旨。

一、餐厅的选址

餐厅位置的优劣，将对今后的经营发展起着决定性的作用和影响。决定餐厅选址的因素很多，其中城市商业因素、餐厅地理位置以及餐厅的自身因素是餐饮经营者应考虑的主要因素。

1. 城市商业因素

餐饮企业的发展是与社会的经济发展紧密相连的。人均收入水平、商品的供应能力、交通的便利条件、城市的发展速度以及人们的消费习惯、消费观念、接受新鲜事物的能力等都会对餐厅的经营产生直接的影响。具体来说，城市商业因素主要包括以下几点。

（1）城市的类型　餐厅所在的城市属于何种类型城市，是商业城市、工业城市、中心城市、旅游城市、历史文化名城还是新兴城市；从规模上看是属于大城市、中等城市还是小城市。

（2）城市的能源供应及设施情况　餐厅经营必须具备的能源条件有水、电、天然气等，这些都将直接影响到餐厅经营品种的多少和经营成本的高低以及产品质量的好坏。此外城市的公共设施条件是否完备也是影响消费者群体的重要因素之一。

（3）城市的交通条件　交通条件是指城市内外的总体交通。餐厅在经营中不单要考虑到消费者的因素，还要考虑餐饮生产中原材料的供应是否能够顺畅。

（4）城市的规划　指城市整体的开发规划，如城市的新区扩建、道路的拓宽、街道的开发、高速公路的建设等，这些都会影响到餐厅未来的商业环境。如道路设施的改建、拓宽会影响到餐厅现有位置的变迁或停车场地的缩小甚至取缔；新区的建设会给餐厅带来新的消费需求，所以餐厅在选址前应对其所在位置进行充分的前景调查。

（5）地区的经济发展　各地区的商业发展方向、城市的经济增长速度以及经济增长的模式等与消费者的消费取向、消费水平、消费习惯有着直接的关联，餐厅在选址时应充分考虑到这些因素。

（6）消费者因素　主要包括城市或地区人口数量、收入水平、家庭成员组成、外出就餐的频率、消费水平、消费取向以及饮食偏好等。

（7）旅游资源　这一因素主要涉及客人流量的多少、消费者的类型、餐饮经营的类型等。

（8）劳动力情况　主要考虑劳动力的来源、知识技术水平、工资待遇等。

2. 餐厅的地理位置

古语说"一步差三市"，餐厅设立的位置差一步就有可能差三成的生意，因而餐厅的地理位置对餐饮日后的经营成败有重要的影响。总体来说，餐厅地理位置的好坏主要有这样几个特征。

（1）是否处于商业活动中心地带　商业中心地带客流量大，商业活动频繁，人们进行购物、逛街、约会、休息、聚餐十分方便，是餐厅位置的首选。这些地区都是寸土寸金，不但人气旺，街面条件也相对优越，地面平坦、干净，有充足的停车空间。餐厅处于这样的位置突出而明显，很容易被顾客发现和找到，而且用餐者的车辆有宽敞的地方停放，既方便又有专人管理，顾客用餐时心里踏实。

（2）是否处于人口密度较高地区　居民聚居、人口密度较高的地区，消费者的需求较为稳定。人口密度较高的地区主要有工厂区、院校区、住宅区等，餐厅应根据当地人口的具体情况选择餐厅的经营方向和经营水准。如餐厅周围学校、写字楼林立，那么餐厅就应该以快餐为主要经营范围。

（3）是否处于交通便利地区　公共交通设施是否方便，有没有足够的停车位置都是消费者选择就餐地点考虑的因素。如高档餐厅和特色餐厅主要吸引自驾车和乘坐其他交通工具前来就餐的客人，中低档餐厅和快餐店主要选择车站或中转站附近。

（4）是否处于旅游风景区　设在风景区附近的餐厅很受游人的欢迎，特别是一些特色餐厅，具有当地特色的菜肴、优质的服务会吸引大量的游客。

（5）是否有竞争对手　这里主要指对直接竞争者的调查分析。直接竞争者是指提供同种类型菜品服务的餐厅，餐饮管理者要分析这些餐厅的营业状况、营业范围与价格、消费者类别、面积与座位数、大约的座位周转率、服务状况等，并且对这些餐厅的经营状况做出分析，找出成功的因素和失败的原因，这些对新建餐厅的经营决策十分重要。

3. 餐厅自身因素

（1）地价、租金　餐厅所在位置的地价、租金直接关系到餐厅的经营成本高低。

（2）停车场所　餐厅周围有没有停车的位置、场所是客人选择就餐地点的条件之一。现代的就餐趋势之一就是自驾车客人的比例日益增多，所以良好的停车场所已经成为现代餐馆经营的必要条件。

（3）原材料的采购、贮存空间　充足的原材料是餐厅进行餐饮生产的前提，因此充足的原材料贮存空间也是餐厅进行选址时应考虑的条件之一。

（4）餐厅的可见度　是指餐厅位置的明显程度。餐饮经营者要考虑到客人是否从任何角度看，都能获得对餐厅的认知，这将直接影响到餐厅是否对顾客具有吸引力。

（5）餐厅规模及外观　餐厅位置的地面形状应以长方形为好，这样土地利用率更高。在对餐厅地点的规模及外观进行评估时也要考虑到未来消费的可能。

二、餐厅市场区域分析

1. 市场区域的确定

市场区域是消费者愿意前来就餐并能行走达到的范围。一般来说，餐厅所在的位置就是市场区域的中心所在，因此应详尽地了解餐厅所在街区的情况、交通状况、人口密度等，再以餐厅所在位置为中心点，以消费者习惯性的一定距离为半径，确定餐厅的市场区域。国际上习惯性市场区域划分的半径标准如表2-1所示。

表2-1　国际市场区域划分标准表

区域类型	交通工具特征	距离半径/m	时间/min	时速/km
核心市场区域	徒步	600	10	4
次级市场区域	自行车	1300	10	8
边缘市场区域	汽车	6000	10	40

对处在不同地区的餐厅来说，市场区域的半径距离有所不同，要受当地的经济发展水平、人口密度、人均收入水平、竞争餐馆的数量、各餐厅的经营品种、方式以及城市的交通状况等因素的影响。如处在城市商业中心的餐厅，市场区域可能只有几个街区的距离，而处在市郊的餐厅就可能要十几公里的距离。对于不同地区的餐厅，不同市场区域消费者所占的比例也会有所不同。一般来说，核心市场区域的消费者会占到55%～70%，次级市场区域的消费者占15%～25%，边缘市场区域的消费者较为少见。

2. 市场区域分析

市场区域分析对于餐厅的经营具有重要的意义，通过对餐厅位置的综合评价、详细的消费分析、竞争环境的考察，可确定合理的目标市场。市场区域分析应考虑的消费者因素主要有：市场区域内的人口规模、家庭户数、收入分配、年龄构成、教育水平、人口流动、消费水平、消费取向等。

三、确定目标顾客

由于不同顾客群体对餐厅的环境和气氛、菜单的计划和定价以及服务的要求都不尽相同，所以设立餐厅前应首先确定以哪类顾客群体为经营对象，然后再明确餐厅的经营范围和经营宗旨。

  1. 按顾客的就餐心理需求划分

（1）便利心理 即注重服务场所和服务方式的便利。持这种消费心理的客人希望在接受服务时能方便、迅速，并讲究一定的质量。这种类型的客人，大都时间观念强，具有时间的紧迫感，最怕的是排队、等候或服务人员的漫不经心，不讲效率。因此在餐饮经营中，要处处方便客人，提供便利、快捷、讲究质量的服务。这就要在程序设置、服务方式上很好运用便利客人的原则。如：餐厅经营中设便餐、快餐以及带料加工、回勺、回热或设立外送、外卖等服务项目。

（2）求廉心理 即注重饮食消费物有所值，甚至超值。持这种消费心理的客人都具有"精打细算"的节俭消费特征，这类客人非常注重菜点和服务收费的价格，对质量不过分苛求。对该类消费者，餐饮的经营关键是要分档经营。如：在餐厅经营中，既要有几十元、上百元的高档菜，又要有十几元的中档菜，还要有几元的低档菜，这样才能满足人们对不同档次、不同价格的需要。

（3）享受心理 即注重物质生活和精神生活享受。持这种心理的客人一般都具有一定的社会地位或经济实力，这些人是高档菜点和高间、雅座的消费者。为了满足享受型消费者的需要，餐厅不仅要提供高质量的设备和饮食，还要提供全面、优质的服务。

（4）求新心理 即注重餐饮产品或服务的新颖、刺激。持这种消费心理的客人以青年人为主，他们为了追求服务的新颖、别致、刺激而不过分计较价格的高低。餐厅菜点的新品种、餐厅服务的标新立异等都对这类消费者具有莫大的吸引力。

（5）信誉心理 即注重企业信誉，以求得良好的心理感受。持这一消费心理的客人都希望餐厅能提供质价相称、具有风味的菜点，提供安全、舒适、愉快的环境，以获得满意、愉快的心理感受。注重信誉的客人，对餐厅的设施和价格并不过分苛求，最怕的是脏、乱、不安全的环境，害怕服务小姐冰冷的面孔，爱理不理的服务态度，甚至发生不必要的纠纷和冲突，这样就会造成后悔、失望、愤怒的心理感受或心理创伤。每一个餐厅经营的成功或失败，都完全取决于顾客对它的印象，所以服务质量是餐饮企业的生命线，要想赢得顾客就必须建立企业信誉和提供优质服务。

（6）尊重心理 客人总是希望自己是被餐厅特别关注的人，虽然大多数客人都反对别人搞特殊化，却喜欢自己得到特别关照。所以在餐饮服务中，服务人员应通过判断客人的消费心理，使服务做到"对症下药，有的放矢"。比如当客人不看菜单而迅速点出某一道菜时，应对客人投以赞美的目光，或者说上一句："的确，这道菜的味道不错，您确实很有眼光"；或是当客人对某些菜肴做出点评时，马上做出相应的反应，表示出惊羡、恭敬之神色，更不要忘记称赞他是一位美食家，这样会使客人受尊重的心理得到充分满足。

  2. 按顾客类别划分

（1）散客 一般人数较少，就餐标准难以固定。客人通常是随到随点，自行付款，而且不同职业、年龄、性别的顾客对餐厅的要求又各不相同。

（2）团体客人　又可分为会议、旅游团队及宴请三种形式。餐厅提供的菜肴应能符合大多数人的口味特点，同时要求制作快速，能在短时间内大批量的供应，服务要求迅速并讲究质量，价格一般可由餐厅事先设计几种标准供组织方进行选择。

3. 按人口特点划分

（1）年龄　不同年龄的顾客就餐习惯不同，对于餐厅的要求也各不一样。一般来说，中、青年人外出就餐的概率明显大于老年人，对于餐厅环境、菜肴品种、服务方式比较讲究，而老年人则更注重经济实惠。

（2）职业　从事不同职业的顾客就餐方式不同，对餐厅环境气氛、菜肴品种以及服务的要求具有不同的标准。从事管理工作的顾客群体一般对餐厅要求较高，讲究环境氛围，注重菜肴口味特点，讲究服务方式、方法。从事一线体力劳动的工作人员则比较注重餐厅是否干净实惠。

四、确定餐厅的经营宗旨

餐厅的经营宗旨是在确定餐厅目标顾客基础上对餐厅经营范围的选择。主要包括餐厅类型的选择、服务方式的选择、经营产品的选择以及经营形式的确定。

1. 餐厅类型的选择

管理人员在开设餐厅前要确定餐厅的经营类型，即餐厅主要经营哪些菜点产品、提供哪些服务项目，这将直接关系到餐厅日后的经营效果。管理人员要根据餐厅的投资额、目标顾客的就餐需要及竞争者所经营的项目，对餐厅的经营类型进行慎重的选择。根据目前的餐饮经营现状，餐厅类型可大致分为以下几种。

（1）风味餐厅　是指向客人提供具有独特风味的菜品或独特烹调方法的菜品来满足顾客需求的餐厅。这类餐厅不但具有独特的饮食风格，并且在餐厅的布置陈设上具有浓郁的地方特色。如成都的西藏饭店的红宫歌舞餐厅，餐厅的名称取自西藏拉萨的布达拉宫中红宫之名，所以餐厅内的布置也仿照西藏风格，服务人员身着藏服、跳藏舞、唱藏歌，这样具有浓郁民族风味的就餐环境，给客人留下了深刻的印象。一般来说，风味餐厅主要包括以下几类。

① 专门经营某一类食品或菜肴的餐厅，如风味小吃店、面馆、海鲜餐馆、野味餐馆、烧烤餐厅等。

② 专门经营某一地方菜系的餐厅，如川菜馆、粤菜馆、湘菜馆、潮州轩等。

③ 以经营某一国家的风味菜品为主的餐厅，如法式餐厅、俄式餐厅、日本料理、韩国料理、印度餐厅等。

④ 以供应顾客的某一特殊需要菜品为主的餐厅，如素宴馆、清真餐馆、药膳餐厅等。

（2）主题餐厅　是指以一个或多个历史或其他主题为吸引标志，向顾客提供饮食的餐厅。它的最大特点就是赋予一般餐厅以某种主题，围绕既定的主题来营造餐厅的经营气氛，餐厅内的所有产品、服务、色彩、陈设以及活动都为主题服务，使主题成为顾客容易识别餐厅的特征和产生消费行为的刺激物。如著名的硬石餐厅，就是一家以摇滚乐为主题的餐厅，它将音乐与美国菜肴融为一体，成为美食和音乐的化身。到主题餐厅就餐的客人主要是为了获得整体的感受，而不仅仅是食品饮料本身，所以这类餐厅提供的餐饮品种往往有限，但极富特色。

（3）快餐厅　是一种以经营快餐为主的餐厅，这类餐厅规模不大，菜单上菜肴品种较为简单，多为大众化的中、低档菜品，并且多以标准分量的形式提供，具有供应迅速、服务简捷的特点。快餐店一般包括中式快餐厅，如上海的新亚快餐和西式快餐厅，如麦当劳、肯德基等。

（4）休闲餐厅　是一种将餐饮与娱乐相结合的餐厅。这种餐饮经营方式在我国已有数千年的历史。早在商朝，王公贵族们在享用美味佳肴时就喜用丝竹弦乐相伴；唐朝时唐玄宗喜爱音乐，用膳时多用歌舞助兴。而我国民间的娱乐餐饮形式也同样盛行，如用餐时以弹琴歌赋、说书、相声、评弹等予以助兴，可谓种类多样。在西方，这种休闲餐饮形式也有几百年的历史了，每当庆祝节日或喜庆之日，盛宴中一定会有歌舞相伴。现代随着人们生活水平和自身素质的提高，人们越来越注重精神需求的满足，休闲活动成为人们缓解紧张工作节奏和精神压力的最佳手段，而将娱乐休闲与餐饮经营相结合的方式也逐渐得到了人们的认可，并迅速发展起来，成为餐饮经营的一枝奇葩。

2. 餐厅服务方式的选择

（1）餐桌服务型　餐桌服务型餐厅是我国餐饮企业中的主力军，所占份额最大，凡是被称为酒楼、餐馆、饭馆之类的餐厅大都采用这类服务方式。这类餐厅经营品种丰富，菜品以当地人乐于接受的菜系为主，兼营具有地方特色的其他菜系菜品，能够适应大众口味。餐厅内一般设有大厅、包间、雅座等几个不同的就餐区域空间，以满足团队、会议、婚宴、散客等不同客人的需求。

（2）自助型　自助型服务已经成为越来越受欢迎的餐饮服务方式。

① 传统自助型。传统自助餐主要有冷餐会及鸡尾酒会两种形式。我国餐饮企业借鉴西式冷餐会站立服务的模式，根据顾客需求，洋为中用，中西结合，除西式冷餐外增添了中式热菜、烧烤等，并增添了桌椅供客人自由选择就座，深受中外客人欢迎。

② 火锅自助型。自助火锅是在传统火锅的基础上结合现代餐饮的设施设备、器具以及服务方式而形成的具有现代特色的餐饮方式。自助火锅原料一般由顾客自选自取，并按个人口味配以辅料烹制及品尝。除了传统自助餐形式外，火锅式自助餐形式已成为餐饮界流行的热点。

③ 超市服务型。超市餐饮是目前比较盛行的一种全新的自助餐饮形式。餐厅借鉴零售业中超市的布局原理，即开架陈列、自我服务等方式，是以"餐饮产品"为经营内容的超级餐饮市场。它改变了传统餐饮封闭式的餐饮操作和就餐方式，餐厅布局采取透明化、开启式，分为操作区及就餐区。消费者可以自选熟食食用，也可选半成品或鲜活食品，由厨师提供现场烹制服务。顾客不仅可以观看厨师表演，还可参与烹饪，趣味盎然，气氛热闹。

（3）吧台服务型　是指借用酒吧吧台的形式进行餐饮经营的一类餐厅。餐厅中吧台和吧凳替代了传统的桌椅，顾客坐在吧凳上边点菜边用餐。采用这种经营形式的餐厅，工作台一般沿墙摆放，成直线形或半圆形，顾客通过玻璃柜台选择自己喜欢的食品，并坐在柜台外的吧凳上等候现场烹制。采用吧台服务型的餐厅经营的菜品种类一般比较简单，烹制也较为容易，顾客等候时间较短。具有服务快捷的特点。

（4）无店铺服务型　无店铺服务型是指没有固定的就餐场所，只有流动的厨师、流动的美味佳肴的一种餐饮企业服务形式。这类餐饮企业只需一间办公室，一个原料加工车间，而无需餐厅与餐位。顾客只需要电话预定，公司的厨师就会带足原料前往顾客的家中提供上门服务，现场烹制。这类无店铺服务的流动餐厅被称为是餐馆向家庭的延伸。由于现代人们生活节奏的加快，饮食观念也在逐渐发生变化，享受厨师上门服务已经成为一种流行的就餐趋势。尤其是在一些特殊节日或家庭聚会活动时，这类餐厅无疑是人们的首选。

3. 经营产品的选择

（1）正餐类　提供正餐类菜品的餐厅一般只提供午餐与晚餐，且午餐与晚餐的菜单相同。这类餐厅能够提供各种风味菜系，是最常见的一类餐饮企业。

（2）面点、小吃类　中国人喜爱各类面食与小吃，尤以北方人最为明显。因此以经营面点、小吃类为主的餐厅也非常普及。如兰州拉面馆、西安饺子馆等。

（3）饮料茶点类　经营各种饮料、茶点的茶馆、酒吧、咖啡馆、冰淇淋屋等是人们进行休闲会友的重要场所。近年来除了传统的茶馆、酒吧以外，还出现了网吧、书吧、陶吧等新兴场所，这些也可称之为"主题吧"。各种各样的休闲茶馆、酒吧各具特色，深受顾客欢迎。

4. 经营形式的确定

（1）独立经营　独立经营的餐馆是指餐馆独立核算，有经营自主权，并有自己的注册资本，具有法人资格。独立经营的餐馆在我国餐饮企业中占大多数。独立经营的餐馆主要有个人投资经营与合伙投资经营两种经营形式。个人投资经营的餐厅一般规模都比较小，所以内部管理组织简单，具有反应迅速、经营灵活的优点。其缺点是成本因规模有限而居高不下，服务因管理落后而质量难以提高，企业因财力有限而发展不快。合伙投资经营的餐厅通常是由两个人或两个人以上联合投资并经营，这类餐厅的优势是餐厅规模更大些，筹资能力更强些，而且是由投资者共同承担经营风险，但是这种经营方式的缺陷也很明显，如果合伙人发生变更，会对经营投资产生影响，而且由于是共同承担经营风险，因此餐厅的经营决策必须得到所有合伙人的同意方可执行，这样会导致很多市场机会的丧失。不难看出，这两种经营形式很难适应餐饮企业的进一步发展要求。

（2）依附经营　是指饭店、宾馆中的餐厅，从属于饭店，没有自己的注册资本，不具备法人资格。

> 📖 **本节思政教育要点**
>
> 虽然在划分顾客类型时，需要根据顾客的收入来确定营销重点，但在服务时要尊重每一位顾客，不能因为一些顾客的消费额较低而轻慢顾客。

第二节　餐厅的设计与布局

餐厅的形象设计就像餐厅的脸面，最引人注目，也容易给人留下深刻的印象，对餐厅的经营起着很大的宣传作用，能直接刺激消费者的购买欲望。一般构思巧妙、设计独特的外观形象及合理的餐厅内部布局不仅能够吸引更多的消费者群体，获得显著的经济效益，而且也能提高自身文化品位。

一、餐厅设计的要求与原则

1. 餐厅设计要求

餐厅的设计与布局应有利于餐饮产品的服务与销售，能长期让顾客流连忘返，在同行竞争中保持不败之地。所以理想的餐厅设计布局应具有下列四种作用。

（1）能吸引并招徕顾客到餐厅用餐。

（2）能给顾客留下一个深刻的印象。

（3）能吸引顾客在本餐厅多消费。

（4）能体现出餐厅的产品特色。

餐厅无论采用哪种经营形式，如能具备以上作用，就可以提高对客人的吸引力，使其对餐厅产生好感和信任感，从而留住顾客，创造最佳的经营效益。

2. 餐厅设计原则

（1）以顾客需求为导向原则　餐厅是为客人服务的场所，所以餐厅的设计首先应根据市场定位，在以顾客为导向的前提下进行。餐厅日后能否经营成功，在市场上得以立足与发展，其根本在于是否能受到顾客的欢迎。目前很多餐厅在设计时走入了高档的误区，认为只有豪华、高档、气派的设计才能吸引客人，给顾客带来高档的享受，却忽略了对客人就餐心理需求的满足。所以餐饮经营者要做到真正了解顾客的需求，这既包括顾客的现实需求，如菜肴价格、口味等，也包括顾客的潜在需求，如能否在用餐过程中获得享受、得到尊重等，从而为客人提供一个真正满意的就餐场所。

（2）与周围环境相和谐原则　餐厅的设计应注意要与周围的环境和谐一致。餐厅所在的周边环境是社会环境的重要组成部分，通常被顾客认为是构成餐饮服务内涵的必要组成部分。餐厅设计一方面要尊重顾客的偏好，另一方面也要考虑周边的环境因素。如果餐厅处在一个已有一定风格特色的商业街中，就要注意保证其设计风格与周边街道景观的整体统一性与和谐美。如某餐馆处于一处国家级风景名胜区内，周围都是红墙黄瓦的古建筑，只有这个餐馆被设计成一个四层楼高的现代建筑，显得与周围环境格格不入，没过两年就被市政府以妨碍景区建设为名强制拆除了。所以餐厅在设计时必须对周边的建筑物、环境、气候以及周边居民的生活情况做充分的调查分析，最终形成一个能够与周边环境和谐统一、融为一体、相得益彰的建筑气氛。

（3）与餐厅的经营档次、经营内容相一致原则　餐厅设计应考虑到餐厅的经营档次和经营内容，即整个餐厅的装饰用材应符合餐厅的经营档次和规格，并与经营内容和谐一致。餐厅装饰布置的最终目的是获得最大范围的顾客青睐及扩大销售量，增加收入。如果一味追求餐厅的高档、豪华，反而会由于缺乏亲和力失去顾客。好的餐厅设计不是用高档材料堆砌而成的，而在于其巧妙的构思及创意。如北京的某家炸酱面馆，面馆规模不大，只有两层，但是整个餐馆外观富有浓厚古朴的老北京气息，独特的建筑外观、站在店前身着对襟衫的伙计以及廊前的风铃一起形成了一个带有深深韵味、令人回味无穷的人文景观。

（4）突出方便性、独特性、文化性和灵活性的原则

① 餐厅设计除了要注重顾客的需求以外，还必须考虑如何方便服务与管理。就餐厅而言，产品生产、服务、销售以及消费基本上是在同一时间、同一场所发生的，顾客消费空

间与员工工作空间是紧密联系，无法割舍的，所以餐厅在设计时应尽可能方便员工与管理者的工作需求。

② 餐厅设计的特色与个性化是餐厅取胜的另一个重要因素。餐厅在设计时应该具有自己独特的风格特点和主题性，过分追求一致性或盲目追随"时兴"设计会使餐馆缺乏竞争性。

③ 随着经济的发展，社会文化水平的普遍提高，人们对餐饮消费的文化性要求也逐步提高。无论是从餐厅的建筑外形、室内空间的分隔、色彩的运用、照明设计、家具的摆设乃至装饰品的选用都应充分展现餐厅具有特色的文化氛围，帮助餐饮企业树立形象和品牌。

④ 餐厅的经营要随着市场需求而变，主要体现在菜肴口味的更新及餐厅设计的灵活调整上。餐厅的设计要具有灵活性，能够根据市场需求的变化，通过对餐厅某些方面，如店内布局、色彩、陈设、装饰等进行调整变更，达到常变常新的效果。

二、餐厅设计内容

餐厅设计的内容主要分为餐厅的外观设计和餐厅的内部设计。具体包括以下几点。

1. 餐厅的店面、外表设计

餐厅的店面设计主要包括餐厅的建筑外形、门窗装饰、招牌、广告牌、霓虹灯、招贴画、入口空间、停车场以及绿化等要素。餐厅店面的设计，主要是向公众显示餐厅这个"特殊商品"包装的格调，所以设计精美的餐厅外表可以起到美化营业场所、装饰店铺的作用，更具有吸引顾客、传达信息、招徕生意、促进销售的功能。

餐厅店面设计也属于室内设计的范畴，二者在实质上都是追求美观实用，但是店面设计更注重以招徕、吸引客人为主要目的，是要让店外的公众感觉到餐厅的存在，并能使其决定在本餐厅用餐。因此餐厅的店面不仅要具有辨认功能，更要有美观的外表，二者缺一不可。现代的餐厅设计更加追求"人情化"的餐饮空间，以体现和谐的用餐气氛为设计亮点，在风格处理上，尽量采用自然鲜明的色彩，减少过分的装饰堆砌。有的餐厅干脆将店面设计成开放式，临街的一面使用大型落地玻璃窗，剔透通明，一览无遗，将餐厅内的用餐情调尽情展现给过往行人，使餐厅本身和用餐顾客均成为一道亮丽的风景线。

餐厅独特的外表要能够充分烘托出餐厅的产品特征，使路人一望即知餐厅的经营特色，食品展示柜内要有餐饮产品的陈列。餐厅标志要鲜明，能与街道上的建筑造型相协调，以显示餐厅独特的形象，霓虹灯文字要简明，图案要新颖而醒目，餐厅名称要朗朗上口，这样可以让匆忙过路的行人便于认记。另外，餐厅门面的设计要显示出卫生与清洁的格调，这从颜色的运用、设备的选配、空间的安排及餐厅本身具有的清洁程度均能反映出来。

2. 餐厅内部空间设计

餐厅在进行空间布局时，应视餐厅实际情况合理地调整空间、组织空间及利用空间。餐厅的空间设计必须具有实用性，满足餐厅的功能需要，所划分的餐饮空间大小、形式以及空间组合方式都必须从功能出发，注重空间设计的合理性。餐厅在进行空间设计时，常用的方法有以下几种。

（1）改变照明方法和色彩　不同的照明方法与灯具种类是创造空间的有效方法。通过照明层次的变化和不同灯具的使用，会起到意想不到的效果。同样改变环境的色彩也可以让顾客产生不同的空间感觉。

（2）借用各种隔断分隔空间　餐厅中隔断的使用非常普遍，利用隔断分隔空间要注意分隔空间的比例，尽可能不浪费有效面积。常用的分隔方法有：借用家具分隔空间（如利用屏风、帷幔）、利用柱体分隔空间、借用绿化和水体分隔空间等。

3. 家具的选择使用

餐厅的家具一般包括餐桌、餐椅、服务台、餐具、屏风、花架等。餐厅家具的选择必须根据餐厅的经营类型、规格档次、产品内容等进行设计配套，以使其与餐厅其他装饰布置相映成趣，形成统一和谐的风格。餐桌、餐椅在布置时要注意以下因素。

（1）餐桌、餐椅的规格、类型选择　在选择餐桌、餐椅时要充分考虑客人就餐时的舒适度、餐饮服务的类别和质量等因素，根据餐厅面积的大小，按照经营的需要作适当的配置，使有限的餐厅面积能极大限度地发挥作用。餐椅的尺寸应科学合理，使客人感到舒适安全，便于进行服务。一般小孩就餐时每座只需要$0.74m^2$的面积，成人则至少需要$1.1m^2$的面积，豪华餐厅每座至少需要$1.9m^2$的面积。

餐桌的尺寸对顾客的舒适度和空间利用率有很大影响。快餐厅中，顾客一般都使用餐盘用餐，因此该类餐厅最好选择长方桌，使桌子能够放下一定数量的餐盘。如果餐盘是46cm×36cm的尺寸，那么餐桌的最小尺寸应为120cm×76cm；若用四餐座方桌，显然122cm见方的餐桌比91cm见方的更合适一些。中餐厅一般是以圆桌或方桌为主，如是10人用餐，餐桌一般为160～180cm的尺寸，如是宴会用餐，餐桌的尺寸会更大一些，因为宴会每人需要的餐具会更多，餐桌面积也会随之增大。餐厅中宜用相同宽度和高度的餐桌，这样便于进行拼接，以满足不同的餐饮环境需求。

（2）餐具本身的质量规格必须符合餐厅的档次和规格特色，应起到突出餐厅特色的作用，使用上要与菜肴相辅相成，相映成趣。尤其要指出的是，所有餐具必须完好无损，干净卫生。

4. 餐厅动线的安排

餐厅动线是指客人、服务人员、食品与器物在餐厅内的流动方向和路线。

（1）客人动线　应以从大门到座位之间的通道畅通无阻为基本要求，客人的流通通道要尽可能的宽敞，动线宜采用直线形，避免迂回绕道。

（2）服务人员动线　动线长度越短越好，因为这将直接影响服务人员的工作效率。动线安排上，要注意一个方向的道路作业动线不要太集中，可以考虑设置"区域服务台"，既可以存放餐具，又可以缩短服务人员的行走路线。

5. 餐厅的照明与色彩艺术

（1）餐厅的照明　主要有自然采光照明和人工照明两种。大部分餐厅设立于邻近路旁的位置或高层，并以窗代墙，充分利用自然光线，使餐厅显得宽敞明亮，客人在用餐中能够充分享受到阳光的舒适。此外餐厅也会选择一些有着优美造型且极具艺术特色的灯具，以显示其档次、规模。如餐厅中的巨型水晶吊灯，一般高达数米，由上百盏灯组成，如瀑布般流光溢彩、晶莹华贵，为餐厅营造出一种富丽堂皇的华丽氛围；有些灯饰虽然本身不是很华贵，但是经过精心的组合搭配，形成光的雕塑，让人叹为观止。

（2）餐厅色彩　餐厅色彩设计是否成功，主要取决于能否正确运用各种色彩间的关系。处理色彩的关系一般是根据"大调和，小对比"的原则，即大的色块强调协调，小的色块讲究对比。设计时首先应确定餐厅总体的色彩基调，然后再针对餐厅的不同区域功能设定色彩的搭配，总体上应强调协调，但也要有重点地突出与对比，起到画龙点睛的作用。

6. 餐厅的音响设计

根据餐厅的经营水准和经营性质，在开业前就应考虑到音响设备的配置。餐厅的音响设备主要包括乐器和乐队。高雅的餐厅，在营业时一般会有钢琴伴奏，有的餐厅在营业时也会播放背景音乐以增加舒适的用餐气氛，甚至有的餐厅会场还要为会议客人提供七种以上的同步翻译的音响设备，所有这些餐厅在设计时应予以充分考虑。

7. 非营业性设施设计

餐厅中常设有非营业性公共设施，以方便客人。

（1）接待室　接待室的设立是为了在餐厅客满时，为那些等候的客人提供一个舒适的休息空间。接待室中应为客人提供茶水服务并设有电视、报纸、杂志等消遣设施，以排除客人在等候时的心烦气躁。

（2）洗手间　评估一个餐厅是否整洁卫生最好的方法是观察洗手间，因为任何人都可以由洗手间的整洁程度来间接判断该餐厅对于食物的处理是否合乎卫生标准，所以应当予以特别重视。洗手间的位置应与餐厅设在同一楼层以方便客人，另外标记要清晰、醒目。

> 📖 **本节思政教育要点**
>
> 　　餐厅的设计一定要以人为本，一定要在尊重顾客、方便顾客的基础上对餐厅进行设计。

第三节　菜单的种类与实施

一、菜单的作用

菜单是餐厅的产品目录，餐厅通过菜单将自己提供的具有各种不同口味的食品、饮料等，经过科学的组合，排列于纸张上，供光临餐厅的顾客从中进行选择。

1. 菜单标示着餐厅的经营方针、经营特色和经营水准

首先，一份科学合理的菜单，必须是根据餐厅的经营方针，通过认真分析客源市场需求制定出来的。菜单决定了餐厅的经营如何进行组织和管理，决定了餐厅实现目标的程度，甚至决定了餐厅本身的构建（一般是指内部装修）应该如何设计和施工。

其次，菜单上的菜肴品种、价格、质量，可以清楚地告示客人餐厅的经营特色与经营水准。对于顾客而言，菜单绝不仅仅是一张提供食品的清单，它代表了经营者的形象。餐饮经营者通过菜单把一种氛围、兴趣和乐趣融入了客人的全部用餐过程中。目前很多餐厅将一些特色菜肴的原料、烹调方法、服务方式甚至有关菜肴的趣闻等都展示在菜单上，给客人留下了深刻的印象。

2. 菜单是沟通消费者与经营者之间的桥梁

消费者通过菜单选购他们所需要的菜肴、酒水，而经营者则通过菜单向客人销售他们生产的餐饮产品，一份小小的菜单连接起了餐饮消费者和餐饮经营者，信息就此开始传递与沟通。

3. 菜单是菜肴开发研究的资料

菜单上的畅销菜肴可以揭示餐厅顾客群体的口味嗜好。菜品研究人员可以根据客人点菜的内容、数量、特殊要求等，了解客人的口味特点及菜单上各类菜肴的欢迎程度，从而对菜单上的菜肴进行改进，并不断推陈出新。

4. 菜单既是艺术品又是宣传品

一份设计精美的菜单无疑是餐厅的主要广告宣传工具。菜单上精美的图片，华丽的字体，引人食欲的菜肴介绍，既可以反映出餐厅的格调和经营水准，又可以作为艺术品使客人得到美的欣赏。如2016年9月4日国家主席习近平在杭州宴请出席G20峰会的各国元首时，菜单内容为：

（1）菜肴名称：富贵八小碟，寓意：八方迎客。
（2）菜肴名称：鲜莲子炖老鸭，寓意：大展宏图。
（3）菜肴名称：杏仁大明虾，寓意：紧密合作。
（4）菜肴名称：黑椒澳洲牛柳，寓意：共谋发展。
（5）菜肴名称：孜然烤羊排，寓意：千秋盛世。
（6）菜肴名称：杭州笋干卷，寓意：众志成城。
（7）菜肴名称：西湖菊花鱼，寓意：四海欢庆。
（8）菜肴名称：新派叫花鸡，寓意：名扬天下。
（9）菜肴名称：鲜鲍菇扒时蔬，寓意：包罗万象。
（10）菜肴名称：京扒扇形蔬，寓意：风景如画。
（11）菜肴名称：生炒牛松阪，寓意：携手共赢。
（12）菜肴名称：美点映双辉，寓意：共建和平。
（13）菜肴名称：黑米露汤圆，寓意：潮涌钱塘。
（14）菜肴名称：环球鲜果盘，寓意：承载梦想。

二、菜单的实施策略

根据餐厅经营需要及菜单的使用周期，餐厅中有两种菜单策略可供选择。

（一）固定性菜单策略

固定性菜单是指餐饮企业为满足消费者对餐饮产品的日常消费需要而制定的一种在一定时间内产品种类、价格等内容不会发生变动的菜单。按照国际惯例，固定性菜单的使用周期一般至少为一年。

1. 固定性菜单的种类

从不同的经营角度出发，固定性菜单可划分为若干种类，每类菜单都有自己的表现形式。常见的固定性菜单如下。

（1）依据餐别划分

① 中餐菜单。主要应用于中餐餐馆，菜单的菜肴品种、所用原料、烹制方法及服务方

式都体现出中华民族特有的饮食风格和习惯。

② 西餐菜单。主要应用于以经营西餐为主的餐厅，它反映的是西方人的饮食习惯、风俗，所以从菜肴的品种、原料、烹制方法、口味特色以及服务方式上都以西式为主。

③ 其他菜单。是指对中西餐菜单以外其他菜单的统称，主要根据餐厅经营的不同餐食所配备，目前餐厅经营的其他菜式主要有日本菜、越南菜、韩国菜、印尼菜等。

（2）依据就餐时间划分

① 早餐菜单。早餐菜单一般都是标准菜单，只提供相对有限的菜肴食品。大部分餐厅都提供可供选择的中式早点，如各类面食、粥、鸡蛋等，及品种有限的西式早餐。一份典型的早餐菜单应突出"简单、快捷、价廉物美"的特点。

② 正餐菜单。正餐菜单应多样化，因为许多顾客每周都要在同一餐厅中多次用餐，因此正餐菜单上提供的菜肴品种要多，制作要更精制。为了保持多样化，许多正餐菜单每天都提供特色菜肴，这些特色菜肴可以印制成单页附在正餐菜单上，也可以使用循环菜单。

③ 宵夜菜单。主要为习惯于夜生活的客人而设计，使用时间通常是子夜前后。

（3）依据餐饮产品的品种划分

① 菜单。主要是向客人提供菜肴名称、价格等信息内容。

② 饮料单。主要记有餐厅经营的各类酒水饮料的品种、价格等信息内容，供客人进行选择。

③ 餐酒单。主要应用于西餐厅，是一种记有各类葡萄酒名称、价格等信息内容的书面清单，以供就餐客人挑选合适的佐餐葡萄酒。

（4）依据服务地点划分

① 餐厅菜单。普遍使用于中西餐零点餐厅中，其内容与正餐菜单相似，一般能反映出餐厅日常的烹饪制作风格和水平以及餐厅的服务档次和特点。

② 酒吧菜单。主要以饮料单的形式出现，除供应酒类等饮品外，还供应各类佐酒小点和简单的餐食。

③ 客房菜单。主要应用于饭店客房之内，是记录供住店客人在房内用餐时选择餐食品种、价格、送餐时间等信息内容的书面清单。

（5）依据服务方式划分

① 点菜菜单。各类零点餐厅均使用此类菜单。使用此类菜单的餐厅，将就餐者作为主体，消费者可以根据自己的饮食习惯选取自己喜欢的食品，而餐厅必须根据消费者的口味特点进行设计、编排菜单。

② 套菜菜单。又称公司菜菜单，主要适用于会议及公务用餐。一般餐厅会根据餐厅所在地的市场情况及顾客群体的就餐需求，制定出快捷方便的组合餐菜单。组合餐中一般会包括三四道菜肴、一道汤，收费时则按组合餐收取费用。

③ 外卖菜单。很多餐厅现在都提供外卖服务，以满足那些不能到餐厅就餐的顾客需求。外卖菜单要以一些能够保持在一段时间内不发生质量问题的菜肴为主，口味要注意家常化，价格经济实惠，菜单上一定要有订餐电话。

（6）依据服务对象划分

① 对外菜单。主要是为前来餐厅就餐的客人提供餐食品种、价格等信息内容的公开、正式的营业菜单。

② 对内菜单。主要是为餐厅内部就餐消费制定的工作餐菜单。

③ 儿童菜单。儿童菜单不是餐厅的主要菜单，它的主要目的是吸引儿童，使他们的父母及其他客人得以安静的用餐。儿童菜单应设计的具有趣味性，菜单上的食物应烹调简单、营养全面，分量要小一些。

④ 老人菜单。是专供老年人使用的菜单。这类菜单一般由餐厅的营养师和厨师共同研究制定，菜单上的菜肴必须综合考虑老年人的饮食健康，因此老年菜单在菜单内容上要注意介绍主、配料情况以及口味特点，这样有助于老年顾客进行适宜的选择。

⑤ 节食菜单。顾名思义，这类菜单是专供节食者使用的菜单。菜单上的菜肴要保证色、香、味俱全，但又不能有过多的热量和胆固醇等物质，这类菜单在西方国家早已非常普遍，在我国也已悄然兴起，具有庞大的潜在市场。

2. 固定性菜单的使用分析

固定性菜单是不常变换的菜单，菜单上的品种比较固定，容易使餐饮生产和管理标准化，它的优点如下。

（1）采保标准化　由于品种固定，餐厅可以对这些原料的购买和保管制定标准的规格、价格和程序，库存分类和盘点也比较容易，价格易控制，有利于节约餐饮产品成本。

（2）加工烹调标准化　由于制作同样的产品，因而便于对各种材料确定标准的加工和烹调方法、程序，也便于制定标准的成本控制方法。厨房工作人员的组织和分工也比较简单，便于管理和控制，有利于提高工作效率。

（3）产品质量标准化　由于生产固定的产品，使用标准的方法和程序、标准的原料和设备，因而容易得到质量标准化的产品，这样便于创造名牌菜，产生回头客。

但是固定性菜单也有一定的缺陷，由于菜品固定性强，菜单的灵活性较小，不能随季节或市场原料价格的波动变换品种和价格，有时会对餐厅产生副作用；对市场就餐习惯和潮流的变换也难以适应；而且菜品生产的重复性，容易使员工感到工作单调疲劳，影响积极性。

3. 固定菜单的制定依据

（1）餐饮技术力量的分析　在制定菜单之前，应首先对自身的技术力量进行一个全面的分析，明确餐厅现有的生产人员和生产设备能够制作何种风格、何种档次的菜肴，以及这些菜肴生产出来后，前台的服务人员是否能够提供与之相适应的配套服务。

（2）经营环境及经营状况的分析　主要是指对餐饮消费市场需求形势、食品原料市场供应形势和销售统计数据进行全面的分析。按需生产是市场经济的前提，餐厅必须保证菜单上的产品种类能够符合餐饮消费市场的需求变化，并有稳定的原料供应。因此餐厅在制定菜单时，不仅要对自身的生产条件有一个认知，更要对整个餐饮市场的经营环境及经营状况有一个全面的了解，正所谓"知己知彼"。

（二）变动菜单

变动菜单是指餐饮企业为了满足消费者对餐饮产品的特殊消费需求而制定的产品内容、价格随消费要求的不同而不断变动的菜单。

1. 变动菜单的种类

（1）循环菜单　餐厅准备几套菜单作为循环使用，是为了给那些常客，甚至每天都光顾的客人提供多样化的菜肴。循环菜单循环周期一般为1～4周，也可更长些。菜单循环周期的长短对餐厅经营非常重要。周期太短,菜单频繁重复,会造成客人不满;周期太长,比如采购、储存、大量备餐等方面的生产成本又会太大。最合适的循环周期应根据顾客用餐的回头率来确定,也可以根据季节的不同或根据目标顾客的不同准备几套不同口味、不同价位的菜单。例如美国的拉斯维加斯一些娱乐酒店餐厅中使用7日循环菜单,因为多数客人停留的时间不长,根本不注意菜单是否重复。

(2) 特色菜单 主要包括每日菜单、会议菜单、节日菜单等。每日菜单是将适合当日消费的餐饮产品集中于一份菜单上,然后将该菜单置于固定菜单内或直接放置于餐桌上,引导客人购买每日菜单上的产品;会议菜单是为出席会议的客人准备的用餐清单,餐厅一般会依据消费标准和客人口味的不同以套餐的形式提供服务;节日菜单则是为某些特殊节日准备的菜单,通常用套餐形式提供。如春节提供的"合家团圆"餐、情人节提供的"甜蜜套餐"等。

(3) 订单 餐饮订单一般是采取"量体裁衣"的方式制定。消费者根据自己的消费能力和消费需求向餐厅提出餐饮消费要求,然后餐厅依据消费者的要求制定菜单,定价一般使用套餐形式。订单的形式主要有中西宴会订单、酒会订单、冷餐会订单、茶会订单等。餐厅可以事先编制一些标价不同的菜单供客人进行选择,也可以根据客人的要求进行设计安排。在制作时要注重菜单的材质、色彩设计以及菜肴的安排(如名称、寓意、数量等)和服务方式与方法,要能给消费者一种艺术美感的享受。

2. 变动菜单的使用分析

变动菜单灵活性强,能迅速适应顾客的需求、口味和饮食习惯的变化,并能根据季节和原料供应的变化及时变换菜单。它的优点如下。

(1) 菜单富有变化,对客人具有吸引力。
(2) 可充分发挥厨师的烹调潜力和创造力,对菜肴进行创新。
(3) 菜单中的原料库存有一定限度,可充分利用库存原料和剩余食品。

但是变动菜单在使用中也存在着一些不足之处,如菜单变化较大,采保、食品生产和销售难以标准化,管理较难;在餐饮生产和劳动力的安排上,不如固定菜单容易计划,库存原料品种较多,而且菜单的编制和印刷费用较高。

3. 变动菜单的策划与实施

变动菜单的制定与实施要比固定菜单复杂,因为它不仅要考虑到自身的技术力量水平、市场原料供应以及前期销售统计数据等因素,还要考虑到菜单上产品的组合状况、销售额预算和作业安排等因素。

(1) 销售额预算 销售额预算是以产品的售价和预期销售数量为对象进行研究,它是变动菜单计划的一个重要内容,也是获取利润的一个关键步骤。

① 餐饮产品的销售单价。一般而言,如果餐厅中同一产品既在零点菜单上出现,又在宴会菜单上出现,那么餐饮经营者应明确这样一个产品单价计算原则,即宴会中的产品价格应高于零点餐厅中的产品价格,这主要是因为宴会的经营成本要明显高于零点餐厅。

② 确定消费者预订人数。消费者人数通常可直接从消费预订方处获得,但在实际工作中,常常会发生预订消费者人数与实际消费者人数不一致的现象,如实际消费者人数多于预订消费者人数,我们通常称之为超额,反之即为差额。因此餐厅在接受预订时,一般会要求消费方做出"实际参加人数的担保",在这基础上如果发生超额现象,对于轻度超额

餐厅仍可按预订时的规定执行，但如果是大数量的超额，餐厅除了按正常收费外，还会按一定系数加收一部分费用。如果发生差额，对于尚未进行烹制的食品不收取费用，对于已经烹制成品的，如能转售则不收取费用，否则就要按规定正常收费。西方国家一般会采用"担保协议"的书面形式来规范宴会活动买卖双方，我国餐饮企业也已经开始逐步执行。担保协议一般应包括以下内容：主办者最迟应在宴会活动开始前24小时将确切的出席人数通知餐厅；餐厅应按保证出席人数的112%的比例准备席位和食物；当出席人数低于保证人数时，餐厅仍按保证人数的90%全价收费，当出席人数超过保证人数的90%但不足100%时，实际提供的食品份数按全价收费，剩余部分按半价收费；出席人数超出保证人数的112%时，餐厅要追加收费。

③ 确定人均消费数量定额。是指在一次餐饮消费活动中，每位就餐者平均所能够消耗的食物数量。通过对食物消耗的预测，可以避免两种现象的发生：一是宴会尚未结束，但是餐桌上的食物却被一扫而光；另一种现象则是宴会即将结束，但是餐桌上的菜肴却依然像小山似的堆积着，似乎无人问津。前者固然是显示出餐厅的菜肴很受欢迎，但是由于预测数量低于实际消耗数量，也会造成消费者和举办方的不满；后者可能是由于菜肴不符合客人口味，或是菜肴数量过大造成，其原因很多。但是无论如何，餐饮经营管理者都必须详细分析产生这些现象的原因，采取相应的措施，避免这类现象的发生。

④ 服务人员的定量、定额。一般来说，餐饮活动的级别越高，对服务质量的要求就越高，参加服务的人员数量也就得相应的增加。一般高档宴会活动至少应有两名服务员负责一个餐台，而普通的餐饮活动，每桌一个服务员就可以了，如果是团队、会议用餐，一人负责两桌也是常见的。

⑤ 餐具损耗费用额。举行大型的餐饮活动，餐具的损耗费用一般是很高的，因此这项费用也是销售额预算中必不可少的一个数据。餐具的损耗一般主要来自两个方面，一是餐具的摩擦损耗，国际上通行的餐具摩擦损耗率一般为餐具总额的12%（年）；二是餐具的破损。

⑥ 外卖活动时的运输费用。餐饮活动的主办方出于各种原因，希望将餐饮活动安排在餐厅以外的地方举行，但是整个活动内容仍由餐厅负责，这样就会产生服务人员、餐具、食品原材料、加工设备等的运输费用，所以计价时应将运输费用计入销售总价。

⑦ 餐饮活动场所的租借费用。该项费用的计算比较容易确定，主要用于在酒店内消费的"订单"业务。

⑧ 其他费用。主要指一些可能支出的不可预知的费用。

餐饮企业获得了以上这八个方面的数据后，还要进行综合平衡和计算，才能获得可靠的预算结果。综合平衡计算公式为：

食品销售单价×人均消费数量定额×消费者预订人数
+ 服务人员人数×服务人员平均工资+服务费
+ 餐具总价值×餐具折旧率
+ 运输费用
+ 场地租借费
+ 其他费用
―――――――――――――――――
= 销售预算总额（营业收入总额）

有了销售预算总额这一数据,就比较容易推算出人均消费总额和餐饮产品消费总量。

人均消费总额＝销售预算总额÷消费预订人数
餐饮产品消费总量＝人均消费数量×消费预订人数

（2）餐饮作业计划的安排与实施　餐饮作业计划安排是指餐厅接到餐饮活动任务后将任务分解、分步骤予以完成和实施的全过程。

① 确定工作程序。餐饮作业计划的工作程序如图2-1所示。

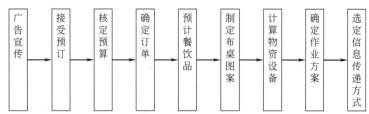

图2-1　餐饮作业计划工作程序

② 确定订单内容。订单内容主要包括：消费者基本情况即主办者、出席对象、活动类型、联系人及联系方式和地址、活动举办时间、地点等信息；订购项目，即具体的餐饮产品品种；订购价格，即举办餐饮活动的价格，一般由餐饮企业确定；付款方式和期限；餐饮活动场地的布置要求；意外情况的处理等。餐饮订单在具体实施过程中，管理人员应根据实际需要，编制两套订单资料供客人进行咨询。一套是印刷版的，使客人能够一目了然地了解预订的具体要求与安排；另一套则是电脑版的，具有可视性，将预订信息立体化地展现在客人面前，这两套资料交叉、互补使用，可以方便客人在预订时进行查询、比较、选择。餐饮活动预订单详见表2-2。

表2-2　餐饮活动预订单

预订日期			预订人姓名		
地　　址			电传/电话		
单　　位			酒店房号		
宴会名称			宴会类别		
预算人数			保证桌数		
宴会费用标准			食品人均费用		
			酒水人均费用		
具体要求	宴会菜单		酒水		
	宴会布置要求	台型			
		主桌型			
		场地、设备			
确认签字：		结账方式：		预收定金：	
处理				承办人：	

③ 制定作业进度表。即将餐饮活动的管理安排、运转安排、服务安排以表格形式加以明确表述。图表最大的优点就是具有直观性和易解性，非常适合一线的管理活动安排。餐饮活动作业进度表详见表2-3。

表2-3 餐饮活动作业进度表

活动名称 活动性质 活动时间、地点		桌号 人数	
饮食种类	菜单	服务方式	服务者
冷盘类			
热炒类			
煲汤类			
主食、面点			
甜点、水果			
饮料			

④ 确定信息传递方式。信息传递可以是口头的也可以是以书面形式下发。

变动菜单在具体实施中工作量大、难度高，需要餐饮管理者认真筹划并不断加以实践，才能制定出科学合理的菜单。

三、菜品的选择

菜肴是菜单上的主要内容，一张好的菜单应该能够反映出当前餐饮市场菜肴的销售动态。在编制菜单前，应首先对餐饮市场的各类菜肴进行调查分析，确定哪些菜肴特别受顾客欢迎，哪些菜肴利润较高，哪些菜肴具有可开发性，这样才能保证菜单在实施过程中的稳定性。

1. 菜品选择应遵循的原则

（1）迎合目标顾客的需求　餐厅的经营宗旨是要迎合某些目标顾客的需要，因此菜单上的菜品应根据目标客源的口味特点、饮食习惯、消费能力等因素有针对性地选择与开发。如果餐厅主要针对的是高收入的顾客群体，菜单上所提供的菜品就应以制作精细、原料考究、讲究服务的菜品为主，当然菜肴的价格也可以定得相应高一些。而以流动人群为主要顾客对象的餐厅，菜单上设计的菜品就应以制作简单、价格适中、服务迅速且大众化的菜品为主。

（2）与总体就餐经历相协调　菜单上所提供的菜品应和餐厅赋予顾客的总体就餐经历相协调。一家设计美观、装饰豪华、服务讲究的餐厅，其菜单提供的菜品也应以烹调讲究、原料精细、色、香、味、美、形皆具备的菜肴为主。

（3）品种不宜过多　餐厅在经营过程中，菜单上提供的菜肴品种要能够充分考虑到顾客群的需求，不应缺货。但是这并不意味着菜单上的菜品种越多越好。品种过多，餐厅的库存量就会很大，致使资金流转不灵及占用高额的库存管理费用。而且品种过多也会在烹调制作时和菜品销售时产生差错，同时由于品种过多会造成顾客的决策困难，延长点菜时间，降低座位周转率，影响收入。

（4）选择毛利润较大的品种　进行菜品选择时应充分考虑到餐厅的营业利润，所选择的菜品应尽可能使餐厅获取可观的毛利，因此在选择菜品时要重视其原料成本的高低。

（5）经常更换菜品　为保持顾客对餐厅的持续兴趣，就要保证菜单上的菜肴对客人具有吸引力。餐厅销售人员要及时准确地把握市场信息，了解目标顾客的口味需求，对菜单上的菜品种类进行调整。要鼓励厨师进行菜品的创新改革，多开发新式菜肴，以满足顾客追新求异的就餐心理需求。在调整菜品的同时也可以配套一些促销活动，这无论是对长期客户、回头客或是新生客源都是十分有用的。如北京某餐馆在11月份根据北京市的天气状况及市民对营养结构的认识要求，适时在餐馆中推出了滋补药膳系列菜肴，并提供中医坐堂，免费问诊，受到了用餐客人的欢迎。

但是菜品的更换要注意减少浪费，应注意选择留下那些盈利大、受客人欢迎的菜品，换下一些毛利小又不受客人欢迎的菜肴，及时补上餐厅的新产品。

（6）品种要平衡　菜单上的菜肴品种要能够满足不同口味特点的顾客需求，因此菜肴品种不宜过于狭窄。选择菜肴品种时应注意以下几点。

① 每类菜品价格要平衡。菜单是针对一定档次的顾客群体的，但是同一类顾客中，有消费高的，也有消费低的，所以每一类菜肴在价格上要有高、中、低的搭配。

② 原料搭配平衡。菜肴的多种原料搭配可使更多的顾客看到并选择自己喜欢的菜品，因此每一类菜都应由不同原料的菜品构成，以适应不同口味顾客的需求。如汤类菜，既要有以肉类、海鲜、禽类等为原料的，也要有以各类蔬菜为原料的。

③ 烹调方法平衡。菜肴烹调方法的多样性可以使顾客选择菜肴的范围更大一些，在各类菜肴中应该有用各种烹调方法制作的菜品，如肉类菜肴制作上有烹、煮、炖、炸、煎等方法，成品的质地上有生、老、嫩、脆之分，口味上有咸、甜、酸、辣、苦、鲜等。

④ 营养平衡。就饮食潮流而言，越来越多的休闲食品、健康菜点将在餐饮产品中占据重要地位，因此餐厅在选择菜肴时要了解客人的营养需求，注意菜肴中各种营养成分的合理搭配。既要有蛋白质丰富的菜肴，又要有富含各类维生素的新鲜蔬菜，在营养配比上，要考虑到不同就餐需求顾客的营养要求。

⑤ 品种要有独特性。"独特"是指餐厅特有的菜品、烹调方法、服务方法。如果餐厅提供的菜肴品种过于大众化，是很难在激烈的餐饮竞争市场中脱颖而出的。菜单上可以有一些普通菜肴，以满足顾客的大众化口味需求。但是要想拥有长期客源和竞争力，就一定要形成自己的招牌菜、特色菜或创新菜，这样才能使餐厅常变常新，满足顾客求新、求异的口味需求，形成竞争优势。

⑥ 厨师的烹调技术。餐厅厨师的技术水平、烹饪特长是选择菜品的关键。餐厅应选择那些能够发挥厨师特长而不是他们力所不能及的菜肴。如果厨师的烹饪水平很高，且具有很强的工作经验，餐厅就可以选择一些新式菜肴品种或鼓励厨师进行菜品的创新。

2. 菜品选择的步骤

（1）掌握菜肴的销售趋势　一份好的菜单应该能适应当前菜品的销售动态。在选择菜单的菜品时，要密切注意有关菜品的销售状况，阅读有关美食和各种菜谱的杂志和书刊。同时还要访问其他餐馆，了解他们销售什么食品以及这些食品的销售情况，了解他们有哪些菜特别受顾客欢迎、哪些菜肴销售不佳。一份设计合理的菜单，在菜肴的选择上应具有以下特点。

① 能够反映出当时菜品流行的潮流。
② 能够反映出中国销量最大的菜品。
③ 能够反映出当地人最喜欢的菜品。

(2) 菜肴销售状况分析　菜肴销售状况分析就是对菜单上各种菜的销售情况进行调查，分析哪些菜品是最受消费者欢迎的，以顾客欢迎指数来表示；分析哪些菜肴盈利最大，以销售额指数来表示。

① 菜肴分类。菜肴销售状况的分析首先要对菜肴进行分类，菜单上一般是分类列出菜名，各类菜肴之间会发生彼此竞争的现象，如客人点了宫保鸡丁就不会再点鱼香鸡丝，点了清蒸鲈鱼就不会再点红烧鲤鱼。这说明在同类菜中，一种菜肴的畅销往往会造成其他菜肴的销售量下降，所以在对菜肴的销售状况进行分析时，应将菜单上的菜肴按不同类别划分出来，对相互竞争的同类菜肴进行分析。详见表2-4。

表2-4　菜肴销售状况定量分析

菜名	销售份数	销售数百分比/%	顾客欢迎指数	价格/元	销售额/元	销售额百分比/%	销售额指数	评论
西瓜薏米汤	300	26	1.3	25	7500	16.1	0.8	畅销，低利润
萝卜炖牛肉	150	13	0.65	20	3000	6.5	0.3	不畅销，低利润
鲜奶炖雪蛤	100	9	0.45	40	4000	8.6	0.4	不畅销，低利润
人参炖乌鸡	400	35	1.75	50	20000	43	2.2	畅销，高利润
虫草炖甲鱼	200	17	0.85	60	12000	25.8	1.3	不畅销，高利润
总计平均值	1150	20	1	—	46500	20	1	—

② 顾客欢迎指数和销售额指数。菜肴销售状况分析的原始数据来自订菜单，汇总订单上各种菜肴的销售份数和价格，便可算出顾客欢迎指数和销售额指数。顾客欢迎指数表示顾客对某种菜的喜欢程度，以顾客对各种菜购买的相对数量来表示，即将某类菜的销售百分比除以各菜应销售的百分比，其计算公式为：

$$顾客欢迎指数 = 某类菜的销售百分比 \div 各菜应销售的百分比$$
$$各菜应售百分比 = 100\% \div 被分析项目数$$

在表2-4中西瓜薏米汤的销售百分比为26%，汤类共有5个品种，因此西瓜薏米汤的顾客欢迎指数计算如下：

$$26\% \div 100\% \div 5 = 1.3$$

销售额指数的计算如同顾客欢迎指数。仅分析菜品的顾客欢迎指数还不够，还要进行菜品的盈利分析，我们将价格高、销售额指数大的菜定为高利润菜。下面以表2-4为例具体说明如何对菜肴销售状况进行分析。

某中餐厅菜单上的锅仔类菜肴共有五种，各类菜肴的销售份数、顾客欢迎指数和销售额如表2-4所示。

不管被分析的菜品项目有多少，任何一类菜的平均顾客欢迎指数都为1，超过1就说明是顾客喜欢的菜，超过得越多，越受欢迎。顾客欢迎指数高的菜就为畅销菜。根据对顾客欢迎指数与销售额指数的计算分析，就可以将被分析的菜肴划分成四类，根据它们不同的状况，制定相应的政策，详见表2-5。

表2-5 菜肴定量分析对策表

菜名	销售特点	产品策略
人参炖乌鸡	畅销、高利润	保留
萝卜炖牛肉、鲜奶炖雪蛤	不畅销、低利润	取消
西瓜薏米汤	畅销、低利润	用来吸引顾客或取消
虫草炖甲鱼	不畅销、高利润	吸引高档客人或取消

畅销、高利润的菜肴既受顾客欢迎又能盈利,应该保留;不畅销、低利润的菜肴原则上应该取消,但是如果这类菜的顾客欢迎指数和销售额指数不是太低,接近0.7,又是原料平衡、营养平衡、价格平衡等方面所需要的,仍可以考虑保留。

畅销、低利润的菜一般可用于薄利多销的低档餐厅中,如果价格和盈利不是太低而又比较受顾客欢迎,可以保留,起到吸引顾客到餐厅来就餐的诱饵作用。因为客人就餐时一般会选择几种菜肴,所以从整体销售来看,这类菜肴能够带动其他菜肴的销售。但是要注意的是,有的盈利很低却又十分畅销的菜,可能会转移顾客的注意力,挤掉了那些盈利大的菜肴,那么这类菜肴就应果断被取消。

不畅销、高利润的菜肴,可以用来吸引那些愿意支付高价的客人,但要综合考虑菜肴的销售量,如果长期销售量太低,会使菜单失去吸引力,即使能够为餐厅带来较高的利润,也要果断的舍弃。

(3)确定价格范围 在选择菜品时,餐饮管理人员必须对餐厅的经营情况进行分析,计算出使餐厅获取目标利润的就餐顾客的人均消费额。同时还要进行菜单分析和顾客调查,了解目标顾客愿意支付的人均消费额。管理人员根据这些信息来确定餐厅的人均消费额标准,再根据人均消费额标准定出各类菜品的价格范围。

在确定各类菜品的价格范围时,先要把菜品分成几大类别,根据竞争者餐厅或本餐厅以前的销售调查算出各类菜品占销售额的百分比以及顾客对各类菜的订菜率。如某餐厅计划客人每餐人均消费额为50元,按菜单上菜品的分类,每类菜的销售额百分比和顾客的订菜率如表2-6所示。

各类菜的平均价格计算公式为:

各类菜的平均价格=期望人均消费额×该类菜占销售额百分比÷订菜率

因此表2-6中冷盘的平均价格应定为:

$$50 \times 15\% \div 30\% = 25 \text{(元)}$$

表2-6 分类菜肴价格范围确定表

菜肴类别		占销售额百分比/%	订菜率/%	计划平均价格/元	价格范围/元
冷盘		15	30	25	15～35
热炒	海鲜类	58	100	40	30～50
	家禽类			30	20～40
	肉类			30	20～40
	蔬菜类			20	15～25
汤类		58	50	10	8～12
主食类		58	80	6.25	3.25～9.25
饮料类		7	50	7	5～9

在算出各类菜的平均价格以后，再根据对各类菜拟定的菜品数量，向上或向下浮动，就可以定出该类菜的价格范围。

在各类菜的价格范围内，再选择原材料成本高、中、低档次搭配的菜肴，使各类菜肴在一定的价格范围内体现出高、中、低的消费档次。如海鲜类菜肴拟定为10种，其不同档次的菜肴价格范围如表2-7所示。

表2-7 高、中、低档菜肴价格范围分析表

菜肴档次	海鲜类菜肴数量	价格范围/元
高档菜	2	34～40
中档菜	5	26～34
低档菜	3	20～26
总计	10	20～40

餐饮管理人员在这些价格范围内，再根据原材料的种类、可得性、成本以及厨师的烹调技术水平来选择菜肴就比较容易了。

> 📖 **本节思政教育要点**
>
> 菜品的选择不能仅仅根据单品的利润高低来进行，也应考虑顾客的欢迎度，这样才能实现买卖双赢。

第四节　菜单的设计和制作

一、菜单的内容

菜单的内容主要包括食品饮料的品种和价格。此外因为菜单还具有广告的作用，通过菜单客人可以了解餐厅的经营品种、价格档次、营业时间及营业地址等信息。因此一份完整的菜单应包含以下内容。

1. 菜肴的名称及价格

菜肴的名称及价格会直接影响到客人对菜肴的选择。客人对就餐菜肴、服务是否满意取决于餐厅提供的菜肴是否与客人的预期期望值相一致。对于那些未曾品尝过的菜肴，顾客往往会凭菜名进行选择。根据国际上通行的方法，菜单上菜肴的名称和价格必须具有真实性。这种真实性主要体现在以下几个方面。

（1）菜肴名称应真实可信　菜肴命名应力求名副其实，反映菜肴的全貌和特色，以便于客人进行选择。中式菜名一般可分为两类，一类是写实性菜名，即菜名能够直接如实地反映构成菜肴的原材料、成菜的烹调方法、菜肴的色香味、原产地或创始人等情况，如川菜中的麻婆豆腐；另一类是寓意性菜名，此类菜肴撇开菜肴的具体内容，或是根据一些著名的典故、趣闻进行命名，如西施舌，或是因为该菜名是世代流传、约定俗成的，如佛跳墙。但无论餐厅采用哪一种命名方法，菜肴的名称都应真实可信，不能太离奇。国际餐饮协会曾对就餐者进行调查发现，那些故弄玄虚、离奇的菜名、顾客不熟悉的或名不副实的菜名一般不易被顾客接受。

如果菜单上的菜名过于充满想象力、离奇或华而不实，顾客看着菜单如坠入云雾之中，不清楚这些菜肴具体的内容，一般是不会轻易接受这些菜肴的。所以面向大众开放的餐厅，应该采用切合实际并为顾客所熟悉的菜名，避免走入以"独特"进行菜肴命名的经营误区。

（2）菜肴的质量应真实可靠 菜肴的质量真实可靠是指原材料的质量和规格要与菜单的介绍相一致，如菜肴名称是干炸里脊，餐厅就必须选用猪里脊肉作为此菜的原材料；原材料的产地也应真实，如菜单上的原材料说是采用澳洲龙虾，就不应该用国产的替代；菜肴的份额也要真实，菜单上注明分量为多少，就应足量供应；原材料的新鲜程度也应保证真实，如菜单上注明的是新鲜水产，就不应该使用罐头或速冻产品代替。

（3）菜肴的收费应真实稳定 菜肴的收费应与实际供应的相符，且在一定时间内具有稳定性。有些餐饮机构加收服务费、特种行业经营管理费、包间费、开瓶费等，这些必须要在菜单上加以注明，若有价格变动也应立即在菜单上注明。如果菜单上的价格总是变动，会给客人造成餐厅经营不稳定的印象，影响经营效果。

（4）外文名字必须准确无误 菜单是餐厅对外宣传的窗口，可以体现餐厅的管理水平和服务质量的高低。如果菜单上出现错误的外文名称或拼写错误，不但会使外国客人茫然不知所措，而且也说明餐厅对该类菜肴不熟悉或管理质量把关不严。

（5）菜单上所列的产品应能够保证按需供应。

2. 菜品的介绍

菜单上要对一些特色菜肴进行介绍，这样可以省却或减少服务人员介绍菜肴的时间，提高服务效率。菜单上对菜品的介绍内容主要包括以下几点。

（1）主要配料及一些特殊的浇汁和调料。

（2）菜肴独特的烹制方法或服务方式。

（3）菜肴的份额。

（4）菜肴的加工时间。

（5）重点促销的菜肴 餐厅需要重点促销的菜肴如下。

① 畅销且高利润菜肴。这种菜肴很受顾客的欢迎而且利润较高，能为餐厅带来较高的经济效益。

② 特殊套餐。一些特殊套餐能够提高餐厅的销售额，增强推销效果。如餐厅在一些特殊的日子提供的优惠套餐、针对老年顾客提供的套餐等。

③ 时令菜、特色菜。根据季节的变化及时推出的菜肴以及餐厅的特色菜。

④ 厨师推荐菜。有些餐厅会定时推出一些厨师的创新菜肴或以独特方法烹调的菜肴以吸引常客。

这些需要重点促销的菜肴在菜单上时应注意与其他菜肴有所区别，如采用粗字体、大号字体或特殊字体列出菜名，将菜肴的介绍放在菜单上显眼位置并列上菜肴实例照片。

3. 告示性信息

每张菜单都应提供一些餐厅经营中所必需的告示性信息，这些信息一般都很简洁。告示性信息主要有以下几点。

（1）餐厅的名称 通常安排在封面。

（2）餐厅的特色 如果餐厅以经营某种特色风味为主，而餐厅的名字又体现不出来，最好能够在菜单的封面、餐厅名称的下面列出其风味特色。例如：

东坡酒家

（川菜风味）

（3）地址、营业时间和订餐电话　一般列在菜单的封底下方，有些位于旅游城市的餐厅还在菜单的封底标示出餐厅在该城市的具体位置。

（4）加收费用　如果餐厅加收服务费用，应该在菜单每一张内页的底部标明，如所有价目均加收5%的服务费。

4. 机构性信息

有些老字号的餐厅还会在菜单上介绍餐厅的历史背景、经营特色等信息。如全聚德烤鸭店，在菜单上就有关于全聚德的历史背景介绍，使人一目了然地对该餐厅有一个全面的认知。

二、菜单内容的安排

1. 菜单内容安排原则

顾客一般是按进餐顺序进行点菜，因此菜单上的内容也应该按进餐顺序进行排列组合，这既符合人们正常的思维逻辑，又能使菜肴品种排列有序，使客人很容易地根据自己的就餐需求找到相应的菜肴品种。一般中餐的进餐顺序是：冷菜、热菜、汤类、主食、饮料；西餐的进餐顺序是：开胃品、汤、色拉、主菜、三明治、甜点、饮品。

2. 菜单的表现形式及主菜或重点菜肴的位置安排

西餐菜单的表现形式主要有单页式菜单、双页式菜单（对折式菜单）、三页式菜单（三折式菜单）、四页式菜单（四折式菜单），中餐菜单主要以杂志式为主。主菜或重点推销菜肴应安排在菜单的明显位置。根据人们的阅读习惯及餐饮同行们的总结，如图2-2所示，单页菜单应列在单页的中间位置，双页菜单应该列在右页，三页菜单应位于中页，四页菜单应列在第二页和第三页；杂志式菜单则主要是将菜肴安排在菜单的开始处和结尾处。

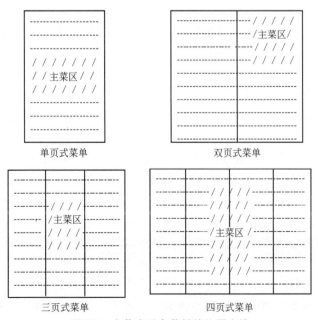

图2-2　主菜或重点菜肴的位置安排

三、菜单的设计和制作

1. 菜单的制作材料

菜单的制作材料不仅能很好地反映菜单的外观质量，同时也能给顾客留下较好的第一印象。因此菜单在选材时，应根据菜单的使用方式合理选择制作材料，既要考虑餐厅的类型与规格，也要顾及制作成本。一般来说，长期重复使用的菜单，要选择经久耐磨又不易沾染油污的重磅涂膜纸张；分页菜单，往往是由一个厚实耐磨的封面加上纸质稍逊的活页内芯组成；而一次性使用的菜单，一般不考虑其耐磨、耐污性能，但并不意味着可以粗制滥造。许多高规格的宴会菜单，虽然只使用一次，但仍然要求选材精良、设计优美，以此来充分体现宴会服务规格和餐厅档次。

2. 菜单封面设计

设计完美的菜单封面能表明餐厅的形象、风格、风味，甚至价位，它有助于营造一种气氛，创造一种对用餐经历的期望值。菜单的封面设计要注意以下几点。

① 餐厅的名称要有特色。店名是体现餐厅特色、招徕生意的重要手段，人们总是先听说餐厅的名字或者看到招牌上的店名，才对餐厅产生了兴趣，有了就餐的欲望。所以餐厅的名称应具有特色，能够反映出餐厅的经营特点，如"关东向阳屯"，一看名字就知道是以经营东北炖菜为主的餐厅。店名要精练概括，笔画简单，容易读，容易记忆，这样可以增加餐厅的知名度，扩大餐厅的影响力。封面上的内容不能太零乱，只要将餐厅的名字设计好放在封面位置就可以了。至于餐厅的地址、电话、营业时间等基本信息可以放在封底，封底也是印放其他附加性促销内容的地方，如餐厅的经营历史、经营特色等。

② 菜单封面的色调应当与餐厅主体色调相一致，或与餐厅的主体色调形成适宜的对比度，使餐厅内部环境的色调更加和谐。

③ 封面的用料应厚实，具有耐久性，最好能够加膜以防油污、水渍。

3. 菜单的文字设计

菜单作为餐厅与顾客沟通交流的桥梁，其信息主要是通过文字向顾客传递的，所以文字的设计相当重要。菜单的文字设计主要包括对菜单上食品名称的描述性介绍、餐厅声誉宣传（包括优质服务、烹调技术等）的文字介绍以及菜单字体、字形的选择运用。菜单的文字介绍应该做到描述详尽，起到促销的作用，而不能只是列出菜肴的名称和价格。如果把菜单与杂志广告相比，其文字撰写的耗时费神程度并不亚于设计一份精彩的广告词。

菜单文字字体的选择也很重要，它与餐厅的标记一样，是餐厅形象的一个重要组成部分。菜单上的字体一经确定，就和餐厅标记、颜色一起被广泛运用到菜单、餐巾纸、餐垫、餐桌广告牌以及其他推销品上，成为鉴别餐厅的重要特征之一。所以使用令人容易辨认的字体能使顾客感受到餐厅的餐饮产品和服务质量具有一定的标准并留下深刻的印象。菜单的标题和菜肴的说明可用不同型号的字体，以示区别。一般仿宋体、黑体等字体被较多地用于菜单的正文，并以阿拉伯数字进行排列、编号和标明价格；楷体、隶书等字体则常被用于菜肴类别的题头说明。引用外文时应尽量避免使用圆体字母，宜采用一般常见的印刷体，而且必须根据标准词典的拼写统一规范、符合文法、防止差错。菜单的字形，即印刷菜单时所用铅字的型号大小。根据调查统计，最容易被就餐者阅读接受的字形是二号字和三号字,其中又以三号字最为理想。

4. 菜单的图片选择

在菜单上使用图片并运用色彩效果增强菜单的艺术性和吸引力,是现代餐厅的一种潮流。菜单上附有菜肴的彩色照片可以起到推销的作用,加快客人的点菜速度。一张令人垂涎三尺的菜肴图片远胜于大段的文字说明,它是真实菜肴的证据与缩影。而且有些菜肴也唯有运用图片才能更好地显示其质量,如餐厅的招牌菜、特殊推销菜肴等。但是这并不意味着菜单上的所有菜肴都需要附上图片,这样会加大菜单的印刷成本。餐厅只需将那些希望客人购买的菜肴、高价菜肴、特色菜肴、最受顾客欢迎的菜肴、创新菜肴以及一些形状美观、色彩丰富的菜肴做成彩色照片附在菜肴的旁边印在菜单上。这些彩色照片的印制一定要注意质量,如果印刷质量差使客人倒胃口,反倒不如没有这些图片。除此之外菜单中常见的图片还有:中国名胜古迹、餐厅外貌、重要人物在餐厅就餐的图片等,几何图案、抽象图案等也经常作为插图使用,但这些图案要与经营特色相对应。

5. 菜单的色彩运用

赏心悦目的色彩能使菜单显得更具有吸引力,更好地介绍重点菜肴,同时也能反映出一家餐厅的风格和情调。而且色彩能够对人的心理产生不同的影响,能体现出不同的暗示特征,因此色彩的选择一定要注意与餐厅的性质和顾客的类型相互呼应,形成和谐的对比。一般来说,鲜艳的大色块、五彩标题、五彩插图比较适合用于快餐厅的菜单,而一些以淡雅优美的色彩,如浅褐、米黄、淡灰、天蓝等为基调设计的菜单,会使人觉得这是一个有档次、有格调的餐厅。

6. 菜单的规格和篇幅

菜单的规格应与餐饮内容、餐厅的类型与面积、餐桌的大小和座位空间等因素相协调,使顾客拿起来舒适,阅读时方便。经营人员确定了菜单的基本结构和内容,并将菜品清单列出后,应选择几种尺寸较适合的开本,排列不同型号的铅字进行对比。一般单页菜单以30cm×40cm大小为宜;对折式的双页菜单合上时以25cm×35cm为宜;三折式菜单合上时尺寸以20cm×30cm为宜。此外菜单在篇幅上应保持一定的空白,通常文字占总篇幅的面积不能超过50%,菜单四边的空白应宽度相等,左边的字首应排齐,给人以均匀之感。

四、菜单设计制作中应注意的问题

虽然大部分餐厅的经营者或管理者都花费了很大心思和精力去设计菜单,但还是有很多餐厅的菜单不尽如人意,以致出现这样那样的问题,给餐厅经营造成很大的影响。其常见问题主要有以下几点。

1. 制作材料选择不当

有的餐厅为了节省成本,就采用各种簿册制品,其中有文件夹、讲义夹,也有用信邮册和影集本来充当菜单,而不是专门设计的菜单。这样的菜单不但不能起到点缀餐厅环境、烘托餐厅气氛的效果,反而与餐厅的风格格格不入,显得不伦不类。

2. 规格和装帧不当

拥挤的菜单一般缺乏吸引力。很多小餐厅的菜单正文都是以16K普通纸张制作,这个尺寸无疑过小,造成菜单上菜肴名称等内容排列过于紧密,主次难分,有的菜单甚至只有练习本大小，但页数竟有几十张，无异于一本小杂志。绝大部分菜单纸张单薄，印刷质量差，无插图，无色彩，加上保管使用不善，显得极其简陋，肮脏不堪。

3. 字体选择不当

字体太小会直接影响到客人的阅读能力。不少菜单是打字油印本，即使是铅印本，也大都使用1号字。坐在餐厅不甚明亮的灯光下，阅读3mm大小字体的菜单，其感觉会很不轻松，况且油印本的字迹容易被擦得模糊不清。同时，大多数菜单字体单一，忽视了使用不同大小、不同字体等手法来突出、宣传重要菜肴。

4. 随意涂改菜单

随意涂改菜单是菜单使用中最常见的弊端之一。涂改的方法主要有：用钢笔、圆珠笔直接涂改菜品、价格及其他信息；或用电脑打印纸、胶布遮贴。菜单上被涂改最多的部分是价格。所有这些，使菜单显得极不严肃，很不雅观，引起顾客的极大反感。

许多中小餐厅的菜单除了有上述常见问题外，有时还会出现文字介绍过于简单、菜单与菜品不符、人为省略或粗心遗漏某些信息等问题。这些对餐厅的经营都带来了不大不小的影响，所以餐厅的管理者或经营者一定要注意对其查缺补漏，避免上述问题的出现，使菜单的设计和制作做到尽善尽美。

五、菜单设计者的素质要求

菜单的设计与制作工作是一项艺术性和技术性都很强的复杂工作，不是任何人都能胜任的。因为菜单设计在很大程度上受到设计者态度和能力的限制，所以菜单设计者要对菜肴知识有足够的了解，并富于创造性和想象力。具体来说，菜单设计者应具有的素质如下。

① 具备广泛的食品原材料知识。熟悉原材料的品种、规格、品质、出产地、上市季节及其价格等。

② 具有丰富的烹调知识和较长的工作经历，熟悉各种菜肴的制作方法、时间和需用的设备，掌握菜肴的色、香、味、形、质地、质量、规格、装饰、包装（使用的餐具）和营养成分。

③ 了解餐厅的生产与服务设施，工作人员的业务水平。了解顾客需求及菜肴发展的趋势，善于结合传统菜肴的优点和现代餐饮习惯，有创新意识和构思技巧。

④ 有一定的美学和艺术修养，善于调配菜肴的颜色和稠度，善于菜肴的造型。善于沟通技巧，虚心听取有关人员的建议，具备筹划具有竞争力菜单的能力。

总之，只有具备较高职业素质，并具有一定权威性和责任感的厨师才能设计和制作出科学完美的菜单。

> 📖 **本节思政教育要点**
>
> 经营者应真实标注菜肴的计量和价格，不应欺诈顾客。在网络时代，这样做会造成严重的后果。如"青岛大虾"事件，就对旅游目的地形象造成了严重的负面影响。
>
> 菜单制作不可过于奢华，应坚持节约、环保的经营理念。

 典型案例

"烤人"的餐厅

东坡火锅城是一家新开业的特色餐厅,由于其位于商业街中心地带,自开业之日起,就以正宗的川味火锅吸引了无数的食客,每天都是人满为患,就连餐厅过道都站满了等候的客人。但是经营了一段时间后,管理人员却发现前来就餐的客人日渐减少,眼看着销售额直线下降,这可急坏了餐厅经理。这是怎么回事呢?餐厅经理连忙会同厨师、前厅服务经理一起商讨,寻找问题的原因。经过调查,排除了菜肴食品质量问题、服务质量问题,而且餐厅的价格也比较适中,那到底是什么原因造成客人流失呢?餐厅经理百思不得其解。最后,一个服务人员反映了一个情况,有些客人反映用餐时桌子太小,点的菜肴没地方放,而且餐厅太热,像是在"烤人"。以前由于餐厅生意火爆,服务员忙得不可开交,再加上餐厅本来就是人多桌少,所以也没把客人的投诉当回事,如今想起来,可能会是造成客人流失的原因。事不宜迟,餐厅经理马上会同各部门管理人员进行实验论证,结果发现,餐厅为了吸引更多的顾客,将原先的圆桌大部分都换成了方桌,以增加用餐空间,但是由于火锅一般点的涮菜都比较多,再加上用餐时会由于火锅的加温造成温度上升,致使客人用餐时感到非常不舒服,向服务人员提了几次建议也都没有回应,所以只好选择别家餐厅了。找到了原因,餐厅经理马上让服务员换回了原先的餐桌,并在餐厅四周增安了两部空调。经过改进后,餐厅很快又恢复了往日的兴隆。

评析

一家经营成功的餐厅在设立时,无论是在餐厅的地理位置上,还是在经营宗旨上,以及餐厅的设计布局上都应以消费者的就餐需求与就餐取向为宗旨,应有利于餐饮产品的销售与服务,应能够使客人流连忘返而成为餐厅的常客。

本章小结

餐厅为人们提供家外就餐的场所,菜单是餐厅的产品目录,是沟通顾客与经营者的纽带。本章介绍了餐厅选址的因素、餐厅设施、设备及家具的配备方法以及餐厅环境设计的基本原理、要求和方法;阐述了菜单在餐饮管理中的作用、菜单的种类及实施策略以及菜单的设计制作方法。通过本章的学习,使我们对餐厅的设立和菜单的设计制作有了基本的认识。

复习思考题

1. 影响餐厅选址的因素有哪些?
2. 餐厅设计的理念与原则有哪些?
3. 菜单的类型与实施策略有哪些?
4. 如何设计菜单?

实训题

1. 某餐厅对菜单上的冷菜进行分析,经统计各菜肴在某一经营时段的销售份数和价格如下。

菜名	销售数量/份	价格/(元/份)
油爆小河虾	120	28
水晶凤爪	80	32
香酥鱼片	60	22
凉拌三丝	150	12
老醋蜇头	40	38
三鲜烤麸	20	20

请计算各类菜肴的顾客欢迎指数和销售额指数,并评估如果变动菜单,哪些菜应该保留,哪些菜应该去掉。

2. 参观某餐厅,考察其餐厅位置的优越性;观察其装饰风格、特色;调查其使用的菜单种类及菜单的具体使用情况。

第三章 餐饮原材料采保管理

学习目标

了解采购管理的基本内容和方法；掌握验收管理的要求和程序；了解仓库的贮存设施和贮存条件；掌握货物安排与管理的方法；熟悉食品原材料和饮料的发放程序；掌握原材料盘存管理的方法。

第一节 采购管理

餐饮原材料的采购管理是保证为餐厅提供适当数量的食品原材料，保证每种原料的质量符合一定的使用规格和标准，并确保采购的价格最为优惠。原材料的合理采购是餐厅向客人提供各种菜品的重要保证，只有原材料的质量好且价格低，才能使餐厅保证菜肴味道鲜美，并且能够获得可观的经营利润。

一、采购员的配备和选择

合格的采购员是餐厅搞好采购的前提。很多小型餐厅的采购员由企业主或经理亲自兼任。可见采购员的选择对成本控制有着举足轻重的影响。有业内专家认为，一个优秀的采购员可为餐厅节约5%的餐饮成本，甚至更多。

在我国，有些饭店的餐饮原材料采购员隶属于餐饮部。这样有利于专业化管理，并且使原材料的供给和生产信息的反馈变得迅速。大中型饭店一般设有独立的采购部，采购部下设普通经营物资采购员、工程物资采购员和餐饮原材料采购员。例如，一家中型餐饮集团的采购部有2名采购员负责普通物资采购,1名为工程物资采购员,4名为餐饮原材料采购员。

合格的采购员需要具备以下素质。

(1)了解餐饮经营与生产　采购员要熟悉餐厅的菜单,熟悉厨房加工、切配、烹调的各个环节,要懂得各种原材料的损耗情况、加工的难易程度以及烹调的特点。

(2)掌握食品饮料的相关知识　采购员要知道如何选择各种原材料的质量、规格和产地,知道购买特定产品的季节,了解哪些产品容易存放,什么产品存放时间长质量会下降。这些知识对原材料的选择和采购数量的决策有很大用处。

(3)了解食品饮料产品市场　要熟悉蔬菜、副食品、饮料的销售渠道,熟悉各批发商和零售商,了解产品的市场行情。

(4)熟悉财务制度,并能够严格遵守。

(5)人品诚实可靠　餐饮企业应加强对采购员的监督,如发现有舞弊行为,应立即将采购员调离岗位,并进行教育和处理。

为对采购进行控制,餐饮管理人员也要了解市场行情、销售渠道和产品知识,并进行严格的验收和财务控制。

二、采购质量管理

餐厅要生产出质量稳定的菜品,必须使用质量稳定的原料。管理人员应对经常使用的原料制订"标准采购规格"。"标准采购规格"是根据菜单的要求对要采购的食品、饮料、原材料规定详细的质量要求。"标准采购规格"的内容包括:原材料的产地、等级、外观、色泽、新鲜度。为便于对进货和采购日期进行统一管理,还应列上所采购原材料的发货日期。

表3-1为"标准采购规格"实例,具体说明"规格"应包括的内容。

标准采购规格制定后,应分发给采购员、供应商、验收员和餐厅经理。使用标准采购规格对餐饮管理具有很大的作用。它能使管理人员根据菜单预先确定各种原料的质量要求,使菜品原料的采购质量有保证,避免因采购质量不稳定而引起菜品成品的质量不稳定。

如果菜单变化或市场条件发生变化,采购规格就应部分调整、修改或重新制定。确定标准采购规格是保证采购产品达到理想标准的一项重要措施。

表3-1　标准采购规格

品名	产地	规格	色泽与外观	气味	发货时间
牛肉	安徽	里脊	暗红色、有弹性	无腐败气味	次日交货
橘子	山东	中等圆形	橘黄色、无外伤	酸甜适中	当日交货
青岛啤酒	青岛	瓶装	酒色淡黄、酒液清澈	略苦	订货后第三日交货

三、采购的间隔时间与方法

采购质量标准在一定时间内可保持相对稳定,而采购数量应根据客源和库存量的变化不断进行调整。如果存放较长的时间,所有食品都会变质,只是有的变质快些,有的变质慢些。企业应该尽可能购买当日或近日需要的原材料。但是为利用大批量购买的价格优惠和考虑季节的特点,有的原材料可在大量上市、货源充足时大批量进货。同时为节省采购的人工费用，一些非易坏性原材料的采购时间可间隔长些，采购的批量也可大些。

管理人员要指导采购员对原材料的采购数量进行控制，使原材料的供给既充足又无过多的剩余。各类原材料的采购频率和采购数量取决于原材料的使用寿命和日需要量。对采购管理来说，餐饮原材料可分为易坏性原材料和非易坏性原材料。对这两类原料的采购应分别探讨。

1. 易坏性原材料的采购方法

易坏性原材料一般为鲜活原材料，这类原材料要求购进后立即使用，用完后再购买新的原材料。因而这类原材料的采购频率较快，一般每日采购。采购方法有两种。

一是根据实际用量采购，即要求采购员每日检查库存的余量。每日库存量的检查可采用实物清点与观察估计相结合的方法。对单价高、价值高的原材料（如大块猪肉）要清点实际存量，对单价低、价值低的原材料（如水果及蔬菜等）只要大致估计就可以了。

为方便采购，需将每日要采购的原材料编制成"原材料采购清单"。采购清单上要列出原材料的名称和规格、应备用量、现存量、需采购量等，同时还要加上供应商的报价、实际采购量和实际价格。

原材料采购清单的使用，可减少厨师长和采购员的工作量，他们不需要每日填写需采购原材料的品名，同时还能帮助控制采购数量和采购价格。原材料采购清单和标准采购规格一起使用，能使采购数量、质量和价格标准化，能在一定程度上限制供应商与采购员相互勾结、舞弊。采购清单上要留一些空格，以填写需采购的特殊原材料，并留出实际采购数量和实际价格，便于与采购标准作比较，以利于控制。

二是长期订货法。餐厅中还有一些原材料，其本身价值不高，但其消耗量大，所需数量也比较稳定，这类原材料如用第一种方法就太费时间。这类原材料有面包、奶制品、鸡蛋、常用蔬菜、水果和常用饮料等。餐厅可与一家供应商订下合同，以固定价格每天向餐厅供应规定数量的原材料。例如餐厅与食品公司商定每日送3箱面包，只规定需求量或结存量，有特殊变化时再增加或减少采购数量。这样，对这些低价值原材料，采购员不必天天联系和检查存量，可节省人工和时间。长期订货法还可以用于价值低、耗量大、占地大、天天需补充的其他原材料和用品，如卫生纸、餐巾纸、啤酒等。

2. 非易坏性原材料的采购方法

由于非易坏性原材料不易迅速腐败变质，为减少人工成本可一次采购较大数量储存起来。采购方法有定期采购法和订货点采购法。

（1）定期采购法　为便于对非易坏性原材料的库存管理和采购管理，有必要对各项非易坏性原材料确定标准贮存量。标准贮存量就是原材料在库房中贮存的最高存量。管理人员要分别估计各种原材料在规定时间内的总需要量。但由于对客源量的预测不可能十分精确，同时采购后供货单位发货也会因某些意外而推迟，因而在所需原材料的总量上还需加一定的保险贮存量。保险贮存量的多少视原料的供应情况而定，一般饭店把保险贮存量定为订购期内需用量的50%。标准贮存量是最高贮量，而库存原材料很少保持在标准量。因每发出一次原材料就会使存量减少，如果马上补充，则既费精力也费时间，所以管理员要注意掌握原材料采购的时机和数量。对非易坏性原材料目前普遍采用定期采购法。因为餐饮原料的品种多，使用频繁，不易对各种原材料逐项计算最佳经济订货批量。管理人员可根据库房的贮存面积、原材料的可得性和流动资金多少来确定同类原材料采购的间隔天数，再根据各项原材料的预计日需要量算出各项原料的标准贮存量。

$$标准贮存量＝日需要量×定期采购间隔天数+保险贮存量$$

采购员定期清点各种原材料的存量，掌握各种原材料的存量与标准存量的差额，计算出需要采购的数量。

$$需购量＝标准贮存量-现存量+日需要量×发货天数$$

这种方法的优越性是同类的原材料或同一供应商供应的原材料，可定期在同一天采购，这样能减少采购次数和人工工时。同时每种原材料确定标准贮存量后，原料不会过量贮存，采购数量容易决策。这样可减少采购员的工作量，可将更多的精力用于采购易坏性原材料。但这一方法也有缺点。有时某些原材料的实际用量大大超过预计数，采用定期采购法不易发现原材料短缺。为避免这种缺陷，对每种原材料订出最低贮存量（即警告贮存量），当原材料减少到最低贮存量时不管是否是定期采购的日子，也要去采购。

下面举例说明定期采购法。某餐厅平均每日需用30听青岛啤酒，该餐厅对啤酒类饮料定于每两周采购一次，即隔周星期三采购一次，青岛啤酒应有200听的保险贮存量，青岛啤酒的发货天数需要三天，在采购日前如果还剩下350听青岛啤酒，则青岛啤酒的标准贮存量、最低贮存量和需采购量计算如下。

青岛啤酒的标准贮存量为：

$$标准贮存量＝30听×14+200听＝620听$$

青岛啤酒的最低贮存量为：

$$最低贮量＝30听×3+200听＝290听$$

青岛啤酒需采购量为：

$$采购量＝620听-350听+30听×3＝360听$$

（2）订货点采购法　订货点采购法是通过查阅库存卡上原材料的结存量，对达到或接近订货点贮存量的原材料进行采购的方法。使用这种方法要求在库房中对每种原材料建立库存卡。原材料收到后必须在卡片上登记正确的数量、单价和金额。发出的原材料也要随时登记。库房中还需要有一套检查制度，检查哪些原料已经达到或接近订货点贮存量，对这些已达到订货点贮存量的原材料发出采购通知并确定采购数量。

原材料的订货点贮存量也是该原材料的最低贮存量，当原材料从库房发出使库存量减少到订货点贮存量时，必须采购补充该原材料。原材料订货点的库存量是原材料发货期间消耗的数量和保险贮存量之和。

$$订货点贮存量＝原材料日需要量×发货天数+保险贮存量$$

原材料的采购数量是以原材料标准贮存量减订货点贮存量再加原材料发货期的消耗量而得。

$$原材料采购量＝标准贮存量-订货点贮存量+原材料日需要量×发货天数$$

实际上，原材料的标准贮存量也是原材料的最高贮存量，它主要根据原材料的平均日需要量以及计划采购的间隔天数，再加上一定的保险贮存量来确定。在确定标准贮存量时还要考虑能用于库存物资的流动资金的数额、市场原材料供应的充足程度、采购运输的方便程度等因素。

例如某餐馆对面粉确定的标准贮存量为200kg，面粉平均每日需用量为12kg，发货需用天数为3天，面粉的保险贮存量为30kg，面粉的订货点贮存量及采购数量为：

$$订货点贮存量 = 12kg \times 3 + 30kg = 66kg$$
$$需采购数量 = 200kg - 66kg + 12kg \times 3 = 170kg$$

订货点采购法的优点是可以建立"货物库存卡"制度（货物库存卡的内容见本章第三节）和检查制度，原材料不足时能及时检查和反映出来并及时采购。由于每种原材料都有标准贮存量，所以也不会多购。因而这种制度能有效地防止原材料贮存量不足或过量贮存。由于货物库存卡上规定每种货物的标准贮存量和订货点贮存量，并且记录了原材料的结存量，因此在确定采购日期和采购数量时不必逐项检查原材料的实际库存量，只要翻阅库存卡即可，这样能够节省人工工时，同时用这种方法采购时，采购数量比较稳定，不需要每次决策，采购管理比较方便。但是该方法需要对原材料进行不定期的采购，采购和运输的工作量比较大，而且库存卡上要正确登记库存的进货和发货量，卡片登记工作也比较费时。

实际上，许多餐厅将上述两种方法结合使用。他们一方面对各种库存的原材料建立库存卡，另一方面又对各种原材料规定定期采购的日期。对一般的库存原材料，他们定期进行采购。同时，库房管理员经常查阅登记卡，随时注意对达到订货点贮存量的原材料发出采购通知。采购前不用清点实物的结存量。这样既节省了采购和库存的清点时间，又能使库存原材料及时得到补充和有效的控制。

四、采购价格管理

1. 最低报价法

由于餐饮原料品种多，采购次数频繁，许多产品的市场价格波动大，所以价格很难标准化。为了以最低的优惠价购得原材料，餐厅管理者和采购员必须在确定价格前调查市场行情。在确定价格时，采购人员通过电话、信函或直接与供应商商谈，取得所需原材料的报价。向供应商采购品种较多的大型餐饮企业，有时将采购品种的空白报价单及其规格标准送交各供应商，各供应商将报价单密封寄回，以防止供应商的报价信息扩散，避免供应商联合抬价。采购员要多找几家供应商，比较它们的价格。一般每种原材料至少应取得三个供应商的报价，然后选择最低价。南京某合资饭店对日常餐饮原材料的采购采取下述定价方法。该饭店由采购部每月于7、17、27日前将采购原材料的空白报价单连信封送交各供应商，令其在上述日期的下午3时前将封好的报价单放入报价箱内。开箱时，由财务部成本控制员会同采购部人员在场，双方拆开报价，逐份签名确认。采购部则按类别将各供应商所报价格填写在报价表上，这样各供应商的索价情况便一目了然。饭店在定价前每天派采购员做市场调查，定价时，采购部将供应商的报价情况、市场的价格信息及其他有关信息加以综合考虑，订出一个能为供应商所接受的价格，一般是几个供应商中的最低价格。

2. 多数最低价法

餐厅经营所需的原材料品种很多，如果完全按最低价选择供应商，需要多次采购，那样会占用很大工作量。许多企业对同类食品饮料采取定期向同一供应商采购的方法，例如肉类品向同一食品公司购买。向同一供应商购买的原材料多，不仅节省人力，而且能得到长期优惠。企业在得到各供应商对各种原材料的报价后，不一定完全取最低价格，而是对照各供应商各种原材料的报价，并考虑与各供应商的长远关系等因素，选择多数原材料价格最低的供应商，与该供应商协商，使采购原材料的价格多数为最低。

五、集中采购

集中采购是饭店或餐饮集团总部集中为所属企业进行采购的行为。集中采购制度需要集团总部专设一个中心采购部，所属饭店或餐厅的采购员直接接受集团中心采购部领导。我国许多接受国际饭店集团管理的饭店，其采购工作通常也受集团总部采购部的控制，但集中采购对所属企业有利有弊。其有利之处为：大批量采购能得到较大的价格折扣，可以有效降低经营成本；保证采购原料的质量达到集团统一的规格和标准；集中采购能够防止所属企业采购员的舞弊行为。

集中采购的弊端：由总部统一采购原材料，会使下属企业选择本地特色和本餐厅特色的原材料的主动权减少，限制了餐厅发挥自己特色的能力；集中采购不利于企业与当地供应商发展合作关系。

📖 **本节思政教育要点**

采购人员应认真、负责，一定要严格按照采购标准进行采购。

采购人员应积极践行社会主义核心价值观，应在采购过程中公正、诚信、敬业，并且要守法、不受利诱。

餐厅还应建立科学的监督制度，营造"不能腐"的制度环境。

第二节　验收管理

餐饮管理者不仅要重视原材料的采购，还要重视原材料的验收工作。因为验收环节能够保证原材料在进入仓库时与采购的规格、质量、数量等完全相符。

一、验收人员、验收场地和设备的要求

1. 验收人员要求

（1）验收人员应以企业利益为重，秉公验收，不图私利，具有很强的原则性。

（2）验收人员要勤恳踏实，仔细认真，应严格按验收程序完成验收工作。

（3）验收人员应受过专业训练，掌握较全面的原材料基础知识，清楚采购原材料的规格和标准，对原材料质量能作出较全面准确的判断。

（4）验收人员应该熟悉饭店的财务制度，懂得有关票据账单的处理方法和程序。

为了保证验收工作的顺利进行和提高验收工作效率，除了配备合格的验收人员外，还必须具备一定的验收场地和设备设施条件。

2. 验收场地和设备要求

验收场地合适与否直接影响到验收的效率和验收人员的工作量。验收员办公室和验收处应尽量靠近验收台，验收台紧靠食品原料库房，并尽可能与厨房生产同在一个区域。这样便于控制原材料进出，同时可以减少搬运工作量。此外，验收需要处理许多票据账单，所以应配备相应的办公用具，以方便操作。

验收原材料重量的准确性有赖于称重设备——磅秤的配备，磅秤的称重范围要能满足验收需要，大小合适，重量、数字两面可读，摆放位置合理，最好摆放在验收工作间的门前，有玻璃窗在验收室内可视。除此之外，验收还应配备用于原料运输的小型推车，盛装原材料用的各类筐、箱以及起钉器、纸板箱切割工具、刀、剪等用品。

二、验收控制

1. 数量验收控制

验收人员对进货数量进行控制时，要检查发送原材料的实物数量与订购单和账单上的数量是否相符。带外包装及商标的货物，在包装上已注明重量的，要仔细点数，必要时要抽样称重，核实包装上的重量是否正确，对于以箱包装的货物要开箱检查，特别要检查箱子下层是否装满。有些发货人会私开原箱食品，窃取一部分后，重新将箱子钉好，仍作整箱送货。无包装的货物要过秤。为此验收室应备有各种磅秤如地秤、台秤等。

订购单上有采购货品的品名和数量，要检查发送货物的品种和数量是否与订购单上的一致。有的供应商为设法多销售，会多送货物，甚至将没有订购的货物也送来。供应商送来的账单也有货物的名称和数量，要检查账单上列出的品名是否都收到，数量是否正确，重量是否充足。

2. 质量验收控制

验收人员在控制质量时，要检查实物原料的质量和规格是否与标准采购规格和订购单相符，账单上的规格是否与订购单上的一致。为防止供应商和采购员以次充好，验货时必须要对照标准采购规格进行验收。罐头食品要检查有无凸形，要注意保存期是否过期。蔬菜、水果有无腐烂。肉类的规格有时要用尺量，检查是否符合规定的部位并留意是否掺水。饮料要注意商标是否与订购单和账单相符。有必要时，特别是大批量采购时，对罐头和瓶装食品饮料要抽样检验质量是否合格。

3. 价格验收控制

在验收价格时，要认真检查账单上的价格与订货单上的是否一致。有些供应商在订购时答应了某价格，但在开账单时又偷偷向上提价。验收人员若不注意对照订购单认真检查往往会被蒙混过关，使企业受损失。

4. 验收程序

（1）根据订购单检查进货　验收人员要负责核实送验的货物是否符合订购单上所规定的品种、规格及质量要求，对符合品种、规格及质量要求的原材料要及时进行其他方面的检验，不符合要求则拒收。

① 未办理订货手续的原材料不予受理。
② 对照原材料标准采购规格，规格未达标或规格弄错的原材料不予受理。

③ 对畜、禽、肉类原材料，查验卫生检疫证，未经检疫或检疫不合格的原材料拒绝受理。

④ 冰冻原料如已化冻变软的，亦作不合格原材料拒收。

⑤ 对各类质量有怀疑的原材料，需报请厨师长等专业技术权威仔细检查，确保收进原材料符合原材料标准采购规格的最低质量标准。

（2）根据送货发票检查进货原材料　供货单位的送货发票是随同货物一起交付的，供货单位送给收货单位的结账单是根据发票内容开具的，因此，发票是付款的主要凭证。供货单位送来或饭店自己从市场采购回来的原材料数量、价格是发票反映的主要内容，故应根据发票来核实验收各种原材料的数量和价格。

① 凡是以个数为单位的原材料，必须逐一点数，记录实收箱数、袋数或个数。

② 以重量计量的原材料，必须逐件过磅，记录净料；水产原材料沥水去冰后称量计数，对注水掺假原材料拒收。

③ 对照随货交送的发票，检查原材料数量是否与实际数量相符以及是否与采购订单原材料数量相符。

④ 检查送货发票上原材料价格是否与采购订单上原材料价格相符，单价与金额是否相符。

⑤ 如果由于某种原因，发票未随货同到，可开具饭店印制的备忘清单，注明收到原材料的数量等，在正式发票送到以前以此据记账。

（3）对不合格原材料予以退回　对质量不符合规格要求或分量不足的原材料，填写原材料退回通知单（见表3-2），注明拒收理由，并取得送货人签字，将通知单（副本备存）随同不合格原材料及有关原材料凭证（不影响其他进货作账）一同退回。

表3-2　退货通知单

（副本备存）		编号：_____
发自：_____	交至：（供应单位）_____	
发票号码：_____	开具发票日期：_____	
理由：_____	总计：_____	
送货员签字：_____	负责人签字：_____	

（4）受理原材料　前三个程序完成后，验收人员应在送货发票上签字并接收原材料。有些饭店为了方便控制，要求在送货发票或收货单上盖收货章。收货单包括收货日期、单价、总金额、验收人员等，验收人员应正确填写上述项目，并签字（见表3-3）。

表3-3　收货单

××饭店收货章	
日期_____	
单价：_____	金额：_____
经手人：_____	验收员：_____

（5）原材料入库　验收后的原材料，从质量和安全方面考虑，需及时送入库内存放。有些鲜活易腐的原材料，应及时通知厨房领回加工。冰冻原材料应及时放入相应冷库，防止化冻变质。入库原材料在包装上应注明进货日期及进料价格或使用标签，以利于盘存和安排领用。原材料入库应有专人搬运。由供货单位的送货员把原材料送入仓库的做法是不足取的。

（6）完成有关报表　验收完毕后，验收人员填写验收日报表（见表3-4），以免发生重复付款的差错，并可用作进货的控制依据。所有发票和有关单据连同验收日报表及时送交财务部门，以便登记结算。

表3-4　食品验收日报表

货品名	供应商名称	发票号	数量/kg	单价/元	金额/元	直接采购食品				库房采购食品					
						一厨房		二厨房		一号库		二号库		三号库	
						数量/kg	金额/元	数量/kg	金额/元	数量/kg	金额/元	数量/kg	金额/元	数量/kg	金额/元
菠萝	—	2541	10	2.00	20.00	10	20.00								
西红柿	—	2541	5	1.00	5.00	5	5.00								
活鲤鱼	—	2236	30	5.00	150.00			30	150.00						
活鲩鱼	—	2236	20	8.00	160.00			20	160.00						
合计/元						¥310.00									
一级小牛肉	—	4521	15	20.00	300.00					15	300.00				
一级猪排	—	4521	20	10.00	200.00					20	200.00				
合计/元						¥500.00									
合计/元						¥810.00									

> 📖 **本节思政教育要点**
>
> 验收人员应认真、负责，一定要严格按照采购标准进行验收。
>
> 验收人员应积极践行社会主义核心价值观，应在验收过程中公正、诚信、敬业，并且要守法、不受利诱。
>
> 餐厅还应建立科学的监督制度，营造"不能腐"的制度环境。

第三节　贮存管理

餐饮物资的贮存管理是搞好餐饮经营的重要环节。许多餐饮企业由于餐饮物资的贮存管理不严格，引起食品饮料原材料腐败变质，或遭偷盗、丢失，或被私自挪用。库存管理不严，使餐厅的餐饮成本和经营费用提高，而客人却得不到高质量的餐饮产品。

加强贮存管理要求企业改善贮存设施和贮存条件，合理做好库存物资的安排，加强仓库的保安和清洁卫生工作，以及采取有效库存控制和管理手段。

一、库房的分类和贮存条件

不同餐饮原材料的易坏性是不同的，所以不同种类的原材料需要不同的贮存条件。由于餐饮原材料使用的时间不同，因而也应分别存放在不同的地点。另外餐饮原材料往往处于不同的加工阶段，例如新鲜的牛肉、煮熟的半成品牛肉和加工成成品的牛肉，也需要不同的贮存条件和设备。为此餐饮企业应设置不同类别的库房。

通常库房的类别有以下几种：按地点分为中心库房、各厨房贮存处；按贮存条件分为普通库房、阴凉贮存库、冷藏库、冰冻库；按用途分为食品库、饮料酒水库、非食用物品库。

1. 中心库房和厨房贮存处

饭店和餐厅一般有中心库房和各厨房贮存原材料的地方。需要立即使用的原材料直接发送厨房可省时间和人力。中心库房一般贮存保存期较长、体积较大的原材料。管理人员要决定中心库房和厨房贮存处的相对贮存面积的大小。一般来说，厨房贮存的原材料不宜太多，其贮存面积只要够放每日用的原材料（如调料等）和一天使用的原材料即可。一是因为厨房贮存的原材料较难受到严格的控制，容易丢失；二是因为厨房的工作环境不利于食品的保护，原材料容易变质。

可以将每日需用的原材料用小车从中心库房运到厨房。为使运货车能顺利通过，要求通道的地面平整，门和通道的宽度能允许运货车顺利通行。厨房贮存处的温度和湿度要适当。少量原材料若能锁在运货车里，能节约装卸时间。厨房贮存原材料的贮藏室、贮藏柜要注意加锁保管。

中心库房一般由专职管理员管理，需要一套完整的管理、清点、进货、发料的制度，并要求有全面的建卡记账制度，以确保货品不丢失。中心库房应具有保存食品原材料的合适的贮存条件和设备，使原材料不易变质。

2. 普通干货库房

普通干货库房存放的干燥食品类别比较复杂，为便于管理，原材料要按其属性分类，每个类别、每种原材料要有固定的存放位置。干藏食品原材料的主要类别有：米、面粉、豆类食品、粉条、果仁等；食油、酱油、醋等液体原料以及盐、糖、花椒等固体调料；罐头、瓶装食品；水果和蔬菜；糖果、饼干、糕点等；干果、蜜饯、脱水蔬菜等。

干货库房一般不需要供热和制冷设备，其最佳贮存温度为15～21℃。虽然20℃左右是适宜的贮存温度，但是修盖库房时要选择一个防晒、远离发热设备的位置，这样较容易达到15℃。如果发热的管道必须通过贮存区，要将这些管道隔热。干货库的温度不能超过37℃。温度低些食品的保存期可长些。试验证明在温度20℃贮存的食品比37℃的保存期长三倍。

干货库应保持相对干燥。湿度大，货物会迅速变质。仓库适宜的相对湿度为50%～60%。库房的墙壁、地面返潮，管道滴水，液体原材料泄漏等都会引起仓库湿度增加。为保持库房干燥，库房要保持通风良好。按标准每小时至少应保证空气交换四次。

干货库的面积应适当。管理人员根据企业的经营方式、货源地的远近、采购间隔天数、菜单的类别和营业量的大小来确定贮存面积的大小。一般干货库应至少有储备两周原材料的贮存面积。以两周原材料的需要量来计算仓库实际的贮存面积，再加上40%～60%的通道等非贮存面积为干货库的面积。

普通库房中还可存放一些非食用物资。餐饮企业和饭店通常需贮存下列物资：瓷器、玻璃器皿、刀叉、筷子等餐具；各种锅、勺、铲等炊具；清洁剂、清洁用品和用具；餐巾纸、桌布、餐巾以及其他用品。

清洁剂和清洁用品往往有低度毒性和腐蚀性，要单独存放，不能与食用原材料和用品存放在一起，并且要标明货名以免被误用到食物之中。清洗用品的存放最好接近需清洁的地方，例如洗碗间旁的清洁用品贮藏间。

存放瓷器、玻璃器皿的库房应使用木头货架。使用金属架，餐具容易破损。餐具的贮备量至少应该为目前正在周转使用量的20%。

3. 阴凉贮存库

在阴凉贮存库中贮存短期存放的新鲜蔬菜和水果。一般贮存温度为常温，不需要供热或制冷设备。但某些地区在一年中太冷或太热的气候条件下，有时需要调节一下温度。新鲜蔬菜和水果需要在凉快和较暗的仓库中贮存。最适宜的温度为10～15℃。这些原材料一般贮存2～3天。一些需要放熟的蔬菜和水果，如香蕉、蘑菇、苹果、梨等，贮存温度应高些，最好为18～24℃。需要立即使用的土豆可在10℃以上贮存，不需当时使用的土豆最好低于5℃贮存，但在使用前三周要放到10℃的温度以下贮存，使土豆中的葡萄糖扩散到淀粉中去。

新鲜蔬菜和水果贮存的相对湿度应大些，最好相对湿度为85%～90%。库内应保持通风，货物放在金属架上最利于通风。大袋蔬菜要注意交叉堆放。50kg装的土豆约需要$0.85m^3$的体积（包括通道体积）。口袋堆放高度不要超过1.8m。

4. 冷藏库

冷藏是以低温抑制鲜货类原材料中微生物和细菌的生长繁殖速度，维持原材料的质量、延长其保存期。因此，一般温度应控制在0～10℃，将其设计在冷冻库的隔壁，可以节省能源。由于冷藏的温度限制，其保持原材料质量的时间不可能像冷冻那样长，抑制微生物的生长只能在一定的时间内有效，所以要特别注意贮藏时间的控制。冷藏的原材料既可以是蔬菜等农副产品，也可以是肉、禽、鱼、虾、蛋、奶以及已经加工的成品或半成品，如各种甜点、汤料等。

冷藏库管理的具体做法如下。

① 冷藏室温度每天必须定时检查，温度计应安装在冷藏库明显的地方，如冷藏库门口。如果库内温度过低或过高都应调整，在制冷管外结冰达0.5cm时，应考虑进行解冻，保证制冷系统发挥正常功能。

② 厨房要制定妥善的领用原材料计划，尽量减少开启冷藏室的次数，以节省能源，并能防止冷藏设备内温度变化过大。

③ 冷藏库内贮藏的原材料必须堆放有序，原材料与原材料之间应有足够的空隙，原材料不能直接堆放在地面或紧靠墙壁，以使空气正常循环，保证冷空气自始至终都包裹在每一种原材料的四周。

④ 原材料进冷藏库之前应仔细检查，不应将已经变质或弄脏的原材料送入冷藏库。

⑤ 需冷藏的原材料应尽快入库，尽量减少耽搁时间；对经过初加工的原材料进行冷

藏，应用保鲜纸包裹并装入合适的干净盛器内，以防止污染和干耗。

⑥ 熟食品冷藏应等冷却后进行，盛放容器需经过消毒，并加盖存放，以防止干缩和沾染其他异味，加盖后要注意便于识别。

⑦ 冷藏设备的底部及靠近冷却管道的地方一般温度最低，这些地方尽可能存放奶制品、肉类、禽类、水产类等原材料。

⑧ 冷藏时应拆除鱼、肉、禽类等原材料的原包装，以防止污染及致病菌的进入；经过加工的食品如奶油、奶酪等，应连同原包装一起冷藏，以防发生干缩、变色等现象。

⑨ 要制定清扫规程，定期进行冷藏库的清扫整理工作。

⑩ 各类原材料冷藏温度及相对湿度应执行如下标准（表3-5）。

表3-5　各类原材料冷藏温度与相对湿度

食品原材料	温度/℃	相对湿度/%
新鲜肉类、禽类	0～2	75～85
新鲜鱼、水产类	−1～1	75～85
蔬菜、水果类	2～7	85～95
奶制品类	3～8	75～85
厨房一般冷藏	1～4	75～85
自然解冻	−3～3	60

5. 冷冻库

冷冻库是贮存保存期较长的冻肉、鱼、禽、蔬菜类食品以及加工的成品和半成品等食物。冷冻贮存对节约餐饮工作的人力成本具有很大意义。

冷冻技术能够延长食物的贮存时间，这样企业可以大批量购买原材料，减少采购、验收、运输的工作量。食品冷冻后易于运输和贮存，使食品在加工、处理、销售过程中不易变质。使用速冻的成品、半成品，如涨发好的速冻干贝、速冻饺子、春卷等，能减少餐饮加工时间及员工雇佣数。现在，冷冻技术正在国内外餐饮行业中得到越来越广泛的应用。但是，冷冻贮存往往会使食物的营养成分、味道、质地、色泽随时间的推移而下降。

要保持冷冻贮存食品的质量有四个关键问题要解决。

（1）掌握贮藏食品的性质　不同的食品需要不同的冷冻条件，只有掌握各种食品的贮存性能，才能良好保质。

（2）冷冻速度要快　食品冷冻贮存可分三个步骤：降温——冷冻——贮存。为保持食品质量鲜美，要求食品快速降温和冷冻。食品在速冻的情况下，内部冰结晶的颗粒细小，不易损坏食品结构。

为使食品降温和冷冻迅速，要求冷冻设备中的温度十分低，要低于一般冷冻贮存的温度。为此有必要使用速冻设备，速冻设备能使温度迅速降至零下30℃以下，强低温能使食品迅速降温。由于冷冻贮存的食品要求温度稳定，因此食品的速冻过程不要与冷冻贮存过程在同一设备中进行。

（3）冷冻贮存温度要低　许多食品在0℃温度下已经冰冻，但是微生物并没有死亡。有资料证明，食品在−18～−1℃的温度下贮存时，温度每升高5～10℃，质量下降的速率增加5倍。食物冷冻贮存的一般温度宜在−17～−18℃以下。食品冷冻可贮存较长时间，但这并不等于食品可无限期贮存。一般食品的冷冻贮存期不要超过三个月。在−18～−23℃的冷库中，应注意下列各类原材料的最长贮存期（见表3-6）。

冷冻贮存的温度要稳定，而且越低越好。南京有一家饭店，由于冷冻设备损坏，温度没能稳定地保持在−17℃以下，致使冷冻贮存的鱿鱼、银鱼、肉等原料变质，损失原料价值达十万元。

表3-6　各类原料贮存期

原材料名称	最长贮存期	原材料名称	最长贮存期
香肠、鱼类	1～3个月	牛肉、禽类	6～12个月
猪肉	3～6个月	水果、蔬菜类	生长间隔期
羊肉、小牛肉	6～9个月		

冷冻食品的验收要十分迅速。不能让食品解冻后再贮存。冷冻食品一经解冻，特别是鱼、肉、禽类食品应尽快使用，不能再次贮存，否则复苏了的微生物将引起食品腐败变质。而且再次速冻会破坏食品的组织结构，影响食品的外观、营养成分和香味。

（4）食品解冻处理应适当　鱼、肉、禽类食品宜解冻后再使用。解冻应尽量迅速，在解冻过程中不可受到污染。各类食品应分别解冻，不可混合在一起进行解冻。食品的解冻切忌在室温下过夜进行，以免引起细菌微生物的急速增殖，一般应放在冷藏室里解冻，在低于8℃的温度下进行解冻。如果时间紧迫，可将食品用洁净的塑料袋盛装，放在冷水池中浸泡或用冷水冲洗以助解冻。

冷冻的蔬菜、春卷、饺子等食品不用经过解冻便可直接烹调。这些食品不经解冻使用反而能保持色泽和外形。

6. 饮料酒水库

饮料和酒水库存放各种软饮料、果汁、啤酒和其他酒类。要求有适当的贮存条件。

酒水库应设在阴凉之处，库内光线不能太强，更不能有阳光直接照射或辐射。酒水不可与其他有特殊气味的物品一起贮存，以免酒品受到污染并产生异味。酒水的贮存应避免经常震动，否则酒味会发生变化。一般的酒水可以在常温下贮存。有些酒水需要稳定的温度，所以在温度比较极端的条件下应使用空调自动调节温度。酒水库中有许多酒品价值昂贵，而且酒水最容易丢失，因此应采取更严格的保安措施。库房要随时上锁，要设专人保管。

不同酒类需要不同的贮存条件，宜采取不同的贮存方法。

① 啤酒。是愈新鲜愈好的酒类，购入后不宜久藏，最佳保质期在三个月以内，最长不能超过六个月。啤酒贮存温度应低些，温度若超过16℃，长时间贮存会导致啤酒变质，但温度过低也不行，低于−10℃会使酒液混浊不清。如果条件许可，将啤酒和软饮料贮存在接近4℃的温度下，这样向宾客服务时可以减少冷却时间和冰块的使用量。啤酒的贮存要避免剧烈的震动和冷热剧烈的变化。

② 葡萄酒类。一般葡萄酒可在常温下贮存。名贵的红葡萄酒最好在12～15℃的温度下贮存，名贵的白葡萄酒的贮存温度要更低些，最佳温度为10～12℃。红、白葡萄酒可在同一仓库中贮存。但要放在不同的酒架上，并采用不同的空气流通方法和冷却方法。葡

萄酒应平躺在酒架上，这样可使软木塞长期浸泡在酒液中而不至于干缩，瓶塞干缩会使空气进入酒瓶，而与里面的酒液发生化学反应，从而导致酒液变色，或产生危害酒质的细菌，使酒液变质。

③ 香槟酒。香槟酒特别是一些名贵的香槟酒，其生产经过两次发酵并在酒厂里存放了二至五年后才出厂销售。香槟酒中含有大量的二氧化碳气体，贮存期间一定要避免强烈震动。香槟酒存放时也要注意平躺或瓶口向下倾斜，使软木塞保持湿润。香槟酒与葡萄酒一样要在温度较凉快的条件下贮存，温度太高会使酒液老化。贮存时湿度不宜太大，湿度太大会使瓶塞和酒标霉变，影响酒品质量和形象。

④ 烈性酒。普通的烈性酒不需要特殊的贮存条件。因为烈性酒受空气影响不大，并可以贮存很长时间，但要注意防止金属瓶盖生锈和发生变形。

二、货物的安排与管理

1. 贮存区的位置

贮存区的位置最好设在验收处和厨房之间，最好与两者都接近，有可以让货车自如通行的合适的通道，以确保货物的贮存和发料方便、迅速。酒水贮存区应尽可能接近酒吧，以减少发料和运货的时间，节约劳动工作量。因酒水最易被盗，故贮存区的位置安排要使酒水不在验收处停留时间过长。

贮存区的位置还要确保贮存安全，不要设在小偷容易出没的位置，仓库的门要随时上锁。归结起来，贮存区位置的要求是：①确保贮存发料迅速；②减小劳动强度；③确保安全。

2. 货架和盛器

易坏性货物应存放在透气的条状货架上，使空气能够流通；非易坏性货物也要放在货架上，任何货品都不能直接放在地上。最底层货架起码应离地15～20cm，以便于空气流通和库房的清扫。底层货架用于存放体积、重量大的货物。货物存放不宜贴墙，起码应离墙5cm。若面积许可，最好不要用凳子或梯子装货和取货，这样可节省人力。对女管理员来说货架最高层不要超过2m，对男管理员来说货架不要超过2.10m。货架要尽量两边都能通行，通道不要窄于0.9m，若有运货车还应宽些。上下二层货架之间的间距应能允许货物自如地搬动和开盖，每类货物之间要有隔距，货物间贴得太紧容易引起细菌滋长。

食品的贮存除温度以外，盛器也极为重要。许多非易坏性食品在采购时放在密封的盛器里（如塑料袋），这种盛器贮存较安全。但也有很多食品是装在非密封性的包装物中出售的，如纸袋、纸盒、大布袋等，这种包装容易受细菌和虫类的侵袭而有损质量。因而这些食品要尽量根据实用的原则转移到密封、防潮、防虫的盛器里。易坏性原材料不管是生的还是熟的都要装在最能保持质量的盛器里。有些生的食品如土豆、苹果等不必改换盛器贮存。有些新鲜的原材料如鱼最好放些冰块贮存。熟制品（如罐头等）一经打开应装在不锈钢盛器里加盖贮存或包起来贮存。

3. 货物的安排

库房内部货物的安排应合理，要求货物的存放有固定的位置，确保货物循环使用方便。

常用物资要求安排在存取方便之处。

（1）存放位置固定　所有的货物都应始终放在固定的位置。新的同类货物到达后要注意放在同一位置，千万不要分放在两个不同的位置。假如六箱货物有两箱误放他处，容易被遗忘。这样容易引起采购过量，货物变质或被偷盗，而且给每月盘点库存带来麻烦。若条件许可，不同类的货物应尽可能贮存在不同的贮存设备中。例如鸡蛋最好不要同鱼、奶制品及其他带气味的食品一起贮存。因为鸡蛋是多孔物质，容易吸收其他物质的气味。鱼类也最好单独存放。

酒水也应分类存放。比如将所有的金酒放在一起，所有的威士忌放在一起，不同商标的酒水要分开。由于许多洋酒的名字对不熟悉产地国家语言的职工和顾客来说是生疏的，所以最好将不同商标的酒水编号，以方便仓库管理和宾客订酒水。酒水箱一经打开，应该拆空箱子，把酒水全部上架，以避免将空瓶装进箱里而与原装瓶酒相混淆。还要注意检查没有完全拆空的箱子，切勿随意扔掉。

食品和饮料库房的门边最好贴一张标明各类物品贮存位置的平面图，这样便于管理员查找，特别便于新的管理员熟悉货物的存放位置。仓库的门要有里面能打开的锁紧装置，以防粗心把职工锁在里面（特别是冷库）。

（2）确保货物循环使用　库房管理员应注意确保先到的货物比后到的先用，这种库存货物的循环使用法叫"先进先出法"。为此管理员要把新到的货物放在原来的货物的后面，这样先进的货物能先使用。另外货物上要贴上或挂上货物标牌，而且货物标牌上要有进货日期。管理员在发料时可参照进货日期。库房管理员在盘点库存物资时发现贮存时间较长的货物应列在清单上，请主厨师长及时使用。

（3）按使用程度确定方便的贮存位置　在安排货物的贮存位置时，要注意将最常用的货物放在尽可能接近出入口之处和方便拿取之处。重的体积大的货物应放在低处并接近通道和出入口。这样能减小劳动强度，节省搬运时间。

4. 货物库存卡制度

为方便对货物的保管、盘存、补充，有必要对库房中贮存的每种货物建立库存卡。货物库存卡制度要求对每种货物的入库和发料正确地做好数量金额的记录，记载各种货物的结存量。

货物库存卡的内容（见表3-7），主要分五大部分。

（1）货物进货信息　货物库存卡上有货物进货的日期、数量、单价和金额以及账单号。这种信息可保证库房采购物资经验收后能及时入库和入账，防止丢失。一旦出现问题可通过账单号查找。

（2）货物发货信息　货物库存卡上登记有发料的数量、单价和金额。每发出一笔料都要有发货日期以及相对应的领料单号。这样库房的货物都可以根据领料单查找到去向。

（3）结存量信息　货物库存卡上记载着货物结存的数量、单价和金额。将库存卡上的结存数量核对实物数，便于控制货物的短缺。

（4）采购信息　货物库存卡上有各货物的标准贮存量、订货点贮存量、订货量和订货日。一般货物在规定的订货日定期采购，采购员根据库存卡上的结存数量将货物补充到标准贮存量。如果在规定的采购日以前货品已减少到订货点贮存量，则可根据库存卡上的订货量采购。这些信息为采购管理提供方便。

（5）货物位置信息　货物库存卡标明货物的货架号和货位号，二者结合就是该货物的货号。这些号码标明货品贮存的位置。这样能方便库房管理员寻找货物和盘点库存物资。

表3-7　货物库存卡

进货					领发货					结存		
日期		账单号	数量/瓶	单价/元	金额/元	日期		领料单号	数量/瓶	单价/元	金额/元	数量/瓶	单价/元	金额/元
7	8	02004	80	20	1600	7	9	1532	20	20	400	60	20	1200
						7	11	1563	10	20	200	50	20	1000
						7	12	1633	20	20	400	30	20	600
7	13	02012	70	20	1400	7	15	2354	20	20	400	80	20	1600
货名		标准贮存量		订货点贮存量		订货量		订货日		单位		货架号		货位号
橙汁		90		28		70		—		瓶		B-5		154

5. 使用货物标牌

货物标牌是挂贴在贮存货物上的一种库房管理工具。货物标牌上提供货物品名、进货日期、货物的数量或重量，货物的单价和金额。这些信息是由验收员在货物进货时填写。

货物标牌主要有三大作用。

（1）有利于迅速进行存货清点，简化货品清点的手续　管理员只要将货物标牌上的重量、数量、单价、金额转抄到存货清点单上，而不必将货物逐一点数称重。

（2）有利于按"先进先出"原则使用货物　货物标牌上的进货日期明确表示了哪一批原材料应先发出使用，可降低贮存物资的损坏率。

（3）简便发料计价手续　为计算食品成本额和库存金额，在发料时需要统计发出原材料的单价和金额。有了货物标牌，管理员就可直接采用标牌上的单价和金额，而不必再查找货物的进价。特别是同样的货物在不同时间进货往往价格不同，采用标牌上的价格既省时间又较精确。

6. 库房的安全管理

（1）库房设施　①所有的库房必须备锁，在不发货的时候必须锁好。②应尽量避免使用餐厅外部的库房设施或离餐厅较远的库房设施。③库房设施要按存货的价值以及运作的方便来使用和分配。④库房要有适当的温度及湿度控制设备来保证环境。⑤库房要有适当的灯光和通风系统，还要配备洒水器、灭火器等设施。

（2）钥匙控制　①只允许一套钥匙流通使用，另一套应保留在财务经理手中以备急用。②所有钥匙都要贴有标签。③当库房锁好后，所有钥匙要封在一个信封中，存在前台收款员处。④由总经理签字授权的可领钥匙的人员名单，要保留在前台处，所有钥匙只对名单上的人员发放。⑤记录本要保存在前台，记录钥匙的领用人员和领用时间。⑥为保证库房安全，库房的门锁要定期更换。

> **本节思政教育要点**
>
> 仓储管理人员应认真、负责，坚持物品先进先出的原则，对即将到期的物品应及时上报。
>
> 仓储管理人员应积极践行社会主义核心价值观，诚信、敬业，确保贮存物品的安全，更不能监守自盗。
>
> 餐厅还应建立科学的仓库管理制度。

第四节 原材料发放控制

一、食品原料的发放

加强食品原材料发放管理，一是为了保证厨房用料得以及时、充分供应；二是控制厨房用料的数量；三是正确记录厨房用料的成本。

为此，原料的发放要遵循以下原则。

1. 定时发放

仓库保管人员应有充分的时间整理仓库，检查各种原材料的库存及质量。同时为了促使厨房加强用料的计划性，对原材料的发放必须规定时间，定时发放。

2. 履行必要的手续

为了记录每一次发放的原料数量及其价值以便正确计核厨房成本消耗，仓库原材料发放必须坚持凭"原材料领用单"发放的原则。原材料领用单是各部门根据需要到库房领用所需物品的单据。领用单由厨房领料人填写，由厨师长及规定有权审批的人员核准签字，然后送仓库领料。保管人员凭单发料后应在单上签字。原材料领用单一式三份，一联随原材料交回领用厨房，一联由仓库转交财务部，一联作仓库留存。仓库发货人员要坚持原则，做到没有领用单不发货，领用单没有经审批或有涂改、字迹不清楚的也不予发货。

3. 正确计价

根据领料手续做好原材料发放记录和存货卡记录。当日发货时间过后，仓库保管人员必须逐一为领用单计价，并及时转交食品成本控制人员，以保持库中原材料与账卡相符，协助做好厨房成本控制工作。

二、饮料的发放

饮料购入后，其采购金额全部计入库存额，要在饮料发出后才计入成本。库房发放饮料也必须凭领料单，领料单必须有酒吧经理或餐厅经理签字才有效。

由于饮料容易丢失，且一些名贵酒价值很高，所以对饮料的发放应严格控制。一些名贵的酒和零杯销售的酒水，不仅要凭领料单还要凭酒吧和餐厅退回的空瓶，这种做法要求酒吧对饮料保持固定的标准库存量。每天退回的空瓶数应是昨日的消耗量，每日领取的饮料量实际上是补充昨日使用掉的饮料量，使酒吧的贮存量保持在标准水平。如果酒吧中的苏格兰威士忌酒的标准贮存量是五瓶，在领料时将用完的两个空瓶送回再领取两瓶新酒，这样酒吧每天营业开始时就始终保持五瓶的储存量。

由于酒吧和餐厅中经常以桌边服务销售整瓶饮料，整瓶饮料的空瓶不一定都能收回。有的客人要将饮料带走喝。为加强控制整瓶饮料的销售要填写整瓶销售单。客房送餐服务的整瓶饮料销售也要填写整瓶销售单。在领料时以整瓶销售单代替空瓶作领料的凭证。

酒吧保持标准贮存量便于保证饮料的供应和对酒吧的饮料加强控制。采取凭空瓶和整瓶销售单领料，酒吧可随时按实际结存的饮料瓶和空瓶数，对照标准储存量检查饮料的短缺数。各种商标的饮料不论在何时检查都应该是如下数量。

酒吧库存饮料瓶数＋正销售瓶数（零杯销售）＋整瓶销售数＝酒吧标准贮存量

酒吧的储存面积较小且酒水较难控制，故标准贮存量要根据每天的平均消耗量计算，一般不多于两天的平均需求量。

餐厅有一些特殊的销售活动，如宴会、团体用餐，对这些活动无法设立标准贮存量。为宴会领取的饮料一般要大于预计的需要量，在宴会结束后要将未销售完的饮料退回。退回的饮料填写在食品饮料调拨单上。

三、内部原材料调拨处理

大型餐饮企业和饭店往往设有多处餐厅，所以通常会有多个厨房。有时厨房之间、酒吧和厨房间会发生食品原材料和饮料的互相调拨。为使各部门的成本核算尽可能准确，企业可以使用"食品饮料调拨单"记录所有的内部调拨。在统计各餐厅和酒吧的成本时，要减去各部门调出的原材料金额，加上调入的原材料金额。这样可使各部门的经营情况得到正确的反应。食品饮料调拨单应一式四份，调入与调出部门各留存一份，另一份及时送交财务部，第四份给仓库记账。

四、原材料盘存管理

对库存食品原材料按期盘存点数（通常每月一次）是对原材料贮存管理的一个重要措施。盘存清点工作是一次全面彻底的核实清点仓库存货、检查原材料的账面数字是否与实际贮存数相符的工作。在必要时，盘存清点可以随时进行。原材料的盘存清点不应仅由仓库保管人员来做，而应由饭店财务部门派人专门负责。

使用永续盘存卡（见表3-8），可以随时得到对库存原材料的最新滚动存量，保持对库存原材料的了解，方便对库存原材料补充和发货的控制。

表3-8 永续盘存卡

品名：樱桃 规格：500g 单位：罐		最高库存量：300 最低库存量：80		
日　　期	订单凭证号	进货量	发货量	现存量（承前）
28/10	—	—	—	150
29/10	—	—	18	132
30/10	—	—	19	113
31/10	—	—	23	90
1/11	—	—	22	68
2/11	NO.3128−252	252	18	302

通过查看盘存卡，随时可以知道10月31日时库内樱桃还有90罐，11月2日采购进货252罐，当日又领用18罐，截至11月2日库存数为302罐，不仅原料的库存情况一目了然，同时还为原料采购数量的确定提供了方便。

每一种库存原材料必须经过实地点数核对，检查其实际库存量是否与永续盘存卡账面数字相符合，然后记入存货清单。如果实际库存数与账面数字有出入，那就需重新清点库存实物，或需查询该原材料的进货记录和发料记录。倘若差错原因无法找出，则应根据该原材料的实际库存数修改账目数字，使自此以后两者相符。为了便于清点，加快盘存速度，永续盘存卡的编排次序以及存货清单上原材料编排次序应该与仓库原材料存放的实际次序完全一致。这样，不仅能节省大量劳力和时间，而且能避免遗漏。如果饭店不使用永续盘存卡，则盘存清点只不过是逐一点数存货数量，并将数字记入存货清单这样一个简单的过程，控制作用不大。

盘存清点结束以后，即应计算各种原材料的价值和库存原材料总额，作为本期原材料的期末结余，而本期的期末结余自然便是下期的期初结余。由于每一种原材料往往以不同的价格购进，也因为同一原材料的市价在一个会计期内也往往有涨有落，因此计算各种原材料的价值和如何决定各种原材料的单价，常常是盘存清点工作的关键，因为它关系到库存厨房原材料总额的计算。

本节思政教育要点

物品发放人员应认真、负责，坚持物品发放的先进先出原则。

物品发放人员应积极践行社会主义核心价值观，公正、诚信、敬业，发放物品不可厚此薄彼。

物品发放人员还应对某些岗位突然放大的领用量保持警惕，并弄清原因。

典型案例

南京某饭店的采购经验

按照一般规律，餐饮成本约占营业额的三分之一左右，餐饮原材料的采购是整个餐饮经营实践的第一步，也是餐饮成本控制的第一个环节。有业内人士称，采购"一招不慎"，整个经营就会有些尴尬。下面一些做法或许能给大家一些启示。

一、寻价三人行

寻价，是价格谈判中不可缺少的重要一环。应当说，它的具体操作方式，因人因地因时而异，效果自然有差别。南京某饭店的做法是：寻价三人行。也许有人会问，有必要吗？饭店总厨师长介绍，他们每月两次市场寻价，采购员、库房验收员、厨师长三人同行，采购员最熟悉市场价格走势，库房验收员注重货品品质，厨师长明白质量优劣，三人各自发挥特长，共同把关价格。这样一来，厨师长也可以时常逛逛市场，一来及时了解市场行情，二来注意开拓新的货源。近几年，餐饮的原材料呈现日新月异的变化，比如说，一些新型水果、特种蔬菜、环保器皿，都是以前所没有的，能够丰富餐饮需求，对于餐饮经营很有帮助。寻价之后，制定出原材料价格，发给各厨房，由厨师长据此调整相应菜品。

二、灵活进货、减少库存

鲜活原材料每日进货，日进日出，基本上不存货，既保证原材料新鲜度，又降低库存所占资金；对于急需的原材料，他们实行"紧急采购"，由厨师长填单，经财务总监、餐饮总监共同签字后，直接采购，由厨师长验货。这样减少中间环节，保证厨房的紧急需要。对于一些特殊原材料，实行单独采购，如鱼翅，这样能够保证优质优价，不存货，不浪费，满足了需要。另外，库房还不定期地打出"流动速度慢的原材料表"，凡是库存超过100天的，都要上该"黑名单"，然后找到责任厨师长，寻求解决办法，做到不浪费，再利用。

"加强沟通，彼此信任，目标一致，团队至上"。人际关系顺了，货源也就顺畅了，通过合作和沟通，几个月下来，成本很明显地下来了，毛利率自然上去了，效果很好。

评析

采购员、库房验收员、厨师长的联合寻价，既规避了采购员的道德风险，又能够保证原材料价格的合理和原材料质量的稳定，还能使厨师长及时了解市场行情，并注意开拓新的货源。

灵活进货既能够保证原材料新鲜度，又能降低库存；对于急需的原材料，实行"紧急采购"，能够减少中间环节，保证厨房的紧急需要。南京某饭店的采购经验确实降低了原材料采购成本，提高了毛利率。

本章小结

餐饮采保管理是餐饮管理的重要组成部分，食品原材料的采购、验收、贮存、发放等环节决定了餐饮成本的高低、菜品质量的好坏，对餐饮经营状况有着重要的影响。本章分别介绍了餐饮原材料采购管理、验收管理、贮存管理以及原材料发放控制等内容。

复习思考题

1. 非易坏性原材料的采购方法有哪些？各有什么优点？
2. 如何通过验收来控制采购原材料的数量、质量和价格？
3. 贮存餐饮原材料有哪些类别的库房？各类库房分别需要什么样的贮存条件？
4. 食品原材料的发放要遵循哪些原则？

实训题

根据采购运作程序，设计一套实用的食品原材料采购、验收及发放管理的表格。

第四章 餐饮生产管理

学习目标

了解餐饮生产的基本特点、了解餐饮生产机构的设置及生产人员的配置；熟悉餐饮生产场所的安排与布局要求；了解餐饮产品质量构成要素；掌握标准食谱的制定方法及掌握餐饮生产质量控制的方法；熟悉餐饮成本的构成，掌握餐饮成本核算与成本报表的制作及成本的控制方法；掌握餐饮生产安全控制的要求，学会预防和处理餐饮生产安全事故。

第一节 餐饮生产管理概述

餐饮生产管理是餐饮管理的重要组成部分，厨房作为向客人提供食品的生产加工部门，其餐饮生产水平的高低和产品质量的好坏，直接关系到餐饮特色和市场形象。

一、餐饮生产部门基本特征

1. 生产过程的完整性

餐饮生产活动与一般的企业生产活动不同，从原材料的采购、贮存、领发、粗加工、细加工、配料、烹制到成品上桌，整个过程极其完整连贯。

2. 生产内容上的复杂性

餐饮生产形式多样，内容复杂。就其生产形式，可以分为冷菜、点心、中餐、西餐等专业生产部门；生产内容上，从最初的原材料选择，要经过看、闻、摸、按，再加上仪器才能对原材料质量进行鉴定；然后是粗加工，要经过分选、宰杀、冲洗、刮削、浸泡、发制、晾晒等工序；再经过切配部门的切制、配份、分份，最后上灶烹制，每一个生产环节都马虎不得。

3. 生产活动时间上的间歇性

餐饮生产的节奏基本上是由餐厅的营业状况决定的。如果餐厅座无虚席，厨房内则热火朝天，反之，餐厅内冷冷清清，厨房内就会无事可做。这使得厨房的生产节奏时快时慢，呈现出明显的间歇性。

4. 生产活动强度大、效率低

厨房的生产环境可以说是整个餐厅中最艰苦的地方，高温、油腻、噪声以及加工方法的机械性是餐饮生产者每天都要面对的问题。而餐饮产品的生产、销售、服务又是同步完成，这些都加大了餐饮生产者的劳动强度。

餐饮产品特别是中餐产品的生产过程中，烹调技术、面点制作、造型等都具有独特的技艺与规程，它们大都借助手工操作来发挥其特点，在目前及相当长一段时间内，不可能用机械化生产来替代，这就大大降低了餐饮生产活动的工作效率。

二、餐饮生产组织机构与人员配置

要使餐饮生产活动正常运作展开，首先要建立起合理的餐饮生产组织机构，并本着科学、合理、经济、高效、实用的原则，配置相应的生产工作人员。

1. 餐饮生产组织机构的设置

根据餐饮企业生产规模和经营方式的不同，厨房的组织机构可分为四种形式，即大型厨房组织机构、中型厨房组织机构、小型厨房组织机构和粤菜厨房组织机构。现代厨房的组织机构并非一成不变，随着餐饮企业经营方式、经营策略的变化，厨房组织机构也应作相应的调整和变动，以反映餐饮生产各岗位和工种之间的最新关系。

（1）现代大型厨房组织机构

这种厨房的特点是先设立一个进行集中加工的主厨房（又叫加工厨房），负责餐厅所有经营产品的原材料加工、切割，甚至配份。这种加工与一般厨房的初加工有所不同，它是将原材料加工成可以直接烹调的半成品，并按产品规格进行配份，然后进行冷藏，以便随时供各烹调厨房领用。各个烹调厨房根据各自的供应品种，向主厨房订取半成品，最后由主厨房集中向采购部申订原料。这种组织机构的优点如下。

① 所有的原材料验收入店之后均采用标准加工方法成形，使得产品本身的质量得到极大保证。

② 采用标准配份方法，使得产品的数量标准得以维持。

③ 采取集中统一的加工配份，使得原材料的利用程度达到最大值，使得餐饮的效益处于最佳状态。很多厨房在使用原材料时，往往只选用最佳部位，其余材料则弃之不用，造成原材料的成本升高。但是中心厨房由于可以统一调配原材料的使用，使得原材料可以达到最大限度地使用，避免浪费，原材料的成本率降到最低程度。

这种组织机构的设置，可以极大地提高餐饮生产的工作效率，目前，西方国家的大型饭店的餐饮厨房和国内一些发达地区的饭店厨房采用的就是这种组织机构，现代大型厨房的组织机构如图4-1所示。

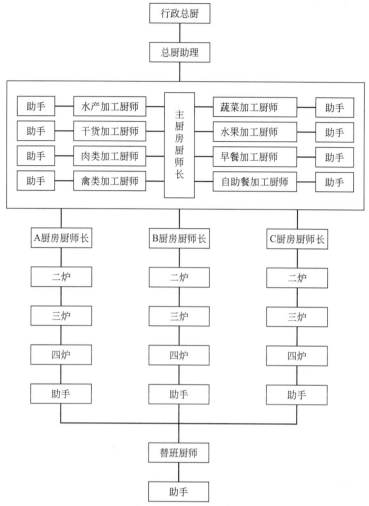

图4-1 大型厨房组织机构

（2）中型厨房组织机构

中型厨房通常分为中菜厨房和西菜厨房两部分，每个厨房兼有相对独立、全面的多种生产功能，厨房的规模要小一些。中型厨房的组织机构如图4-2所示。

（3）小型厨房组织机构

小型厨房由于规模小，所以机构设置也比较简单。通常厨房可以只设置几个主要的职能部门，更小的厨房甚至可不设部门而直接设岗。小型厨房的组织机构，如图4-3所示。

（4）粤菜厨房组织机构

近年来，由于人们对营养、健康的饮食需求，粤菜的发展逐渐呈上升趋势，很多餐饮企业开始经营粤菜。但由于岭南习俗自身的特点，粤菜厨房在组织机构设置方面也是别具风格。这种厨房的优点在于分工细致、职责明确，粤菜厨房的组织机构如图4-4所示。

2. 餐饮生产组织各部门的职能

由于餐饮企业的规模、档次不同，其生产各部门的职能也会有所区别。一般大型餐饮企业规模大，业务广，厨房各部门的功能会比较专一。而中、小型餐饮企业的厨房功能则会相对合并，结构联系也会比较简单。

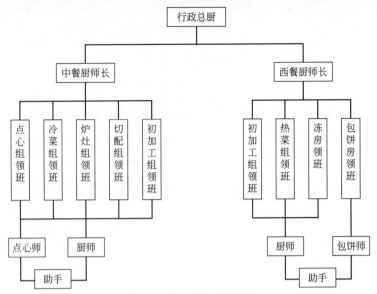

图4-2 中型厨房组织机构

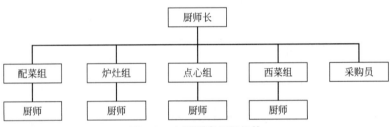

图4-3 小型厨房组织机构

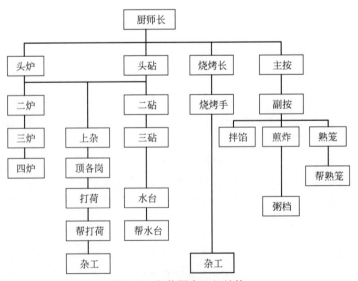

图4-4 粤菜厨房组织结构

（1）加工部门　主要负责餐饮产品原料的初加工，向切配岗位提供净料。原材料加工的范围和程度因加工要求不同有较大差别，如有的只负责蔬菜的初加工，有的只负责禽肉类的初加工，有的则要负责所有原材料的初加工，甚至有的还要负责将原材料加工成型后再提供给配菜部门。

（2）配菜部门　主要负责对原料加工成形和进行配份，是加工的后一道工序。由于菜肴的数量规格是由配菜部门控制，所以它对菜肴的质量以及成本控制都起着决定性的作用。

（3）炉灶部门　主要负责将配制成的半成品烹制成菜肴，并及时提供给餐厅，它决定着菜肴的口味和质量。

（4）冷菜、冻房部门　主要负责冷菜的制作和供应。冻房不仅负责冷菜制作，还负责色拉、水果盆等生冷食品的制作与出品。

（5）点心部门　主要负责各类点心的制作和供应。点心部又称包饼房，负责各类面包、蛋糕、甜品等的制作与供应。

3.餐饮生产人员的选配

餐饮生产人员的选配主要包含两层含义，一是对厨房人员的定额，即确定餐饮生产需要的员工数量；二是确定厨房生产人员的分工定岗，即对厨房各岗位的选择并安置合适的人选。餐饮生产人员选配是否恰当合适，不仅会影响到人员成本开支、厨师队伍的工作积极性，而且对餐饮生产效率、产品质量以及生产管理的成败都有着不可忽视的影响。

（1）确定生产人员数量　影响员工配备的因素是多方面的。不同规模、不同档次、不同规格要求的厨房，员工配备的数量自然各不相同，即使是在同一地区、同一规模、同一档次的厨房，其配备的员工数量也会有所不同。因此餐饮企业在进行人员定额时，必须综合考虑餐饮生产规模、厨房的布局和设备、菜单与产品标准、员工的技术水平以及餐厅营业时间等因素，只有这样才能做到全面可行。

① 餐饮生产规模。厨房的生产能力对生产人员定额起着主要作用。厨房规模大，生产能力强，餐饮服务接待能力就大，生产任务无疑较重，需要配备的各方面生产人员就要多而全。反之，厨房规模小，生产能力有限，餐饮服务对象少，生产任务就轻，厨房就可以减少一些生产人员。

② 厨房的布局和设备。厨房结构紧凑，布局合理，生产流程顺畅，相同岗位功能合并，货物运输路程短，餐饮生产人员数量就可少一些。反之，厨房多而分散，各加工、生产厨房间隔或相距较远，需要配备的餐饮生产人员数量就要增加。

同样，如果厨房设备性能先进，配套合理，功能全面，不仅可以减少厨房人员配置，而且还可以提高生产效率，扩大生产规模。

③ 菜单与产品质量标准。菜单是餐饮生产的任务书，决定着餐饮生产的强度。菜单上菜肴品种丰富，加工制作复杂，产品质量标准要求高，餐饮生产强度就大，需要配备的生产人员数量就多；反之，人员则可减少。快餐厨房由于菜式品种固定，加工相对简单，其人员数量也会比其他厨房少配备一些。

④ 员工的技术水平。员工技术全面、稳定，操作熟练，工作效率高，厨房人员配置就可减少；员工大多为新手，或不熟悉厨房产品规格标准，甚至员工之间缺乏默契配合，不仅工作效率低，要多配备员工，而且生产出错率也会很高。

⑤ 餐厅营业时间。餐厅营业时间的长短，与生产人员的配备也有很大关系。如果餐厅

除了一日三餐外，还要经营夜宵，甚至于外卖，随着营业时间的延长或延伸，厨房的班次就要增加，人员就要多配。若是仅开午、晚两餐的厨房，人手则可少配三分之一至五分之二。

（2）确定生产人员数量的方法

① 按比例确定。国外餐饮企业一般会根据其经营品种的多少和风味的不同，以30个餐位至50个餐位配备一名生产人员；国内档次较高的餐饮企业一般是以15个餐位配一名餐饮生产人员；规模小或规格较高的特色餐饮企业，也可以每7～8个餐位就配一名生产人员。厨房岗位中，炉灶与其他岗位人员（如加工、切配等）的比例是1∶4，冷菜与点心人员的比例是1∶1。中西厨房员工的配比数量一般存在着较大悬殊，这主要是由于产品结构、品种、生产工艺流程、生产设备的使用不同等情况造成的。

② 按工作量确定。对于生产规模、生产品种比较固定的厨房，可以通过对工作量的统计来确定生产人员数量。首先计算出当天完成所有生产任务需要用的总时间（即将每天生产所有菜肴所需用的时间相加），再乘以一个员工轮修或病休的缺勤系数，最后再除以每个员工规定的日工作时间就可以得出餐饮生产所需用的人员数量。计算公式如下。

$$餐饮生产人数 = 生产总时间 \times (1 + 10\%) \div 8$$

③ 按岗位任务确定。根据厨房规模设置各工种岗位，将厨房所有岗位的工作任务以书面形式确定下来，再根据各岗位的具体任务安排人员数量，进而确定厨房总用工数量。

三、餐饮生产场所的规划与布局

餐饮生产场所的规划与布局主要是根据厨房的建筑规模、形式、格局、生产流程及各部门的作业，确定厨房内各部门的位置以及设备、设施的分布。餐饮生产场所的规划与布局是否科学合理，不仅直接关系到员工的劳动量和工作方式，还会影响到生产场地内部以及生产场地与餐厅间的联系，影响到建设投资是否合理和确有成效。因此对餐饮生产场所进行科学的规划与布局是生产餐饮产品，体现高超烹饪技艺的客观要求。

1. 餐饮生产场所布局的基本要求与影响因素

（1）影响餐饮生产场所布局的因素

① 厨房的建筑格局和大小。即场地的形状、房间的分隔格局和面积的大小。

② 厨房的生产功能。即厨房的生产形式，是加工厨房还是烹调厨房、是中餐厨房还是西餐厨房、是宴会厨房还是快餐厨房、是生产制作广东菜还是山东菜，厨房的生产功能不同，生产方式也自然有所区别，布局必须与之相适应。

③ 厨房所需的生产设备。即需要安装的设备种类、型号、功能、所需能源等情况，这些决定着设备的摆放位置和占据的面积，影响着厨房布局的基本格局。

④ 公用事业设施的状况。即电路、煤气、其他管道的现状。厨房布局必须注意这些设施的状况，在公用事业设施不方便接入的地区，安装设备费用是很高的，所以在布局时，对公用事业设施的有效性必须做出正确的评估。

⑤ 政策法规和政府有关执行部门的要求。如《食品卫生法》对有关食品加工场所的规定，以及卫生防疫部门、消防安全部门、环保部门提出的要求。

⑥ 投资费用。即厨房布局的投资预算，这是一个对布局标准和范围有所制约的经济因

素，因为它决定了在具体实施时，是选用新设备还是改造现有的设施，是重新规划整个厨房还是仅限于厨房内特定的部门。

（2）餐饮生产场所布局的基本要求　为了保证厨房布局的科学性和合理性，厨房布局必须由生产者、管理者、设备专家以及设计师共同研究决定，并保证达到下列目标。

① 选择最佳的投资，实现最大限度的投资收回。厨房设计时应尽可能合并厨房的相同功能，设备设施尽可能兼用、套用，避免厨房设备的闲置。如将点心、烧烤、冷菜厨房合而为一，集中进行生产制作，分点灵活的调配使用设备设施，既可节省厨房场地和劳动力，又可大大减少设备投资，以实现最大限度的投资回报。

② 满足长远的生产要求。厨房设计要从全局考虑，对厨房与餐厅的比例、厨房内部的格局、厨房使用的能源种类等，要根据将来的发展规划，留有足够余地。尤其是在能源使用上，要保证生产不受特殊情况的影响。如选择使用多种能源，在检修停气时，仍然有其他能源代替生产，在一道线路停电时，另一路仍能保证正常照明。

③ 保障工作流程的顺畅合理。餐饮生产中的各道加工程序是一项接连不断、循序渐进的工作，因此原料的进货与领发、菜品的烹制与出品都应按顺序流向下一道程序，避免回流和交叉。尤其是厨房的物流和人流路线在厨房设计布局时应给予充分的考虑，不仅要留足领料、清运垃圾的推车通道，而且还要兼顾举办大型餐饮活动时，餐车的进出是否通畅。

④ 简化作业程序，提高工作效率。作业点是厨房的基本工作岗位，作业点的用具、设备要放在靠近作业人员的地方，方便生产操作，避免员工在生产中多余的走动。

⑤ 兼顾厨房的促销功能。厨房虽然是餐厅的后台，但若设计得匠心独具，巧妙得体，不仅可以活跃餐厅气氛，还可以推动餐厅产品的销售。一家以经营海鲜为主的餐厅，将餐厅的厅堂设计成小桥流水的格局，桥的对面分别是前厅与后厨，桥下则是价格不菲的鲜活水产，既美化了就餐环境，又可以刺激客人的消费欲望。

⑥ 要符合卫生和安全要求。厨房是食品加工生产部门，在生产过程中要严格执行国家对食品卫生专门的法律规定。厨房也是最容易发生刀伤、烫伤、火灾等事故的地方，因此厨房在设计布局时一定要考虑到下列因素：厨房的高度应为3.7～4.3m，这样能够保持空气流通，也便于清扫，对厨房安装吸排油烟罩也较合适；食品加工的设备、操作台面应结实并易于清洗；厨房的机械进风口应选室外洁净处，离地面2m以上以保证向室内输送清洁冷风；进入厨房的新风应做预热或预冷处理；厨房应每个小时换气40～60次以保持良好通风条件；厨房的温度秋季应保持在24～28℃，厨房的相对湿度不应超过60%等。

2.餐饮生产场所的整体布局安排

（1）厨房面积的确定　厨房面积对生产是至关重要的，它影响到工作效率和工作质量。面积过小，会使厨房过于拥挤和闷热，不仅影响工作进度，还会影响员工的情绪，造成工作积极性下降；面积过大，不但员工劳动强度加大，而且维护费用也会上涨。所以厨房的面积在餐厅面积中应有一个合理的比例。确定厨房面积的方法一般有两种：一是以餐厅就餐人数为参数确定厨房面积，一般来说，就餐人数越多，人均所占厨房面积越小，这主要是因为小型厨房的辅助面积并不能因为就餐人数的减少而缩小。就餐人数与厨房面积的关系详见表4-1。

表4-1 就餐人数与厨房面积的关系

就餐人数	平均每位就餐客人所需厨房面积/m²	厨房所需总面积/m²
100	0.697	69.7
250	0.48	120
500	0.46	230
750	0.37	277
1000	0.348	348
2000	0.279	558

二是以餐厅面积作为依据，进而确定餐厅与厨房之间的面积比例。通常，厨房除去辅助间之外，其面积应为餐厅面积的40%～50%，占餐饮总面积的21%左右。餐厅各部门面积比例详见表4-2。

表4-2 餐厅各部门面积比例

部门名称	所占比例/%	部门名称	所占比例/%
餐饮总面积	100	仓库	10
餐厅	50	清洗	6.5
客用设施面积	7.5	员工设施	3
厨房	21	办公室	2

（2）餐饮生产场所的区域安排　生产场所的区域安排是指根据餐饮生产的特点，合理地安排生产的先后顺序和生产空间的分布。合理安排生产的区域空间，是保证餐饮产品生产顺利进行，提高工作效率和产品质量的基础。根据餐饮生产的流程所示（如图4-5），一般的餐饮生产场所区域都可以划分为原材料贮存区域、加工区域、烹调作业区域以及备餐清洗区域。

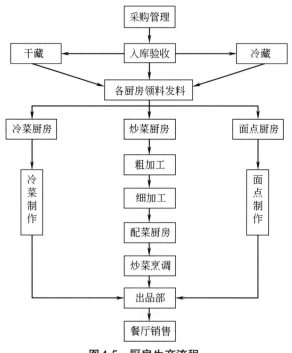

图4-5 厨房生产流程

① 原材料储存区域。该区域的布局应靠近原材料的入口，主要包括干藏库、冷藏库、冷冻库。

② 加工区域。该区域包括规模适当的加工间和相应的办公室，其位置应接近库存区和烹调区，以便于原材料通行流畅。

③ 烹调作业区域。该区域应包括单独的冷菜间、点心间、配菜间、炉灶间以及小型的冷藏室和周转库。这个区域是形成菜肴口味、质量的集中生产区域，因此应设置可对厨房进行透视监控的办公室。

④ 备餐清洗区域。该区域主要包括餐具清洗间、餐具贮存间以及适当的食品备餐区。

以上四个区域是不同规模餐饮生产所必需的，应形成相对独立且功能清楚的格局，确保厨房有一个通畅的生产流程。为此要重点解决好以下三个问题：一是各道工序要合理分工，采购、贮存要配备专业人员，粗加工要多用厨工，细加工和炉灶制作则要多用技术水平较高的厨师，特别是名菜名点的制作，要用名厨技师，以保证产品质量。二是各道工序之间要保持高度的衔接和协调，餐饮产品生产的特点是花色品种多，而每一个品种的生产任务量又相对较少，同时又有开餐时间短，出菜要求快的特点，因此从领料、发料到粗加工、细加工、精加工和配菜烹调，要做到一环扣一环，中间不能脱节。三是要正确处理厨房生产和餐厅销售的关系，厨房的生产流程安排要和餐厅销售相结合，为此厨房要建立点菜单传送制度，出品部要正确处理同餐厅备餐室的关系，保证客人点菜的先后次序和出菜速度。

四、餐饮生产设备配置

1. 餐饮生产设备配置基本要求

工欲善其事，必先利其器，现代餐饮企业厨房设备日趋现代化，厨房设备和各种炊具种类很多，功能、用途各不相同。要想搞好厨房生产设备配置，就要注意以下三个问题。

（1）因需配置，提高设备利用率　各种炉灶、机械设备和制冷设备要根据厨房产品风味、菜单设计和冷荤、面点厨房需要配置。如明火炉灶要以餐厅接待能力为基础，烤炉、微波炉、铁扒炉、铁扒煎灶等要根据厨房的产品风味进行选择，机械设备和制冷设备要充分考虑食品原材料的加工和贮存、制冷需要。要尽可能从企业餐饮产品生产全局需要出发，防止企业内部每个厨房各种设备、炊具配置多而全。对于那些一年中短期使用的设备可不配或少配，以节省厨房设备投资和操作运行费用消耗。

（2）合理布局，有利于厨房生产业务正常开展　一个厨房需要配备哪些炉灶、机械设备、制冷设备和案板、炊具，配备多少，选择哪些种类和型号，应根据厨房的主要功能、面积大小和空间几何图形等事先做好总体设计，使各种设备和炊具的配置同粗加工、细加工、配菜服务、炉灶烹制和出菜要求结合起来。要在充分考虑厨师活动空间和菜肴生产流程及人员通道的基础上，保持各种设备的连续配置，做到布局合理，讲求空间构图形象，防止和减少各道工序之间的回流或穿插现象，有利于提高厨房工作效率和生产、销售业务的正常开展。

（3）维修保养方便，防止事故发生　厨房各种炉灶、机械设备和制冷设备发生故障有时是难于避免的。在设备配置和安装上应尽可能事先考虑到维修保养的方便性，如燃气炉灶的管道阀门、机械设备的电动机接插线路、各种控制开关等，有的要隐蔽，有的要外露，有的要和厨房管道线路结合起来,有的周围应有适当空间。这样,平时易于保养,一旦发生故障又便于维修,有利于节省能源,提高维修保养的方便性。

2. 餐饮生产主要设备

(1) 炉灶设备

① 炉灶。现代餐饮企业大多采用燃气炉灶。燃气炉灶的特点是热源容易控制,使用方便,适用于各种烹调方法,劳动强度较低,清洁卫生方便。使用燃气炉灶应注意调好气压防止漏气,燃烧后注意观察火焰是否正常,然后根据烹制要求控制火势大小。

② 烤炉。又称烤箱,根据烘烤原理可分为对流式烤炉和辐射式烤炉两种。烤炉主要适用于面点厨房和部分肉类食品。其优点是换热效率高,可缩短烤制时间,但投资较大、费用较高,使菜单设计受到一定限制。因此主要适用于西餐厨房。

③ 微波炉。现代西餐厨房的主要烘烤设备,其工作原理是用高频电磁场对介质加热,使菜点分子剧烈振动,产生高热。其优点是加热均匀,食物营养损失少、成品率高,但菜点没有传统方法的金黄色外壳,风味较差,主要适用于菜点的再加热和肉类食品的迅速解冻。

④ 铁扒炉。有立体式和平面式两种。立体式铁扒炉可使菜点从各个方向受热,食品烹制较快;而平面式铁扒炉为一块铸造铁条板,下面是燃烧的明火或木炭,食品通过下面的辐射热和铁条的热传递而成熟上色。铁扒炉主要在西餐扒房中使用,部分中餐食品,如烤肉、烤乳猪等也可采用。其中,著名的北京烤鸭多用挂炉或电烤炉,而不用铁扒炉。

⑤ 铁扒煎灶。是一种平面为一块平整铁板,四周是滤油槽,其下部有可拉出的承接灶面剩油的铁盒。铁扒煎灶的工作原理是用铁板的热传递使食品受热,起到烹制作用。其优点是受热均匀,烹制效率高,主要适用于西餐牛排、猪排、鱼排等餐饮产品烹制。

⑥ 深油炸灶。主要由滤油槽、油脂过滤器、热能控制器等组成,其优点是工作效率高,滤油方便。主要适用于西餐面糊菜肴和其他体积较大的食品炸制,中餐食品炸灶则直接用油锅。

(2) 机械设备

现代大型餐饮企业的厨房机械设备有逐步增多的趋势,其中又以西餐厨房较多,因为中餐厨房要想用机械设备代替全部手工操作是十分困难的,但部分食品原材料加工又可采用机械设备。厨房的机械设备主要有立式万能机、开面机、粉碎机等,这些机械设备往往根据中餐厨房和西餐厨房的食品原材料加工需要而选择配置,其中又以面点厨房使用较多。

(3) 制冷设备

① 冷藏设备。常用的冷藏设备主要有小型冷藏库、冷藏箱和电冰箱。这些设备的共同特点是都有隔热保温的外壳和制冷系统,其冷却方式有直冷式(冷气对流)和风扇式(冷气强制循环)两种,冷藏温度一般在-5~-20℃之间。这些设备都具有自动恒温控制和自动除霜等功能,使用方便,一般不需专门学习操作知识。其主要作用是保存加工好的部分剩余食品原材料、半成品及部分食品。

② 冷冻设备。主要指冷库,用于冷冻贮存食品原材料,有冷库和极冷库之分,温度在-20~-40℃之间。

③ 制冰机。由蒸发器冰模、喷水头、循环水泵、脱模电热丝、冰块滑道、储水冰槽等组成,制冰过程自动进行。主要用于餐厅酒吧。

④ 冰激凌机。主要由制冷系统和搅拌系统组成。其工作原理是把配好的液状原材料装入搅拌系统容器内，一边搅拌一边制冷，制作雪糕等冷冻食品。主要用于西餐厨房和一些快餐厅。

（4）洗碟机和橱柜

① 洗碟机。主要由进水槽、高温热水器、洗涤槽、温控装置等组成。可以对各种碗、盘和不锈钢餐具进行洗涤和高温消毒。

② 各种橱柜。多由不锈钢制成，也有部分为木器制品，主要用于厨房各种餐茶用具的贮存保管。

（5）常用炊具

现代餐饮企业所配备的炊具种类很多，其用途也各不相同，主要有加工案板、各类厨刀（包括各种分刀、砍刀、拍刀、肉锤等）、煎盘、带柄平底锅、肉叉、打蛋器、土豆夹、蛋铲、串钎、搅板、量杯、炒菜勺等，此外还有各种盆、柜、火锅、盛蛋器等。这些炊具往往根据厨房种类和生产能力及实际需要配备，以满足其餐饮产品生产需要。

> 📖 **本节思政教育要点**
>
> 在构建厨房组织机构时，不应因人设岗，以避免人浮于事。
> 厨房的设计一定要以人为本，一定要在尊重员工、方便员工的基础上对厨房进行设计。

第二节　餐饮产品质量控制

一、餐饮产品质量构成要素

餐饮产品质量是以食品和就餐环境为依托，向客人提供服务以获得客人的满意程度。从这个意义上讲，餐饮产品质量主要是由两部分构成，即有形产品质量（如食品质量、餐厅设施）和无形产品质量（如服务技巧、顾客心理需求的满足）。

本节重点讨论餐饮产品本身的质量。餐饮产品的有形部分形成了餐饮产品的实物价值，主要由食品和餐饮设施设备两部分构成。餐饮设施主要包括餐厅的装饰风格、设备、设施的使用以及形成的就餐环境和气氛。对于客人而言，餐饮消费是从选择餐厅开始到就餐结束的整个过程，餐饮设施、设备的质量将直接影响到宾客对就餐地点以及就餐频率的选择，所以在进行餐厅设计时就应充分考虑到这些因素。

如果说高质量的餐饮设施是吸引客人的前提条件，那么餐饮食品质量就是能否留住客人的关键。餐厅提供给客人的食品种类应该无毒、无害、卫生营养、芳香可口且易于消化；食品各种感官属性指标俱佳，客人食后能够获得较高程度的满足感。构成食品质量的要素主要有色、香、味、形、质、器以及温度等几个方面。

① 色泽。食品的色泽具有先入为主的特点，是吸引消费者的第一感官指标。食品的色泽是由动、植物组织中天然产生的色素组成，再经过恰当的烹调加工，使原材料颜色转变

为理想的色泽。食品的色泽应以自然清新、搭配和谐悦目,适应季节变化、适合地域跨度不同,适合审美标准,能给就餐者带来视觉上的美感为佳。

② 香气。香气是指食品飘逸出的令人愉悦的芳香气味,人们就餐时总是先闻其香,再尝其味。人们之所以将"香气"作为衡量菜肴质量的标准之一,主要是因为菜肴的香气可以增加就餐时的快感。一般来说,菜肴的温度越高,香气越浓烈,越容易受到就餐者的欢迎,所以,热菜一定要趁热上桌,以免浓香尽失,影响菜肴品质。

③ 滋味。味是食品质量指标的核心,对中国菜肴而言,尤为重要。人们去餐厅用餐,不仅要求菜肴具有令人垂涎欲滴的香气,更要有诱人食欲的美味。酸、甜、苦、辣、咸是五种基本味道,通过对五味的艺术调和,形成了千变万化的复合味道,使菜肴的滋味丰富多彩,也因此成就了不同的菜系。

④ 形态。食品的形态是指菜肴的成型。食品原料本身的形态、加工处理后的形状以及烹制装盘后的造型都会直接影响到菜点的形态。刀工精美,整齐划一,造型饱满,形象生动,讲究拼摆艺术,能给就餐者带来艺术的美感。当然,这些效果的取得要以厨师的高超艺术设计和加工制作能力为保证基础。

⑤ 质感。是指菜肴进食时留在客人口腔触觉方面的综合感受,它通常包括这样一些对菜肴材质口感的评述,如脆、滑、嫩、爽、酥、软、硬、烂等。质感是影响顾客接受性的一个重要指标,每种菜肴都应符合其特有的质感标准。

⑥ 盛器。俗话说"美食不如美器",虽然此话有些偏颇,但是却反映出我国自古就非常讲究盛器与菜肴之间的搭配。不同的菜肴配以不同的盛器,如果搭配合理,可以相互辉映,使菜肴锦上添花。盛器与菜肴的搭配一般应遵循大小一致、形状吻合、色调对应、身价匹配的原则。

⑦ 温度。同一种菜肴在不同的温度作用下,其口感、香气、滋味等质量指标会有明显的差异。所谓"一热胜三鲜"就是这个道理。如拔丝类菜肴,趁热食之,不仅口味香甜脆爽,而且还可拉出金光闪闪的糖丝,令人愉悦。如果放凉后再进食,糖液黏结成一块,难以取食,影响客人食欲。菜肴饮品食用温度详见表4-3。

表4-3　菜肴饮品食用温度

食品名称	成品食用温度/℃	食品名称	成品食用温度/℃
冷菜	约10	冷咖啡	6
热菜	>70	果汁	10
热汤	>80	西瓜	8
砂锅	100	热茶	65
热饭	>65	热牛奶	63
啤酒	6～8	热咖啡	70

二、制定标准食谱

标准食谱,是指餐厅根据经营和产品质量水平的需要,对每一种产品的原材料标准、配份数量、成品要求、工艺流程、标准成本等技术性质量指标给出具体的文字、图片资料说明。标准食谱与一般的菜谱不同,它是由各酒店、餐厅自行设计、定型的菜谱,是厨房控制菜品生产的重要工具,也是菜单定价的根本依据。标准食谱规范了餐饮产品的制作过程、产品质量和成本核算,对产品所用原材料、辅料、调料的名称、数量、规格,以及产品的生产操作程序、装盘要求等都做出了准确的规定。

1. 标准食谱的内容

（1）标准配料及配料量　菜肴质量的好坏和价格很大程度上取决于烹调菜肴所用的原料、配料、调味料等的种类、质地与数量。标准食谱上明确规定了每一种菜肴在烹制时使用的主配料种类、数量以及质量要求，以保证餐饮产品质量达到最优效果。

（2）标准烹调程序　标准烹调程序是对烹制菜肴所采用的烹调方法和操作步骤、要领等进行的技术性规定。它具体地规定了每道菜肴在烹制时所用的炉灶、炊具、原材料加工切配方法、投料次序、烹制方法、烹制温度和时间、盛装器物、装盘造型等，使烹制的菜肴有了可靠的质量保证。

（3）烹制份数和标准份额　标准份额是指每份菜肴、食品以一定的价格销售给顾客时所规定的数量。厨房烹制菜肴多数是一份份单独进行，但也有的菜肴可以数份一起进行烹制，因此标准食谱中对每种菜肴、食品的烹制份数进行了明确的规定，这样既可以保证菜肴的质量，又可以有效地防止成本超额。

（4）每份菜的标准成本　标准食谱上规定了每份菜肴的标准成本，这样可以对产品生产进行有效的成本控制，可以最大限度地降低成本，提高餐饮产品的市场竞争力。由于标准食谱中对菜肴的标准配料及配料量有明确的规定，只要再确定每种配料的成本单价和金额，就可以计算出每份菜肴的标准成本。标准成本的计算公式如下。

$$每份菜的标准成本 = \sum 各种配料成本单价 \times 各配料用量 \div 烹制份数$$

2. 标准食谱的制定程序

（1）确定主、配料及数量　这是非常关键的一步，它决定了餐饮产品的主要成本。单独烹制的产品比较容易确定，成批制作的产品，如点心、菜肴等单位较小的品种则只能平均分摊测算数量。但无论如何，都应力求准确。

（2）规定调味料品种，试验并确定每份用量　调味料的品种、牌号要明确，因为不同厂家、不同牌号的调味料质量差别很大，价格差距也很大。调味料的用量只能根据批量分摊的方式进行测算，并且要经过反复试验才能确定下来。

（3）根据主配料调味料的用量，计算成本、毛利及销售价格。

（4）规定加工制作步骤　将必需的、主要的、易生产的以及其他特殊做法的产品的加工制作步骤予以统一规定，可以用行业术语，但应简单明了。

（5）选定盛器，规定盘饰用料和式样　根据产品的成型标准确定盛装器皿并规定选用何种装饰用料及式样，这是餐饮产品质量稳定性的具体表现。

（6）明确产品特点及质量要求　标准食谱既是生产部门用于培训、生产的依据，又是对产品质量进行检查、考核的标准，因此其质量要求应明确具体才能做到切实可行。

（7）填制标准食谱　字迹要端正，使员工能够看懂。

（8）按标准食谱培训员工，统一产品出品标准。标准食谱样本详见表4-4。

三、控制生产过程

要确保餐饮产品质量，就必须在生产过程中实施有效的控制。餐饮生产控制主要分为食品生产控制和饮品生产控制。

1. 食品生产质量控制

(1) 原材料质量控制　餐饮食物质量的优劣，首先取决于食品原材料质量的优劣。因为要想烹制出美味可口的食品就必须选择品质好的食品原材料，如果食品原材料质量不符合标准，即使烹调技术水平再高，菜品的质量也难以保证。所以要保证食物质量的高水平，就必须先从食品原材料的品质控制开始，这可以说是抓好餐饮产品质量的第一关。对食品原材料质量的控制主要体现为以下几个方面。

① 原材料的食用价值。原材料的食用价值也就是原材料本身的品质，如营养成分和营养价值的高低，一般由原材料的品种、产地、收获季节以及动物性原材料的年龄、性别等自然因素决定。厨房生产人员应能够掌握每一类原材料的性能、特点，了解不同品种原材料之间的品质差异，这有利于合理选料、用料。

表4-4　标准食谱样本

类别：								编号：
食品名称			生产厨房		总分量	每份规格		日期
数量	单位	用料	日期：			日期：		
			单位成本		合计	单位成本		合计
	合计							
			菜肴的准备及加工步骤			特点及质量标准		

② 原材料的成熟度。原材料的成熟度与原材料的培育、饲养或种植时间、上市季节有密切关系。原材料的成熟度影响食用价值，一般可通过颜色、形状以及质地的软硬度进行鉴别。

③ 原材料的卫生。选购原材料时要注意是否符合卫生防疫标准，主要从原材料的外观、形状和色泽进行判断。

④ 原材料的新鲜度。原材料在流通、运输、贮存过程中由于时间过长或保管不善会降低新鲜程度甚至发生变质。原材料的新鲜程度可以从原材料的色泽变化、水分和重量变化、质地变化以及气味变化等几个方面进行判断。

（2）烹制过程的质量控制　烹制过程主要是对食品原材料进行粗细加工、配制份额、烹饪制作几个环节加以有效控制。

① 原材料加工控制。食品原材料的加工包括粗加工和细加工。所谓粗加工是指对原材料进行初步加工处理，如鲜活原材料的宰杀、冲洗、切割、整理；干货原材料的涨发、漂洗；蔬菜的分拣、洗涤等，要求做到挑拣收拾干净。细加工是指对原材料的切制成形，这个过程主要是对加工折损率、加工质量以及加工数量进行严格控制。

② 配份控制。配份也叫配菜，是指按照标准菜谱的规定要求，将制作菜肴需要的原材料种类、数量、规格选配成标准的分量，为烹饪制作做好准备。配份是控制菜肴标准份额和生产成本的关键，也是保证菜肴出品质量的关键。如配份是500g的菜肴，只要多配25g，那么就有5%的成本被损失掉，这种损耗即使只占销售额的1%，但是积少成多也是十分可观的。餐饮企业要想经营成功必须取得的利润额幅度应是销售额的3%～5%，如果某一种产品或几种产品损失掉销售额的1%～2%，就相当于失去了一半的利润。因此菜肴配份必须严格按照标准食谱进行，统一用料规格标准，保证同样菜名、原材料的配份必须相同。其次要严格执行标准配料量，使用称量、计数和计量等控制工具，确保配份准确。最后，配份一定要凭单配发，配菜厨师只有接到订菜单或其他有关正式通知单才能进行原材料配制，保证配制的每份菜都有凭据。

③ 烹调控制。厨师的烹调水平是菜肴质量好坏的关键，烹制过程中要对厨师的操作规程、制作数量、出菜速度、成菜温度、剩余食品五个环节加以控制。厨师要严格执行标准食谱和操作烹调程序，不可随心所欲，任意发挥；其次应严格控制每次烹调的生产量，尽可能做到少量多次的烹制，以保证菜肴的质量。餐厅可以单设一个出菜检查员，在成品上桌之前进行检查，严把质量关。

（3）成品放置　大多数食品在刚制作完成时会达到质量的高峰，如果放置时间过长必然会降低质量，所以成品在烹制完成后应尽量缩短放置时间。如果需要放置，也要根据菜肴的质量要求选择放置器物，注意温度、湿度的变化，防止菜肴口味、色泽发生变化。在开餐时要对出菜的速度、出品菜肴的温度、装盘规格保持经常性的督导，阻止一切不合格的菜肴上桌。

2. 饮料生产质量控制

餐厅饮品主要是指餐厅提供的各种酒水和饮料。相对其他产品而言，饮品的获利率是非常高的，星级、涉外饭店饮品的毛利率一般都在70%～80%之间。餐厅要想让顾客消费饮品，就必须保证饮品的质量符合标准。饮品的质量控制主要包括以下几方面。

（1）使用标准量器　为保证饮品配制的质量，使配料用量标准化，就必须使用标准量器衡量配料的用量，特别是一些成本较高的配料用量更要严格的使用标准量器进行控制。使用标注量器的目的有两个，一是保证产品的数量标准，二是保证产品的成本标准。标准量器主要有以下几种。

① 标准量杯又称盎司杯，常见的有玻璃和金属制两种，主要用于专业酒吧和餐厅的酒吧中，是用来调制混合酒时计量原材料和计量纯饮酒类的工具。常见的计量容量有30ml、

45ml、60ml几种。

② 标准量酒嘴是计量器具的一种，每使用一次只能从酒嘴倒出一个标准分量的酒液。

③ 手动酒液计量器一般装置在比较名贵的、用来进行纯饮的酒瓶上，然后将酒瓶瓶口朝下挂于吧台内的墙壁上或酒柜上，使用时只要将酒杯杯口顶住酒液计量器向上推，酒瓶中就会流出一个标准分量的酒液。

④ 电动酒液计量器是采用电脑进行控制的酒液计量器具，酒吧员工只需预先调节好标准分量，使用时只需按下相应的按键就可得到需要的标准容量的酒液。

（2）标准饮用器具　使用标准的饮用器具可以有效地对饮品进行容量控制。标准饮用器具主要包含三层含义：一是餐厅与酒吧必须根据各种饮用需求配备专用标准杯；二是各种专用酒杯的容量必须同餐厅规定的标准份额相同；三是各种酒杯应有一个标准存量，以减少不必要的器皿损耗。餐厅中常用的饮用器具多为玻璃酒杯，管理人员要根据顾客对饮品的喜好程度以及饮品的类别和标准容量来确定酒杯的类型、形状和大小。餐厅常见酒杯如下。

① 香槟酒杯常用于盛载香槟酒或长、短饮类鸡尾酒，具有杯口大、杯体粗浅的特点，容量在4～9oz❶之间，以4oz的香槟杯用途最广泛。常见的香槟杯主要有浅碟型、笛型和郁金香型三种，如图4-6所示。

(a) 浅碟型香槟酒杯　　　　(b) 笛型香槟酒杯　　　　(c) 郁金香型香槟酒杯

图4-6　香槟酒杯

② 葡萄酒杯可分为红葡萄酒杯和白葡萄酒杯两种，其杯型为高脚，杯身呈圆筒状（白葡萄酒杯要略细一些），容量在4～10oz之间不等，如图4-7所示。

(a) 白葡萄酒杯　　　　(b) 红葡萄酒杯

图4-7　葡萄酒杯　　　　　　　　　　　　　　图4-8　白兰地酒杯

③ 白兰地酒杯是一种矮脚、球形杯身、大收口式的专用酒杯，用来盛载纯饮白兰地酒液。容量在4～12oz之间不等，但习惯上只盛装2～6oz酒液，如图4-8所示。

④ 鸡尾酒杯称"马天尼酒杯"，是一种呈倒三角形的高脚杯，是短饮类鸡尾酒专用杯，容量一般在3～6oz左右，如图4-9所示。

⑤ 威士忌酒杯又称"古典杯"，原为英国人饮用威士忌的酒杯，后广泛用来盛装加冰块的烈性酒。其特点是平底、宽口、杯身较低矮、杯壁较厚，容量为3～5oz，如图4-10所示。

---

❶ 1oz≈28ml。

⑥ 海波杯为大型、平底或有脚的直身杯,多用于盛载长饮类鸡尾酒或软饮料,容量为 8～9oz,如图4-11所示。

图4-9　鸡尾酒杯

图4-10　威士忌酒杯

⑦ 啤酒杯一般没有固定的规格,造型各异,但是因为啤酒起泡性强,泡沫持久,占用空间大,所以要求杯子的容量要大,一般可盛载10～20oz的酒液,如图4-12所示。

图4-11　海波杯

图4-12　啤酒杯

（3）执行标准的操作配方　为保证饮品的质量稳定,饮品的份额保持一致,在配制时要使用标准操作配方。饮品的标准配方格式详见表4-5。

表4-5　饮品标准配方格式

品名：玛格丽特 编号：026 类别：混合酒类		标准成本：6.10元 成本率：29% 售价：21元
配料	用量/ml	成本/元
特基拉酒	42	3.00
君度酒	14	2.00
柠檬汁	28	1.10
配制需用器具： 1.鸡尾酒杯一个 2.调酒壶一个 3.冰块若干块 4.滤冰网一个 5.吧匙一个		
配制方法：1.将特基拉酒、君度酒和柠檬汁倒入调酒壶内 2.加入冰块摇匀 3.将酒杯的杯口涂上薄薄的一层盐粉,然后将酒液倒入杯中 4.用柠檬皮进行点缀 注：鸡尾酒杯需预冷		

标准配方上应包含以下内容。

① 饮品的标准份额;

② 配制饮品的各种配料的名称;

③ 用量和成本;

④ 饮品的配制方法；
⑤ 配制饮品时使用的标准量器；
⑥ 服务用的标准酒杯；
⑦ 每份饮品的标准成本。

（4）遵循标准操作规范　为保证饮品的质量，在配置时必须遵循标准的操作规范和要求。

① 温度处理规范。不同的饮品有不同的饮用温度，如白兰地、利口酒、红葡萄酒等是在常温下饮用，啤酒、白葡萄酒、香槟酒需要降温后饮用，而黄酒、加饭酒则需要加温后再饮用。所以餐厅在提供饮品服务时也应对其饮用温度进行相应处理，以保证各类饮品的最佳口感。

② 饮品调配规范。饮品调配一般常用的方法有兑和法、调和法、摇和法与搅和法，操作时应针对具体的饮品品种选择合适的方法进行制作。如制作鸡尾酒时，以含气类饮料作为辅料，通常会采用兑和与调和的方法；以乳制品等一些较为黏稠的饮料作为辅料，会选用摇和的方法进行制作。

> **本节思政教育要点**
>
> 在生产菜肴时，一定要严格按照生产标准保质保量进行生产。
> 在生产菜肴时，还应确保原材料的安全和新鲜度。

第三节　餐饮产品成本控制

餐饮成本是指餐饮企业在生产和销售餐饮产品时所支出的各项费用总额，简单地说，餐饮成本就是餐饮销售总额减去利润后的所有支出。餐饮成本控制是保证餐饮经济效益的基本环节，尤其是在微利时代，"低成本竞争"已成为餐饮经营的三大竞争法宝之一，因此对餐饮成本进行有效的管理和控制将直接影响餐饮企业的竞争力。

一、餐饮成本构成分析

1. 餐饮成本类型

（1）固定成本、变动成本和半变动成本

① 固定成本。固定成本是指不随产量或销售量的变动而变动的那些成本。在餐厅中，企业管理费用、设施设备的折旧费用等均属于固定成本。这些成本即使在销售量为零的情况下也会照样发生，而一旦销售量增多，在"标准负荷"之内，这些成本也基本保持相对不变。但是固定成本并不是绝对不变的，某些固定成本的数额会随着时间的推移而增加或减少，当产量增加到超出现有生产能力、需要添置新设备时，某些固定成本就会随产量的增加而变动。正因为固定成本对销售量的变化保持相对不变，所以当销售量增加时单位产品所负担的固定成本就会相对减少。

② 变动成本。变动成本是指随着产量或销售量的变动而相应成正比例变动的成本。如食品成本、酒水成本、洗涤费用等就是典型的变动成本，它们的大小一般取决于产品销售

量的多少,和产品销售量保持正比例关系,即销售量大,变动成本也大,反之则小。

③ 半变动成本。介于固定成本和变动成本之间,半变动成本是随着业务量的变化而部分发生相应变动的成本,如人工总成本、水电费用等。以人工总成本为例,由于餐饮业务量波动大,为降低固定人员成本,餐厅往往使用两类员工,一类是关系相对稳定的固定人员,如餐饮管理人员、主要厨师、财务人员、餐厅服务的主要岗位人员等;另一类则是关系相对松散的临时人员,如厨房的初加工人员、勤杂工、餐厅跑菜服务员等。人工总成本主要就包括这两部分员工的工资,固定员工的工资属于固定成本,而临时人员的工资就属于变动成本,所以说,人工成本是半变动成本。但若实行计时工资制,人工总成本就属于变动成本,因为其人工成本会随着业务量的变化而变化。

(2) 可控成本和不可控成本

① 可控成本。可控成本是指短期内管理人员可改变或控制其数额的成本,变动成本一般属于可控成本。如餐厅可以通过改变菜肴的分量或成分来控制菜肴的原料成本;通过增减服务人员来控制人工成本。有些固定成本也可以成为可控成本,如广告促销费用、餐厅维修费用、办公费用等。

② 不可控成本。不可控成本是在短期内无法改变的成本,如设施设备的折旧费、房屋租金、利息以及大多数企业中正式员工的固定工资费用等。

(3) 标准成本和实际成本

① 标准成本。是指在正常和高效率经营情况下,餐饮生产和服务应占用的成本指标。为控制成本,餐厅通常要确定单位标准成本,如每份菜的标准成本、分摊到每位客人的平均标准成本、标准成本率、标准成本总额等。标准成本通常有两种类型:原料标准成本和直接人工成本。标准成本是衡量和控制餐饮实际成本的一种参照标准,并且它往往是一种比较理想的成本。

② 实际成本。是指餐厅在实际经营过程中实际消耗的成本,它反映了餐饮成本管理现状。标准成本和实际成本之间的差额称为成本差异,实际成本小于标准成本,为顺差,反之为逆差。

2. 餐饮成本构成

由于各类餐厅的设施不同,提供的餐饮服务也不尽相同,因此所涉及的成本和费用结构也不同。一般来说,餐饮成本主要由原材料成本和营业费用两部分构成,具体内容如下。

(1) 原材料成本 原材料成本是餐饮企业的主要开支,占餐饮收入的比例最大,一般占总成本的45%左右。原材料成本要包括主料成本、配料成本、调料成本和饮料成本,由于原材料成本构成比较复杂,在贮存和生产过程中极易造成损耗和报废,所以必须实施有效的控制。

(2) 营业费用 营业费用是指餐饮经营中所消耗的一切费用,主要包括:人工成本、固定资产折旧、水电及燃料费用、餐具及用具的消耗、服务用品及卫生用品的消耗、管理费用、销售费用及其他费用等。营业税不属于费用,但它是餐饮企业的一项重要营业支出,一般占营业收入的5%左右。

在各项成本中,餐饮原材料成本和人工成本是最主要的成本。原材料成本是餐饮成本构成中所占比例最高的成本,其成本构成比较复杂,是餐饮日常支出的主要部分,因此原材料成本控制是餐饮成本控制的重要内容。人工成本是指在餐饮生产经营活动中对员工所支出的包括工资、福利费、奖金津贴、劳保、服装费以及员工用餐等费用。虽然我国素以劳动力成本低廉而著称，但是随着餐饮市场竞争日益激烈，高技术的专业人才日益受到青睐，餐厅为了提高菜肴质量，推出特色产品，高薪聘请主厨已成为餐饮竞争中一个重要的手段，就连一般的厨师和专业管理人员的费用也随之水涨船高。目前我国国内餐饮企业的人工成本占总成本的20%左右，所以对人工成本的合理控制已成为餐饮成本管理的重要内容。

3. 餐饮成本特点分析

（1）变动成本比重大　由于食品原材料成本在餐饮成本中所占比重较大，而食品原材料成本又属于变动成本，所以餐饮成本中的变动成本所占的比重相对较大。由于这些成本和费用是随着销售量的增加而成正比例增加的，这就要求餐饮销售中不能任意打折，且价格的折扣幅度也不能像客房价格折扣幅度那么大。

（2）可控成本比重大　餐厅除了设施设备的折旧费、房屋租金等属于不可控成本，大部分费用成本都是可控成本。这些成本的多少直接与经营管理者对成本控制的有效性相关。

（3）成本泄露点多　成本泄露点是指餐饮经营活动过程中已经造成的或可能造成的成本流失。从餐厅的整个经营活动的过程来分析，每一道环节都有可能造成成本泄露，如食品饮料的采购、验收、入库、贮存及发料，食品加工和烹调等过程都存在着许多成本泄露的现象，具体如下。

① 菜单计划和菜点的定价影响客人对菜点的选择，决定菜点的成本率。

② 对食品饮料的采购、验收控制不严，或采购的价格过高，数量过多会造成浪费，数量不足则影响销售。

③ 采购的原材料不能如数入库、采购的原材料质量不好都会引致成本提高。

④ 贮存和发料控制不好，会引起原材料变质或被偷盗，造成原材料成本提高。

⑤ 加工和烹调控制不好会影响食品的质量，还会加大食品饮料的折损和流失量，对加工和烹调的数量计划不好也会造成浪费。

⑥ 餐饮服务不仅关系客人的满意程度，也会影响客人对高价菜的挑选从而影响成本率。

⑦ 餐饮推销的好坏不仅影响收入，也影响成本率，例如加强宴会上饮料的推销会降低成本率。

⑧ 销售控制不严，销售的食品饮料的数量与标准收入不符，使成本比例增大。所以餐厅必须加强成本核算和分析，否则就会放松对各个环节的成本控制。

二、成本核算与成本报表

1. 成本核算

（1）成本核算的组织形式　根据餐饮企业管理体制不同，餐饮产品成本核算主要采用以下两种形式：一是由餐饮部门负责餐饮成本核算，部门设餐饮成本会计，厨房设成本核算员，成本会计直接为财务部提供成本核算报表；二是由财务部负责餐饮成本核算工作，财务部设餐饮成本会计，厨房设成本核算员，成本核算员归财务部餐饮成本会计管理，直接为成本会计提供核算资料。前者主要在我国部分国有企业中采用，后者主要在大多数餐饮企业中采用。

（2）餐饮成本核算的基础工作　餐饮成本核算分厨房成本核算和会计成本核算两个方面，前者主要为厨房生产和产品定价服务，控制厨房实际成本消耗，同时为会计成本核算提供基础数据。后者主要从会计专业化管理角度出发核算餐饮成本消耗及成本率，控制餐厅和企业的成本，同时为餐饮经营者提供决策依据。进行成本核算前，首先要做好成本核算的基础工作，这决定了餐饮成本核算的准确与否。具体包括以下三个方面。

① 餐饮原始记录的收集整理。餐饮原始记录是成本核算的依据，要想正确进行成本核算工作就必须建立原始记录制度，这涉及采购、贮存、领料、发料、生产、销售等一系列环节。原始记录的收集整理主要包括原材料进货发票、领料单、转账单、盘存单、原材料消耗报告单、生产成本记录册、生产日报表等内容。

② 衡器的使用。厨房为准确计量各种食品原材料的消耗，必须配备衡器，这也是进行餐饮成本核算的必备计量工具。厨房中使用的衡器主要有四种：一是台秤，用于大宗食品原材料的计量；二是天平秤或电子秤，用于贵重食品原材料的计量；三是案秤，用于一般食品原材料计量；四是量杯，用于调味品原材料的计量。厨房衡器根据食品原料计量要求不同，应备有各种不同的规格，以适应成本核算的需要。衡器在使用过程中，要掌握标明的量度和灵敏度，长期使用的衡器要定期检查其精确度，加强衡器保养，做到计量准确，防止误差发生。

③ 成本核算数据处理。餐饮成本核算是通过对食品原材料的计量、计价和单位成本来计算实际成本，因此数据处理要正确，以便为成本控制提供客观依据。餐饮产品成本核算过程中，通常采用的数据处理方式有以下三种。一是有效数据的使用。有效数据是以实测或原始记录为依据所提供的数据，比较准确。在餐饮成本核算中，一般不得采用估计数据，如果必须用估计数据时，也应以过去的实测为准，以保证成本核算数据的准确性和有效性。二是尾数的处理。尾数有重量尾数和价值量尾数两种，重量尾数处理一般到克为止，克以下的重量单位采用四舍五入法，然后按原材料单价核算成本。如果是特别贵重的食品原材料，也可以以毫克为尾数单位，价值量的尾数处理一般到分为止，分以下的成本尾数采用四舍五入法，进到分为止。在产品定价时，如果价格较高，其尾数也可到角为止，角以下的价值量单位采用四舍五入法。三是对成本误差的处理。成本误差分为绝对误差和相对误差两种，绝对误差是实际值和标准值之间的差额，用绝对数表示。相对误差是绝对误差和标准值之间的比率，用相对数表示。其计算公式为：

$$绝对误差＝实际值-标准值$$
$$相对误差＝（实际值-标准值）\div 标准值 \times 100\%$$

（3）成本核算方法　餐饮产品成本核算根据厨房产品生产方式和花色品种不同，有不同的核算方法。总的说来，成本核算方法主要有以下四种类型。

① 顺序结转法。这种方法是根据产品生产步骤来核算成本，适用于分步加工、最后烹制的餐饮产品成本核算。具体方法是将产品的每一生产步骤都作为成本核算对象，依次将上一步骤的成本转入下一步骤的成本，逐步计算出产品成本。例如以鸡肉为原材料的菜肴，光鸡加工得到分档原料，先计算出分档原料成本，分档原料经再加工得到烹制时的净料，这时将分档原料的成本结转为净料成本。净料在烹制时还要加配料和调料，再将净料成本转入配料和调料成本中，最后得到产品总成本。

② 平行结转法。这种方法也是根据产品的生产步骤来核算成本，但是它和顺序结转法又有所区别。在生产过程中，食品原材料成本是平行发生的，原材料加工一般一步到位，形成净料或直接使用的食品原材料，所以只要将各个生产步骤的原材料成本相加，即可得

到产品成本。如杭椒牛柳，只要分别核算出牛柳、杭椒、配料和调料成本，然后相加，即可得到产品成本。

③ 订单核算法。这种方法是按产品生产的批量或客人订单来核算成本。前者如包子、点心、卤味、酱肉等，这类产品大多是批量生产的，因此只要先核算出每批产品各种原材料成本，然后相加，即可得到批量产品成本和单位产品成本。后者如团体包餐、宴会订餐等，这类餐饮产品生产也是批量进行的。其成本核算只要以订单为基础，分别核算出各种食品原材料成本，然后核算出总成本即可。

④ 分类核算法。这种方法是按产品类别来核算成本，主要适用于产品类别和花色品种较多的零点餐厅，其方法是按产品类别、性质、耗用原材料和加工方式不同，将原材料成本分成若干档次，先分类核算出不同档次或不同类别的总成本，再按单位产品用量核算其主料、配料和调料成本，然后相加，即可得到单位产品成本。

(4) 成本核算的工作步骤

① 收集成本资料。收集成本资料是成本核算的前提和基础。成本资料包括食品原材料采购、入库验收、入库单、出库单、领料单、转账单、耗损率、加工单等各种资料。根据成本核算的内容和目的不同，这些资料还要从不同的角度进行分类，使成本资料为不同的成本核算目的服务。如采购成本核算和厨房成本核算、库房盘点核算和菜单成本核算等所需要的资料就不完全相同。在收集成本资料时，要以原始记录和实测数据为准，不能使用估计毛值，以保证成本核算的准确性。

② 核算餐饮成本。餐饮产品的成本核算分为采购成本核算、库房成本核算、厨房加工核算、餐厅成本核算和会计成本核算等多种。上述各种核算之间应互相联系、互相依存，往往前一步的成本数据是后一步成本核算的依据，因此，成本核算往往要分类进行，人员分工和数据处理必须与此相衔接。

③ 做好成本分析。成本核算的目的一是准确掌握成本消耗，形成成本报表，考核经营效果；二是为餐饮产品的生产经营活动提供决策参考，引导管理人员降低成本消耗。因此，在成本核算的基础上，应定期对成本核算的结果及其核算资料进行成本分析，提出分析报告。一般说来每周每月都应进行一次成本分析，以指导餐饮生产经营活动的顺利开展。

④ 提出改进建议。在成本核算和成本分析的基础上，对采购、库房、厨房、餐厅等各部门、各环节成本管理中存在的问题，应分析具体原因，找出成本泄漏点，提出改进建议，以便为高中层管理人员加强成本控制、降低成本消耗提供客观依据。

2. 成本报表

餐饮企业在进行成本核算后，要将食品饮料的消耗情况编制成本报表，这样就可以及时帮助管理人员掌握食品饮料的成本消耗额，核实库存额，杜绝食品饮料成本的泄漏点。

(1) 食品成本日报表

① 食品日成本计算方法。食品的日成本主要是由直接采购原材料成本和库房发料成本两部分组成。直接采购的原材料购进后直接发送厨房，因在购进时就被算作成本，所以必须算出每日直接采购原料的总额，这个数据可以从验收日报表的直接采购原材料总额中获得；采购后送入库房的原材料是在发料时才计入成本，因为所有原材料都是必须凭领料单进行领取，所以只要将各领料单上的总额相加就可以得出每日发料总额。在

餐饮实际生产中，有些原料会调整到其他部门，因此相应的原材料成本额也应做出调整。此外员工用餐、招待用餐、菜肴开发试验用料等成本也应减去。食品日成本计算具体如下：

```
    直接原料采购额        （取自验收日报表）
  + 库房发料成本额        （领料单数据汇总）
  + 转食品的饮料成本额    （调拨单数据汇总）
  - 转饮料的食品成本额    （调拨单数据汇总）
  - 职工用餐成本额        （转经营费用及管理费用）
  - 招待用餐成本额        （转经营费用及管理费用）
  - 其他杂项扣除额        （转经营费用及管理费用）
  = 食品日成本净额
```

值得注意的是，食品日成本的计算并不是十分精确，因为有的原材料并不是每日进行采购，当日从厨房领出的原材料也并不一定会当日用完，所以有时日成本的计算会偏离实际的原材料消耗情况。因此有必要对成本的消耗情况进行累计，即从当月1日开始进行累计，一般累积数日后的累计值就比较准确了。因为如果某日领料过多造成积存，次日就不会再去领料，累计日子越长，数据的精确度也就越高。

② 餐饮营业日报表。为了更好地对餐饮成本进行管理和控制，很多企业将食品成本日报表和销售日报表合并在一起编制成餐饮营业日报表。餐饮营业日报表应能够反映出整个餐饮企业的成本耗用情况及各餐厅的成本耗用情况；显示出成本调整情况及各餐厅就餐客人人数、营业额和平均消费额。下面以某家餐厅为例，具体说明营业日报表所反映的信息（见表4-6）。

表4-6　餐饮营业日报表

星期：六　　　　　　　　　　　　　　　　　　　　　日期：5月28日

	项目	总额/元		本日	总额/元
食品成本消耗	直接原料采购额	2921.34	食品销售状况	销售额	18715.20
	库房发料成本额	1456.56		午餐	5900.36
	转食品的饮料成本额	29.26		晚餐	6345.35
	转饮料的食品成本额	40		就餐人数	420
	职工用餐成本额	644		午餐	186
	招待用餐成本额	226		晚餐	234
	其他杂项扣除额	282		平均消费额	44.56
	本日食品成本净额	3215.16		午餐	42.74
				晚餐	46.38
				食品成本率	17.18%
	本月累计成本额	14840.90		本月累计销售额：476433.38 本月累计食品成本率：31.15%	

（2）食品成本月报表

① 月食品成本的计算。月食品成本计算要根据库存的实际盘点额来进行核算，库存盘点额应既包括库房的库存额也包括厨房的库存额，因为厨房的库存额往往很大，如果忽略

不计，成本额计算会有很大的出入。月食品成本计算具体如下。

```
    月初库房库存额（上月末实际库存额）
+   月初厨房库存额（上月末实际库存额）
+   本月库房采购额（验收单数据汇总）
+   本月直接采购额（验收单数据汇总）
－   月末库房库存额（月末实际盘点库存额）
－   月末厨房库存额（月末实际盘点库存额）
±   成本调整额
－   各项扣除额
=   月净额成本
```

如果餐饮企业拥有数个厨房，那么每个厨房的成本都要分别进行核算，以便更好地将成本控制的责任分到各部门。

② 成本调整额。为了更精确地计算各厨房的成本额和整个餐饮企业的总成本，就必须准确计算成本调整额。餐饮企业发生成本调整主要有这样几种情况。

a. 各厨房向酒库或酒吧领取的用于烹饪调味的酒水成本额，应分别加在各厨房的成本额中，并从酒库或酒吧的成本额中扣除。

b. 各酒吧以及客房小酒吧向食品库和各厨房领取的用于调酒的配料、跟酒小吃的成本额，应加在各酒吧和客房小酒吧的成本额中，并从食品库房和各厨房的成本额中扣除。

c. 各厨房之间相互调拨原材料的成本额，应根据调拨情况进行成本的增减。

③ 各项扣除额。有些成本额是不应计算在对客销售的餐饮产品成本额中，这些成本额包括：赠客的水果、饮品，其目的是为了联络对客情感，增加客源，因此这些费用应该计入推销费用中；招待用餐成本，餐饮企业经营运转中，常需要招待一些与餐厅业务有关的各界人士，这笔开支可分别计入各部门的营业费用或企业管理费中；职工用餐成本，在餐饮企业的原材料总消耗中包括了职工用餐的原材料，因此应从餐饮营业成本中扣除这部分成本额；其他成本，有的餐厅会定期进行菜品试验，以推出创新菜肴吸引客人，用于试验的这部分原材料成本不应计入营业费用中。

④ 食品成本月报表的编制。食品成本月报表应能反映出餐饮企业一个月消耗的食品原材料总额，显示出食品成本的调整额和各项扣除额，列出一个月的食品成本净额、食品月营业收入总额并算出实际成本率。这样可以使管理人员一目了然地了解本月成本控制的效果。下面以某家餐厅为例，具体说明营业月报表所反映的信息（见表4-7）。

表4-7　餐饮成本月报表（6月份）

制表日期：_____

项目	食品/元		饮料/元	
月初库房库存额	326317.04		254637.15	
月初厨房库存额	153561.41		86244.86	
本月库房采购额	212820.30		147018.29	
本月直接采购额	174126.06			
月末库房库存额		271655.40		257536.72
月末厨房库存额		181104.50		123764.73
本月食品饮料总消耗额	414064.91		106598.85	

续表

项目	食品/元		饮料/元	
转食品的饮料成本	12549.57			
转饮料的食品成本			4270.03	
赠客水果		9290.33		
赠客饮料				10719.92
招待用餐/饮品		21430.67		3058.88
职工用餐		84158.34		3288.81
其他各项扣除额		8807.16		4246.90
扣除总额		127956.53		33846.08
月净额成本	298657.95		77004.80	
食品饮料净营业收入		755759.95		289818.59
标准成本率		35%		25%
实际成本率	39.52%		26.57%	

三、餐饮成本分析与控制

餐饮成本控制，是指按照餐厅规定的成本标准，对餐饮产品的各成本因素进行严格的监督和调节，及时揭示偏差并采取措施加以纠正，将餐饮实际成本控制在计划范围之内，保证实现餐厅成本目标，以提高餐厅在市场上的竞争力。

1. 餐饮成本分析

成本分析是指对餐饮经营活动过程中发生的成本及其控制结果进行分析，并与同行业成本以及与标准成本进行对比分析的活动，是餐饮成本控制的重要内容。通过对餐饮成本控制效果的分析，可以正确评估餐饮成本控制业绩，发现餐饮成本控制存在的问题和主要的成本漏洞，以便检查原因，采取有针对性的控制措施，加大成本控制的力度，采取有效方法堵塞这些漏洞，提高成本控制的水平。

（1）餐饮成本分析内容

① 原材料采购成本分析。

② 原材料验收成本分析。

③ 原材料贮存成本分析。

④ 食品生产加工成本分析。

⑤ 餐饮市场营销成本分析。

⑥ 饮料成本分析。

⑦ 餐厅资产使用成本分析。

⑧ 餐厅资金运营成本分析。

⑨ 餐厅用工成本分析。

⑩ 餐厅综合成本分析。

针对这些内容，餐厅首先要确定目标成本，有了目标值，才能将实际成本与目标成本进行比较分析，找到差距，从而进一步分析造成成本差异的原因，制定改正措施，推进餐厅成本控制水平的不断提高。

（2）成本率的计算　分析成本时，应准确地计算餐饮成本率，这将有利于餐饮经营管理者进行横向和纵向的比较，做出正确的判断，从而对餐厅下一阶段的经营活动采取及时的纠正措施，让餐厅朝着良性循环的道路不断发展下去。

成本率即成本占销售额的比例，其计算公式如下：

$$食品成本率＝食品成本\div食品销售额\times100\%$$

同样道理，饮料成本率、人工成本率等也以同样的方法计算。

2. 餐饮成本控制环节

（1）原材料成本控制　食品原材料的成本是餐厅菜肴的主要成本，它包括主料成本、辅料成本和调料成本。食品原材料成本通常是由食品原材料的采购、库存和生产决定的，所以食品成本控制的主要环节就是食品原材料的采购、库存和食品原材料的使用。

① 采购成本控制。采购是餐饮产品原材料成本形成和成本控制的起点，采购成本控制是在采购预算安排和采购进货原始记录的基础上进行的。采购预算安排中的各种食品和饮料的采购数量和规定价格形成标准采购成本，采购进货中入库验收的进货发票和原始记录则形成实际采购成本。采购成本控制一般以月度为基础，分析二者之间的成本差额。在分析采购成本差额的基础上，管理人员要进一步查明造成价差和数差的具体原因。如价差可能是市场物价变动造成的，也可能是采购人员价格控制不严，高价进货造成的；数差可能是计划数量制定不合理造成的，也可能是实际进货过多或过少造成的。在查明具体原因的基础上，有针对性地提出具体控制办法，即可实现采购成本控制，降低成本消耗。

② 库房成本控制。库房成本控制是在每月盘点的基础上进行的，其目的是控制库存资金占用，加快资金周转，节省成本开支。在库房管理中，要制定食品和饮料库存资金占用计划，由此形成库房标准成本占用。随着厨房生产和餐厅销售业务的进行，库存食品和饮料不断采购入库，同时又不断发货，到了月底，管理人员通过库房盘点来掌握库存余额及其资金占用，分析库房资金占用差额。库房成本控制在分析库存资金占用中的价差、数差和成本差额的基础上，要重点抓住那些价格高、存量大的食品原材料或饮料，控制其库存资金占用。为此，要明确指出重点控制哪些品种，采取哪些控制方法，如暂停进货、调拨处理、尽快出库使用等，从而迅速减少库存资金占用，加快资金周转。

③ 生产成本控制。生产成本控制是以厨房为基础，以食品原材料为对象，根据实际成本消耗来进行。厨房餐饮产品生产花色品种很多，各种产品既要事先制定标准成本，又要每天做好生产和销售的原始记录，然后根据统计分析，和标准成本比较才能确定成本差额，发现生产管理中成本消耗存在的问题并分析原因，提出改进措施。生产成本控制可以逐日、逐周、逐月进行。成本差额分析是以成本率差额为主，一般说来，各种产品的成本率差额应控制在$1\%\sim2\%$左右，如果发生偏差，就应查明原因，对那些成本率差额太大的产品的实际成本消耗采取控制措施。如改进食品原材料粗加工、细加工，提高净料率；严格控制成品菜肴的配料、用料，降低烹调加工损耗等。

（2）饮料成本控制　饮料成本控制在许多方面与食品成本控制相同，也是从制定饮料采购、验收、库存、生产、销售的标准和程序入手。但由于大多数饮料可长期保存，饮料的生产程序又相对比较简单，同时饮料属于易携带性物品，故饮料与食品的成本控制方法又有不同之处。餐厅常采用的饮料成本控制方法主要有以下三种。

① 消耗量控制。即对照销售数量来控制库存量。采用消耗量控制方法应首先统计销售

数量，计算出饮料的标准消耗瓶数，然后盘点库存数量，计算饮料的实际消耗量，最后将标准消耗量与实际消耗量进行比较，达到对实际消耗量的控制。

② 潜在销售额控制。即根据实际消耗的饮料数量计算出应得的营业收入（即潜在销售额），如果实际销售额少于潜在销售额，说明有部分饮料的消耗未能产生收入，就必须找出原因，堵住消耗漏洞。根据饮料的实际销售情况，饮料潜在销售数额计算公式主要有三种。

整瓶销售潜在销售额＝（实际消耗瓶数－应扣除项目消耗瓶数）×每瓶标准单价

例如：某餐厅上日结存哈尔滨啤酒150罐，本日领料260罐，今日结存120罐，其中用于招待30罐，哈尔滨啤酒售价为6元/罐，其潜在销售额应为

$$（150+260-120-30）×6=1560（元）$$

零杯销售潜在销售额＝（每瓶容量－每瓶允许流失量）÷每杯容量×实际消耗瓶数×每杯标准售价

例如：苏格兰威士忌每瓶容量为32oz，零杯销售每杯容量是1.5oz，售价14元，餐厅酒吧本日消耗2.75瓶苏格兰威士忌，每瓶允许流失量为1oz，该酒本日的潜在销售额应为：

$$(32-1)÷2.75×1.5×14=794.75(元)$$

混合销售潜在销售额＝$\dfrac{零杯售价×销售份数+混合销售价格×销售份数}{零杯每杯容量×零杯销售份数+混合饮料每杯容量×混合饮料销售份数}$×(每瓶容量－允许流失量)×实际消耗瓶数

例如：波本威士忌以零杯和配制成鸡尾酒两种形式进行销售，每瓶波本威士忌容量为32oz，允许流失量为1oz，本日波本威士忌实际消耗22瓶。其中以波本威士忌为主要原料的曼哈顿鸡尾酒，需要用1.5oz波本威士忌，0.5oz甜味美思酒，一滴红必打士，加冰块搅匀，用红樱桃装饰。一杯波本威士忌每杯容量为1.5oz，售价14元，配制成鸡尾酒后售价18元，本月波本威士忌零杯售出220份，曼哈顿鸡尾酒售出240份，其潜在销售额应为：

$$\dfrac{14×220+18×240}{1.5×220+1.5×240}×(32-1)×22=7304（元）$$

③ 标准成本控制法。即先算出饮料消耗的净成本，然后再根据实际营业收入和标准成本率算出标准成本额。

（3）人工成本控制　人工成本控制就是对餐饮生产、经营总工时和工作人员的工资总额进行控制。现代化的餐饮经营和管理应从实际生产和经营技术出发，合理地进行定员编制，控制非生产和经营用工，防止人浮于事，以先进合理的定员、定额为依据控制餐饮用工人数，使工资总额稳定在合理的水平上。

① 用工数量控制。在人工成本控制中，管理人员首先是对用工数量的控制，也就是对工作时间的控制。做好用工数量控制在于尽量减少缺勤工时、停工工时、非生产和服务工时等，提高员工出勤率、劳动生产率及工时利用率，严格执行劳动定额。

② 工资总额控制。为了控制好人工成本，管理人员应控制好工资总额，并逐日按照每人每班的工作情况，进行实际工作时间与标准工作时间的比较和分析，并做出总结和报告。

（4）燃料和能源成本控制　燃料和能源成本是餐饮经营中不可忽视的成本，尽管它在一盘菜肴中可能占有很小的比例，但在一个餐厅的经营中，仍然占有一定的数额。控制燃料和能源成本主要是教育和培训全体员工，使他们重视节约能源，懂得节约燃料和能源的

方法。此外管理人员还应当经常对员工的节能工作和效果进行检查、分析和评估，并提出改进措施。此外控制燃料和能源成本与制订厨房节能措施分不开。

（5）经营费用控制　除了食品成本、人工成本和能源成本，餐饮生产和经营成本还有许多项目，如固定资产的折旧费，设备的保养和维修费，餐具、用具与低值易耗品费，排污费，绿化费及因销售发生的各项费用。这些费用中有的属于不可控成本，有的属于可控成本，经营费用的控制方法只有通过加强餐厅的日常经营管理才能实现。

3. 餐饮成本控制方法

（1）预算控制法　成本预算是餐厅经营支出的限额目标。预算控制，就是以分项目、分阶段的预算指标数据作为成本费用支出的依据，通过分析对比，找出差异，并采取相应的改进措施，实施餐厅成本控制。

餐饮企业的成本由两部分构成，即原材料成本和营业费用。对于原材料成本，可通过毛利率来预算成本支出额，其计算公式为：

预算期餐饮原材料成本＝预算期预计餐饮营业收入×（1－预计餐饮销售毛利率）

对餐饮营业费用中的固定费用，可以按实际发生额列入预算，对变动费用，则通过确定科学的费用率指标加以确定，在此预算中，一般以历史资料作为确定费用率指标的基本依据，同时需考虑计划期内的成本费用目标与影响营业费用的变动因素。

（2）制度控制法　制度控制法，即餐饮企业通过建立和健全餐饮成本控制制度，形成正常的成本管理机制，以有效地控制餐饮成本。餐饮成本制度控制，首先必须制定全面可行的制度，如各项开支消耗的审批制度，各种原料、材料的采购、验收、保管、领发制度等。需要注意的是制度条文必须准确、具体，符合餐饮的运转规律和餐厅的客观实际；其次必须注意维护制度的严肃性，加强监督检查，保证制度的贯彻执行。

（3）标准成本控制法　标准成本控制法实际上就是对单位成本消耗定额的控制。管理人员依据餐饮企业制定的目标成本，对成本形成过程进行监督，并通过餐厅每日定期的成本与营业情况报告及管理人员的现场考察等信息反馈系统及时揭示餐饮成本的差异，实行成本控制。餐饮标准成本控制的实施步骤如下。

① 标准成本的确定。确定每种菜肴的标准成本并不太容易，首先要通过实验将各种菜肴的每份份额、菜肴的配料及其用量以及烹调方法固定下来，制定出标准。然后将各种配料的金额相加，汇总出菜品生产的总成本额，再除以烹制份数，就得出每份菜的标准成本。标准成本的计算公式如下：

每份菜的标准成本＝∑各种配料成本单价×各配料用量÷烹制份数

每份菜的标准成本率是标准成本占菜肴售价的比例，计算公式如下：

每份菜的标准成本率＝标准成本额÷售价×100％

② 成本差异分析。餐饮企业进行的成本差异分析主要是对实际成本与标准成本的差额进行分析：

成本差异＝实际成本－实际销售额×标准成本率

在实际工作中，标准成本与实际成本之间的差异是客观存在的，产生成本差异的因素很多，如原材料价格走势方面：原材料进价便宜，成本就低，原材料进价提高，成本就高；加工制作方面：厨师经验丰富，加工技术水平高，原材料利用率相对较高，成本就低，原材料利用率低，成本就高；菜肴价格方面：进价与售价变化同步，毛利率相对稳定，成本也就相对稳定。所以餐饮企业在计算出成本差异额后，一定要认真分析并确定产生这些差异的原因并采取有力措施加强泄漏点的控制，不仅能大幅度降低成本，更能有效地提高成本控制水平。

> **本节思政教育要点**
>
> 在餐饮生产时，一定要在保证菜肴质量的基础上控制好生产成本。

第四节　餐饮生产安全管理

一、餐饮生产安全控制

厨房的不安全因素主要来自两个方面：一是食物中毒，二是生产事故。餐饮管理者要充分认识到这两个方面不安全的严重性和危害性，加强对生产安全的监督管理工作。同时必须使厨房全体员工树立安全意识，在日常工作中严格遵守厨房操作的规章制度，确保食品安全和人员安全。

1. 食物中毒的预防

（1）食物中毒的原因　食物中毒是由于食用了有毒食物而引起的中毒性疾病。食物中毒对餐饮经营有着极大的危害性，因此厨房安全最重要的就是防止食物中毒事件的发生。国内外中毒事件的调查资料表明，食物中毒多发生在饮食业，主要是卫生条件差及对食物处理不当所造成的，其中尤以冷却不当为主要致病原因；从事故发生的时间看，大部分是在夏秋季节，因为气温升高容易使微生物繁殖生长，造成食物变质；从原材料的品种来看，主要是以鱼类、肉类、家禽、蛋品和乳品等高蛋白食物为多，这些食物最容易生长微生物，所有这些都应作为日常工作中预防食物中毒的重点。

（2）食物中毒的预防措施　为避免食物中毒的发生，可采取以下措施进行预防。

① 细菌性食物中毒的预防。这种类型的食物中毒是由于细菌在食物上繁殖并产生有毒的排泄物，食物中细菌产生毒素后，该食物就完全失去了安全性，即使烹调加热杀死了细菌，但并不能破坏毒素而使其失去活性，毒素仍然存在。而且这种毒素通常又不能通过味觉、嗅觉或色泽鉴别出来，因此对细菌性食物中毒的预防必须从源头做起。首先采购人员一定要严格选料，并在低温下运输、贮存；其次要创造良好的卫生环境，防止病菌污染食品，烹制中要采取高温杀菌，只有这样才有可能完全杜绝细菌性食物中毒的事件的发生。

② 化学性食物中毒的预防。主要是有毒化学物质污染食物，并达到能引起中毒的计量所引起。首先要保证从可靠的供应单位采购食品，其次厨房中的化学物质要远离食品贮存处安全存放，不能使用含有毒物质的食品器皿或包装材料。如不能使用含有铜、锌、汞、锡、铅等金属的器皿盛装酸性液体食品，因为这些盛器的金属成分容易溶入食品中，造成铅中毒或汞中毒等；塑料包装材料应选用聚乙烯、聚丙烯材料的制品。

③ 有毒食物中毒的预防。厨房中用以烹制菜肴的食物种类成千上万，有些食物本身含有一些有毒物质，必须加热或经过高温烹调后才能使用，如秋扁豆、四季豆、木薯等；菌类食物种类繁多且部分含有毒素，餐饮生产时只可使用被证明无毒的菌类，可疑菌类不得用以烹制食品。

厨房的加工生产人员一定要熟练掌握对食物质量的鉴别，严防有毒食物流入餐厅。

2. 操作安全控制

厨房是一个加工食品的生产工厂，存在着多种不安全的因素，生产所使用的各种刀具、锐器、热源、电动设备等，在操作时如不采取安全防范措施，随时可能造成事故。因此餐饮管理者必须加强对厨房生产安全的监督管理，严防因操作不当而引起操作事故。

（1）人员安全控制　造成人员伤害的原因主要有割伤、跌伤、扭伤、烫伤、电击伤等，主要是由于员工对生产工具与设备设施使用不当造成的。所以要加强对餐饮生产人员的技术培训与安全意识教育，培训员工对各种生产工具及设备设施的熟练操作，在工作中要严格按照操作规程进行生产，将安全隐患降低到最小。

（2）火灾事故的预防　厨房中的火灾事故是最容易发生的，因此要特别加以重视。厨房中引起火灾的因素主要有油、煤气、电等热源，所以在厨房生产中，一定要严格遵守操作规则。使用油锅一定要谨慎，油锅在加温时，作业人员不可离开，以免高温起燃，并要教会员工油锅起火时的安全处理方法；操作中要防止油外溢，以免流入供热设备引起火灾；要经常清洁设备，以防积在设备上的油垢着火，尤其是要防止排烟罩油垢着火，窜入排风道，这样会很难控制，极易造成火灾。使用煤气设备的员工一定要了解煤气的危险性，如发现煤气炉有漏气现象，要立即检查，并确定安全后再使用。如煤气突然熄火，一定要关闭开关，以防煤气外泄，在第二次点火时引起爆炸起火。工作结束必须关闭开关。对电器设备、烟蒂也不能低估，要定期检查，另外，厨房必须备有足够的灭火设备，培训每个厨房员工，掌握灭火器的位置和使用方法。

二、餐饮生产卫生控制

食品卫生关系餐饮经营的成败。根据调查显示，客人光顾餐厅时所考虑的重要因素中，放在第一位的是卫生安全，其次才是环境和风味。餐饮管理者必须明白，不卫生的食品会使经营受到严重的损害，食物中毒事件发生，客人就会对你的餐厅完全失去信任，从而使你的经营形象和信誉完全丧失，同时还可能承担许多不必要的经济损失，甚至还要担负民事和刑事责任。因此餐饮经营要想获得成功，必须要为客人提供安全可靠、有益健康的食品，要把卫生放在经营的首位来考虑。

食品卫生控制是从采购开始，经过生产过程到销售为止的全面控制。

1. 厨房环境的卫生控制

厨房是制作餐饮产品的场所，各种设备和工具都有可能接触食品，卫生不良既影响员工健康，又会使食品受到污染。环境卫生除了建筑设计必须符合食品卫生要求外，购买设备时也应考虑是否易清洗、不易积垢，最重要的还是能否始终保持清洁干净。要达到这样的目标，就要持之以恒地做好场地、设备和工具的卫生，首先应该根据厨房的规模和设备情况，实行卫生责任制，不论何处、何物都有人负责清洁工作，并按日常卫生和计划卫生实行卫生清扫；其次应制定卫生标准，保证清洁工作的质量；最后还要加强对员工的卫生教育，养成卫生的工作习惯。当然厨房管理者既要做出表率，更要有计划地实施检查，确保卫生目标的达成。

2. 原材料的卫生控制

原材料的卫生程度决定了产品的卫生质量，因此，厨房在正式取用原材料时，要认真加以鉴定。如罐头食品是否膨起或汁液混浊不清；高蛋白食品是否有异味或表面黏滑；果蔬类食品是否腐烂变质。对不能做出感官判断有怀疑的食品，可送卫生防疫部门鉴定，再确定是否取用。对盛放变质食品的一切器皿应立即清洗消毒。

3. 生产过程的卫生控制

① 加工中对冻结食品的解冻。一是要用正确的方法；二是要迅速解冻，尽量缩短解冻时间；三是解冻中不可受到污染，各类食品应分别解冻，不可混合在一起进行解冻。流水解冻水温应控制在22℃以下进行；自然解冻的温度应控制在8℃左右；烹调解冻是既方便又安全的做法。已解冻的食品应及时加工，不能再冻结。

② 加工中食品的清洗，要确保干净安全无异物，并放置于卫生清洁处，避免任何污染和意想不到的杂物掉入。罐头的取用，开启时首先应清洁表面，再用专用开启刀打开，切忌使用其他工具，避免金属或玻璃碎屑掉入，破碎的玻璃罐头不能食用。对蛋、贝类的加工去壳，不能使表面的污物污染内容物。

③ 容易腐坏的食品，加工时间要尽量缩短，大量加工应逐步分批从冷藏库中取出，以免最后加工的食品在自然环境中放久而降低品质。加工的环境温度不能过高，以免食品在加工中变质，加工后的成品应及时冷藏。

④ 配制食品的器皿要清洁并且是专用的，切忌用餐具作为生料配菜盘。配制后不能及时烹调的要立即冷藏，需要时再取出，切不可将配制后的半成品放置在厨房高温环境中。配制要尽量接近烹调时间。

⑤ 烹调加熟食品要充分杀菌。原材料是热的不良导体，杀菌重要的是要考虑原材料内部达到的安全温度，盛装时餐具要洁净，切忌使用工作抹布擦拭。

⑥ 冷菜生产的卫生控制，首先在布局、设备、用具方面应与生菜制作分开；其次切配食品应使用专用的刀、砧板和抹布，切忌生熟交叉使用，这些用具要定期进行消毒。操作时要尽量简化制作手法。装盘不可过早，装盘后不能立即上桌的应用保鲜膜密封或进行冷藏，生产中的剩余产品应及时收藏，并且尽早用掉。

4. 生产人员的卫生控制

厨房生产人员接触食品是日常工作的需要，因此生产人员的健康和卫生就十分重要。厨房生产人员在就业前必须通过体检，生产人员不得带传染性的疾病进行工作，为保证食品卫生应严格实行这个规则。

工作时的个人仪表应保持整洁，穿戴的工作衣帽脏后应及时更换，头发要整洁，发式要简单方便，戴上工作帽后要能完全掩盖，避免发饰或头发在烹饪制作时掉落在食品中。工作中随时保持手的干净，不得把工作围裙当擦手巾，以免手被工作围裙污染；操作中尽量使用工具，减少手与食品的直接接触，必要时应戴清洁消毒手套；手指不得蓄留长指甲、涂指甲油及佩戴首饰，指甲修剪长度应短于手指前端。对此不仅要有明确规定，而且应定期检查，成为一种工作惯例。

> 📖 **本节思政教育要点**
>
> 在餐饮生产时，一定要严格按照卫生标准进行生产，不可随意简化生产流程。
> 在餐饮生产时，一定要严格按照安全要求进行生产，不可敷衍侥幸。

 典型案例

Red Lobster海鲜连锁店的标准化管理

Red Lobster海鲜连锁店是由佛罗里达的一个餐馆老板创建的，是美国迄今为止经营最为成功的餐饮企业之一，主要为北美洲顾客提供各类海鲜菜肴。在1993年，它成立25周年时，这个公司在49个州拥有600家餐馆，为1.4亿位顾客提供价值700万英镑的海鲜，同时Red Lobster还拥有57家加拿大餐馆。Red Lobster成功的部分秘密就是它稳定的价格、稳定的产品质量以及给人一种家庭式的吸引力。稳定的质量并非偶然的结果，它来自于对购买海产品的严格的质量规定，来自于标准化的厨房运营系统，来自于给每家餐馆传递准备细则的独特方法。

Red Lobster现在是全世界最大的购买海产品的餐馆之一，已吸引了来自将近50个不同国家的供应商。它使用了极尽严格的购买手册，并尽力与供应商建立长期的合作关系。Red Lobster的拥有者不仅要熟悉餐饮业，而且还需要有海洋学、海洋生物学、金融学、食品制作过程等方面的知识。他们与供应商和食品制作者共同工作，以确保他们的捕捞与制作符合Red Lobster的高质量标准。那么Red Lobster是怎样让650家连锁店都符合标准的呢？答案就是标准化的厨房运营系统和"Lobster电视网络"的运作。在这里，人们尝试了不同的食品准备方式和被推荐的烹饪方法，备料准备得到了进一步的发展，甚至于碟子上食品如何切割和摆设的细节都被加以规定。然后Red Lobster制作了录像带，教授备菜和服务技巧，再将录像带放入VCD中，所有餐馆的经理和他们的员工就会立刻了解到菜肴组合以及促销和服务的新观念。Red Lobster广泛地采购高质量的海产品，使得在北美餐馆没有出现的玉米虾、雪足蟹等也摆上了餐桌。尽管公司的规模庞大而复杂，它与供应商的许多交易还都是口头形成的，而非书面的合同。但毫无疑问，Red Lobster是北美最成功的连锁餐馆之一。证据就是，它的每周顾客评价在同类餐饮业中是最高的，这个公司的历史和目前的持续增长，大部分要归功于它完美的营运系统，这一系统确保了在合理价格上的一贯性、标准化的服务。

评析

对于一家拥有六七百家连锁店的餐饮集团，最令人头痛的莫过于如何维护恒定统一的质量，特别是对于经营海鲜类易腐性菜肴的餐饮企业集团，这一点尤为突出。Red Lobster通过三个方面的努力获得了成功，一是与供应商的成功合作保证了原材料供应这一餐饮控制的起初环节，从而达到原材料的质量标准化，这与其经营海鲜菜肴这一特色产品的要求是相符的；二是标准化的厨房运营系统，从生产环节上对食品的加工生产实施标准化控制；三是内部营运系统的标准化，其运用电视网络的做法大大促进了服务质量标准化。

本章小结

　　餐饮生产管理是餐饮管理的重要组成部分，厨房作为向客人提供食品的生产加工部门，对餐饮经营状况起着重要的作用。本章分别介绍了餐饮生产管理概述、餐饮生产质量的控制、餐饮成本控制以及餐饮生产安全管理等内容。

复习思考题

1. 餐饮生产场所布局的基本要求有哪些？
2. 构成餐饮产品质量的要素有哪些？
3. 如何对餐饮成本进行分析？
4. 餐饮生产的安全性主要包括哪些？

实训题

　　1. 到某餐饮企业的厨房进行实地参观，画出厨房布局与人员组织安排图，并对其进行分析。

　　2. 请根据当地的饮食口味特点和原材料来源，为东坡肘子制作一份标准菜谱，并对其成本构成进行分析。

第五章
餐饮服务技能训练

学习目标

了解托盘、餐巾折花、摆台、斟酒、点菜、上菜与分菜及其他服务技能的基本知识；熟悉各项基本技能的操作程序和标准；掌握各项基本服务技能。掌握中西餐零点服务、宴会服务的程序和标准，把握中西餐服务各环节的服务要领与注意事项，并具备熟练、规范而灵活地为客人提供服务的能力。

项目一　餐饮服务基本技能训练

餐饮服务基本技能是指餐饮服务人员在不同场合、不同时间对不同客人提供服务时，能适应具体情况而灵活恰当地运用操作程序和方法以取得最佳服务效果所显现出的技巧和能力。主要包括托盘、餐巾折花、摆台、斟酒、点菜、上菜、分菜等技能。熟练掌握餐饮服务基本技能是做好服务工作、提升服务质量的基本条件，也是餐饮服务人员应具备的基本功。

任务一　托盘技能训练

一、任务描述

托盘是餐饮部运送各种物品的工具。正确有效地使用托盘，不仅能减少搬运次数，减轻劳动强度，提高工作效率和服务质量，还体现了餐饮服务工作的规范化，显示出餐饮服务人员的文明操作。

二、任务分析

在托盘操作中，要求讲究卫生、启运方便、托平走稳、汤汁不洒、菜形不变、动作娴熟、运动自如。托盘方法按所托物品重量，分为轻托和重托两种。

三、知识链接

1. 托盘的种类

根据制作材料可分为金属托盘、塑胶托盘、木质托盘等（见图5-1）。根据用途差异可分为大、中、小三种规格，其形状有长方形、圆形、椭圆形、异形。

金属托盘　　　　　　塑胶托盘

图5-1　托盘的种类

2. 托盘的用途

大、中型长方形托盘，一般用于托运茶点、酒水和盘碟等较重物品。大、中型圆形托盘，一般用于摆台斟酒、展示饮品、送菜。小圆盘和小银盘通常用于收款递送账单、信件及桌上小器皿等。异形托盘主要用于特殊的鸡尾酒或其他庆典活动。

四、任务实施

1. 轻托

轻托有又称胸前托，用于托送比较轻的物品或用于摆台、斟酒、上菜操作，所托重量一般在5kg左右。此法多适用于中、小型托盘。轻托通常在客人面前操作，因此动作的规范性和优雅程度就显得十分重要，其操作方法如下。

（1）理盘　选择大小与所托物品相符的托盘，洗净擦干。非防滑托盘应在盘内垫上用清水打湿拧干的皮巾或专用垫布，并铺平。

（2）装盘　根据物品的重量、形状和派用的先后顺序，合理装盘。具体应以安全稳妥、便于运送、取用方便为宜。装盘的原则是：重物、高物放在托盘的里挡，轻物、低物放在托盘的外挡；先用的物品放在上面、在前，后用的物品放在下面、在后。

轻托的物品一般要求单件平摆（餐碟、汤碗除外）。用长方形托盘时，盘内的物品应横竖成行。用圆托盘时，盘内的物品应呈圆形或横竖成行。要求托盘内物品重量分布均衡，重心在盘中央或稍偏里挡。物品间留适当间隔，以免端托行走时发出撞击声。

（3）起盘　左脚在前，屈膝，上身略向左前倾，用右手将托盘拉出台面约1/2。同时，左手肘与托盘持平，左手掌心向上放在托盘底部中间位置，右手协助将托盘托起，平托于胸前，略低于胸部，放下右手并收回左脚站直。

（4）托盘　操作要领：大臂垂直于地面，小臂与大臂成90°平伸于胸前。左手掌伸平，掌心向上，五指张开，以大拇指指端到手掌的掌根部位和其余四指托住盘底，指实而掌心虚，形成"一线四点"，手掌自然形成凹形，掌心不与盘底接触。利用五指的弹性掌握盘面的平稳。

（5）托盘站立与行走　站立时要头正肩平、上身挺直，目视前方，精力集中；行走时步伐轻盈自如，托盘随着走路的节奏在胸前自然摆动，以菜汁、酒水不溢为限。遇到障碍物要让而不停（见图5-2）。

图5-2　轻托姿势

托盘行走时选择适宜的步伐是端托服务的关键,应根据所托物品或餐厅具体情况而定。

① 常步:步距均匀,快慢适中。用于餐厅日常服务工作。

② 快步:急行步,步距加大,步速较快,但不能跑。稳中求快,保持菜形不变,汤汁不洒。用于端送火候菜或急需物品。

③ 碎步:小快步,步距小,步速快,上身保持平稳。用于端送汤类菜肴。

④ 垫步:当需要侧身通过时,右脚侧一步,左脚跟一步,一步紧跟一步。

⑤ 跑楼梯步:身体略向前倾,重心前移,用较大的步距,上升速度快而均匀,巧妙利用身体和托盘的运动惯性,既快又省力。

(6)放盘与卸盘　放盘时,左手肘高度与台面高度一致,左脚在前,应先用右手扶住盘边将托盘前端1/3放在台面上,撤去左手,用右手将托盘推进去放好。千万不要在没有放好托盘前就急于取出盘内的物品。

卸盘时要随时注意调整托盘的重心,从托盘上取物品时,要从两边交替端下;用轻托的方式给宾客斟酒时,要随时调整托盘重心,勿使托盘翻倒而将酒水泼洒在宾客身上;随着托盘内物品的不断变化,左手手指应不断地移动,以掌握好托盘的重心;卸下的物品要摆放合理,托盘内的剩余物品要集中在一起,并要摆放整齐。

2. 重托

重托又称肩上托,用于托运较重的菜点、酒水和餐具等较重的物品,一般在5kg以上(见图5-3)。重托需要服务员拥有一定的臂力和技巧。操作方法如下。

图5-3　重托姿势

(1)理盘　重托以托送菜肴为主,易沾油腻,使用前要仔细清洗,一般在盘内铺上洁净的垫巾,用来防油、防滑。

(2)装盘　注意控制托盘重心。物品的摆放要均匀,重的物品要摆在托盘的中间,中间高四周低,物品之间要留有一定的间隔。

(3)起盘　双脚分开呈外八字形,用双手将托盘移至服务台的边沿,使托盘的1/2悬空,双腿下蹲略成骑马蹲裆式,腰部略向左前方弯曲,用右手拿住托盘的一头,左手伸开五指,用全掌托住盘底中心,左手臂随即呈起托状,掌握好重心后,用右手协助向上用力将托盘慢慢托起。托实、托稳后将右手放开,使身体成站立姿势。

(4)托盘　在托盘托起的同时,左手向上弯曲臂肘,向左后方转动手腕,擎托于左肩外上方。右手自然摆动，或扶住托盘的前内角。左手指尖应向后，指尖向前伸、向后伸均属托盘不到位。

（5）托盘行走　上身挺直，肩平，身不摇摆，步伐轻快，动作敏捷，遇障碍物让而不停。掌握重心，要保证托盘不晃动，行进中不要随意增加或减少盘内的物品。

（6）放盘与卸盘　放盘时，转动手腕，放平手臂，呈轻托状后，再将托盘放于服务台边，并用双手将托盘推进，然后再取出盘内的物品。

3. 轻托和重托注意事项

（1）端托时右手下垂，除了在起托、落托时右手扶托外，禁止右手扶托。用右手扶托既不雅观又遮挡行走时的视线，同时又容易造成端托失误。

（2）端托时要量力而行，不要勉强，宁可多走几次也要保证安全；目光要平视前方，切勿只盯托盘。

（3）端托时注意卫生。轻托时，所托物品要避开自己的口鼻部位；重托时，要做到盘底不搁肩，盘前不靠嘴，盘后不靠发。

（4）托盘下蹲取物时，上体保持托盘姿势，下体采用高低式蹲姿，左脚在前，左手托盘向左侧外拉，离开右膝，这样才不至于使托盘挡住视线，看不到掉在地上物品。

（5）托盘服务时要侧身，托盘悬于客位之外，身体重心在右脚。这就要求服务员要保持左手的平衡，特别是托盘内的物品较重而重心不稳或盛器内有汤汁时，有可能造成重大失误。不能将托盘放在客人的餐台上，当着客人的面操作。

（6）持空托盘行走时应保持托物的姿势，动作自如。也可将托盘握于手中并夹在手臂与身体一侧。

（7）装盘、起盘后转、托盘行走时都掌握好重心，保持平稳。

（8）忌用大拇指按住托盘边沿，四指托住盘底。

（9）手腕僵硬死板，则托盘不稳。手腕要灵活。

（10）端托做到"三平、三稳、二放松"，即肩平、盘平、目平视；步稳、身稳、盘稳；面部表情放松，手腕放松。

五、学习训练

1. 托盘臂力练习

可利用砖等重物练习。重量从半块、一块到两块，时间从3min到5min，循序渐进。

2. 托盘站立、下蹲训练

托盘站立、下蹲等训练，注意姿态要优美。

3. 轻托行走练习

（1）托重5kg左右，重心较低的物品。

（2）托重5kg左右，重心较高的物品（如各种酒瓶）。

（3）托盘交叉行走练习。走"S"形路线或避开障碍物练习。

（4）利用楼梯练习托盘行走，保持托盘平稳。

（5）托盘接力赛

将参加实训者分组，用最短的时间完成接力赛，且途中托盘内酒水不洒、酒瓶不倒、姿态优美、动作规范的组获胜。可在途中设置障碍物或走"S"形路线，以增加难度。

4. 托盘服务练习

可以在以后斟酒、摆台或其他操作时练习，主要感受托盘内物品变化时重心的改变。

5. 课后可结合视频进行练习

任务二 餐巾折花

一、任务描述

餐巾折花是餐饮服务的重要技能之一，是提高服务档次和服务质量的重要内容。

二、任务分析

餐巾折花的基本技法有折、叠、卷、穿、翻、拉、掰、捏、转、提等。为了满足以后工作的需要，学生必须会折叠20种以上的餐巾花型。

三、知识链接

（一）餐巾及餐巾花的作用

1. 餐巾是一种保洁用品

宾客把它放在膝上，可以防止汤汁污染衣服，也可用于擦嘴。

2. 餐巾花装饰美化席面

千姿百态的餐巾花，成为餐桌上点睛之笔，给宾客以艺术上的享受，同时又能烘托出特定的宴会气氛。

3. 餐巾花是一种无声的语言

餐巾花交流着宾主之间的感情，突出了宴会的主题。如席面摆放"迎宾花篮""喜迎嘉宾"，表示主人对来宾的热烈欢迎。在老人面前摆放"瑶池寿桃""鹤鸣祝寿"等花型，老人会感到特别高兴。又如百年好合婚宴，主桌从男主人左侧开始，用红和粉双色口布，分别折成花型：心有灵犀、花前月下、细语呢喃、情投意合、心心相印、双鸟归巢、鸳鸯戏水、比翼双飞、同舟共济、长相厮守、幸福延绵、相伴一生。设计者用这一无声的语言描述了一对新人从相识、相知、相恋到相守的过程，也表达了对新人永结同心、百年好合的美好祝愿。既点化了宴会主题，又烘托出喜庆、吉祥、热烈、隆重的宴会气氛。

4. 不同餐巾花型的摆放还起到识别标志的作用

如一桌宴席中，有一款餐巾花高大醒目，而其他餐巾花则低矮小巧，这一席位就是主人席。又如多桌宴席，一桌餐巾花的造型不同于其他席面的餐巾花，这一桌便是主桌。来宾根据自己的身份恰当地选择餐桌和席位，以免出现尴尬的场面。

5. 体现宴会的规格和档次

一些饭店用双色餐巾花来布置餐台。双色餐巾花一高一低相互辉映，一素一艳相互协调,一块用于擦拭,一块放在膝上,既卫生实用又方便宾客,同时也提高了宴会的规格和档次。

(二)餐巾及餐巾花的种类和特点

1. 餐巾的种类及特点

按质地可分为全棉、棉麻、亚麻、丝绸、维萨、纸餐巾。

(1) 全棉和棉麻餐巾　特点是吸水性强、触感好、色彩丰富,但易褪色、不够挺括,每次洗涤后需上浆。其规格为46～65cm边长的正方形。

(2) 亚麻餐巾　可以刺绣上各种花型,适合折叠盘花,用于高档宴会。

(3) 丝绸餐巾　上面可印花,可做双色布的花蕊,用于高档宴会。

(4) 维萨餐巾　特点是色彩鲜艳丰富、挺括、触感好、方便洗涤、不褪色,经久耐用。

(5) 纸餐巾　特点是一次性使用。规格为35cm边长的正方形纸巾,成本较低,一般用在快餐厅和团队餐厅。规格为50～60cm边长的正方形纸餐巾印上色彩丰富的图案,可以代替全棉或维萨餐巾使用。

2. 餐巾花的种类及特点

(1) 按折叠方法与放置餐具的不同,可分为杯花、盘花和环花

① 杯花。制作工序多,一般需插入杯中完成造型,从杯中取出后即散形,餐巾皱褶较多。一般用于中餐宴会。

② 盘花。制作工序比杯花简单,造型完整,成型后不会自行散开,可放于盘中、台面上或其他盛器下面。常用于便餐、散座、茶市等。由于盘花造型简单、叠法快捷,可以提前折叠,且打开后皱褶较少,成为餐巾花的发展趋势,目前被中、西餐厅广泛使用。但由于它的造型一般不如杯花那样美观、精巧、逼真,所以高档的中餐宴会一般还是选用杯花。

③ 环花。将餐巾平整卷好或折叠成造型,套在餐巾环内。餐巾环也称餐巾扣或口布圈,有象牙、瓷、塑料、银等质地,也可用丝带、丝穗带、中国结代替。餐巾环花常放置在装饰盘或餐盘上。特点是传统、简洁和雅致。

(2) 按外观形状,可分为动物类、植物类和实物类

① 动物类。可分为走兽类、禽鸟类、鱼虾类、昆虫类、两栖动物类等。如长颈鹿、金鸡、和平鸽、金鱼、蝴蝶、万寿龟等。

② 植物类。有茎、叶、花、果实等。如玉米、寿桃、枫叶等。

③ 实物类。是模仿日常生活中各种实物而折成的餐巾花。如花篮、折扇、帽子、衬衫、帆船等。

四、任务实施

(一)餐巾折花技法

餐巾折花的基本技法有折、叠、卷、穿、翻、拉、掰、捏、转、提等。

(二)餐巾花的选择与摆放

1. 餐巾花的选择

一般应根据宴会的主题、性质、规格、规模,来宾的宗教信仰、风俗习惯及爱好,客

人的性别、年龄，宾主席位的安排，台面的摆设需要及工作的忙闲等因素选择餐巾的色彩、质地和花型。另外，同桌最好不要选择形状相似的花形。

2. 餐巾花的摆放

餐巾折花是一项艺术创作。同样的几款餐巾花，不同的搭配摆放，使餐台呈现的艺术效果是截然不同的，因此摆放时要有些讲究（见图5-4）。

图5-4　餐巾花的摆放

（1）突出主位　主花要插摆在主人、主宾席位上。

（2）注意协调　高花与矮花要相间摆放，形状相似的花形要错开并对称摆放，整个台面要整体协调一致。

（3）观赏面朝向宾客席位　适合正面观赏的花型，如"孔雀开屏"等要将头部朝向宾客；适合侧面观赏的花型要侧放，如是动物类则要求头朝右，尾朝左；适合多面观赏的花型要将最佳观赏面朝向宾客。

（4）杯花要恰当掌握插入深度　一般插入杯中的深度以2/3为宜，并注意杯中的部分也应整齐。

（5）餐巾花不遮挡餐桌上的用品，不妨碍服务操作。

（三）餐巾折花注意事项

1. 做好准备工作

折花前要选择好平整清洁的餐巾，干净而光滑的筷子和操作台，专用的餐巾折花垫盘，摆放用的杯子或餐碟，了解客人对花式的禁忌和喜好。

2. 讲究卫生

折花前要洗手消毒。餐巾、专用垫盘、筷子、餐具等都要消毒；操作时不能用嘴咬，下巴按，尽量不要讲话，以免唾液飞沫溅到餐巾花上；放花入杯时，手指不要碰杯口。

3. 正确选择花型

4. 一次折成

造型要胸有成竹，看准角度，一次折成，以免返工。

5. 摆放餐巾花要讲究艺术

五、学习训练

（1）实训开始应从基本功的规范性入手，不应追求花型的多样化。要在实训过程的不同时间段提出不同的要求。

（2）折叠餐巾花质量与速度训练（如5min内折叠10种造型不同的杯花；在3min内折6种造型不同的盘花）。

（3）百变餐巾折花比赛：比质量、比速度、比创新，并相互点评。

（4）围绕不同餐饮活动的主题设计餐巾花（如百年好合、寿比南山、春意盎然等）。

任务三　摆台

一、任务描述

摆台，就是为宾客就餐摆放餐桌、确定席位、提供必要的就餐用具，包括餐桌的布局、铺台布、安排席位、准备餐具、摆放餐具、美化餐台等。摆台技术是餐厅服务人员的一项要求较高的基本功，是宴席设计的重要内容。优雅大方的就餐环境与实用美观富有创意的宴席台面设计，将为客人营造出良好的就餐氛围，能给宾客以赏心悦目的艺术享受，给宴会增添隆重的喜庆气氛。

二、任务分析

虽然各饭店均有自己独特的摆台方式，而且宾客就餐的形式、规格及饮食习惯不同，所摆设的餐具种类、件数及台面的造型有所不同，但是都必须遵循整洁有序、适应需求、配套齐全、方便就餐、方便服务、艺术美观的原则。

三、知识链接

摆台可分为中餐摆台和西餐摆台两大类。摆台的顺序为铺台布、放转盘、花瓶摆放、骨碟定位、放小件餐具、放玻璃器皿、放菜单、拉椅。

四、任务实施

（一）中餐摆台

中餐摆台分为宴会摆台和零点摆台两种。

1. 中餐宴会摆台

（1）席位安排　宴会座次安排是根据宴会的性质、主办单位和主人的特殊要求及出席宴会的客人身份确定其相应的座位。座次安排必须符合礼仪规格，尊重风俗习惯，便于席间服务。

① 确定主人位置。主人位置的安排原则是面向正门，使主人能纵观全局。多桌宴会，各桌主人位置的确定有两种方法：各桌的主人位置与主桌的主人位置相同并朝向同一个方向；各桌主人位置与主桌主人位置遥相呼应，即台形的左右边缘桌次主人位相对并与主桌

主人位成90°角，台形底部边缘桌主人位与主桌主人位相对，其他桌次的主人位与主桌的主人位相对或朝向同一方向（如图5-5）。

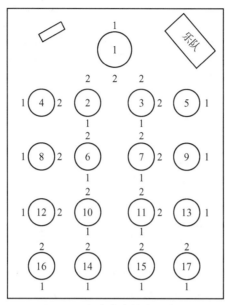

图5-5　多桌宴会的席位安排

② 宾客的座次安排。正式宴会一般均安排座次，有的只安排部分宾客的座次，其他人员可自由入座。大型宴会事先将宾客的桌号打印在请柬上，使宾客根据桌号和座卡迅速找到自己的座位。

座卡通常由饭店根据主办单位提供的主人和来宾的身份、地位、年龄等信息填写，要求字迹清楚，可用毛笔、钢笔或打印，一般中方宴请将中文写在上方，外文写在下方，若外方宴请则将外文写在上方，中文写在下方。

例如：十人正式宴会座次安排。主人坐在厅堂正面，副主人与主人相对而坐。主人的右左两侧分别安排主宾和第二宾座席，副主人的右左两侧分别安排第三宾和第四宾的座席，主宾、第三宾的右侧为翻译的座席。或者主人的左侧是第三宾，副主人的左侧是第四宾，其他座位是陪同、翻译席（如图5-6）。

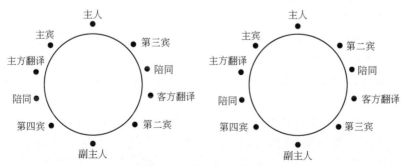

图5-6　十人宴会座次安排

婚宴、寿宴的座次安排应遵循中国传统的礼仪和风俗习惯，一般原则是"高位自上而下，自右而左，男左女右"（如图5-7）。

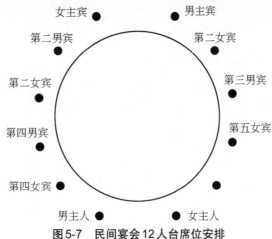

图5-7 民间宴会12人台席位安排

在国际交流中，如主宾身份高于主人，为表示对宾客的尊重，可把主宾安排在主人席位上，而主人则坐在主宾的席位上。主宾有夫人参加宴会，而主人的夫人未能出席时，可以请身份相当的妇女坐在副主人位。

（2）整理餐椅　按宴会出席人数配备餐椅，以十人台为例，餐椅摆成三二式，即正副主人侧各放三把餐椅，另两侧各放两把餐椅，椅背在一条直线上。

（3）铺台布　常用的方法有推拉式、抖铺式、撒网式三种。

① 推拉式。服务员站在主人或副主人位，右脚在前，左脚在后，身体略向前倾。将台布纵向打开，用双手将台布逐渐向两侧拉开，再用拇指食指捏住台布靠近身体一侧的边缘，其余三指将台布平行打折2～3次，然后用两手臂力将台布沿着桌面向胸前合拢，并迅速沿桌面用力推出，再缓慢拉回到位。此法多用于场地狭窄、客人就座等候用餐等情况。

② 抖铺式。服务员双手将台布打开，平行打折后将台布提拿至胸前，身体呈正位站立式，利用双腕的力量，将台布向前一次性抖开并平铺于餐桌上。此法适用于较宽敞的餐厅或四周无客人就座的情况。

③ 撒网式。服务员用双手将台布打开，平行打折后将台布提拿至胸前，左臂微抬，呈左低右高之式。上身向左转，下肢不动，当腰部向右扭动，身体恢复正位站立姿势时，将台布斜着向前撒出去。在台布逐渐下落时，拇指与食指捏住台布靠近身体侧的边缘，调整好台布最后的落定位置。

铺台布前应仔细检查，不洁或破损的台布则不能使用。铺台布时要动作连贯、干净利落、一次到位，注意用力得当，避免台布与地面接触。

铺好的台布正面朝上，平整无褶皱，中心线对准正、副主人位，十字中心点居桌中，台布四角对准桌脚，四周下垂均等。

（4）放转盘　放上转盘底座及转盘，并居于台面中心。检查其转动是否灵活，有无摆动、杂音等。

（5）围桌裙　中餐宴会常用桌裙美化餐台。操作时应从陪同和翻译位开始，按顺时针方向绕台进行。要求桌裙边缘与桌面平齐。

（6）摆餐具

宴会台面餐具的摆放如图5-8所示。

图 5-8　宴会台面餐具的摆放

① 摆餐碟。左手下垫餐巾将餐碟托起，从主人位开始按顺时针绕台依次摆放。餐碟边距桌边 1.5cm，碟中图案或店徽要端正，餐碟之间距离相等。

② 摆汤碗、汤匙、味碟。在餐碟中心与桌面中心连线的左右两侧分别摆放汤碗和味碟，二者之间相隔 1～1.5cm，横向直径在一直线上，且该线与餐碟中心和桌面中心的连线垂直。汤碗距餐碟 1～1.5cm，汤匙放在汤碗中，匙柄朝左。

③ 摆筷架、分匙、筷子、牙签。在汤碗与味碟横向直径右侧，延长线 1～1.5cm 处摆筷架，长柄分匙、筷子放在筷架上（或匙柄与餐碟相距 3cm），筷尾距桌边 1.5cm，并与餐碟纵向直径平行。袋装牙签放在分匙左侧，距离 1cm，并与匙柄末端平齐。

④ 叠餐巾花。动作娴熟，造型美观，突出正、副主位，注意客人的风俗习惯，避其忌讳。

⑤ 摆酒具。在餐碟中心与桌面中心的连线上，汤碗与味碟的前方摆放红葡萄酒杯，其左右两侧分别摆放水杯和烈酒杯，三杯横向直径成一直线并平行于汤碗与味碟横向直径的连线。水杯与汤碗相距 1～1.5cm，三杯间距离为 1～1.5cm。

⑥ 摆茶碟、茶杯。茶杯扣放在茶碟里，杯耳朝右。茶碟边距筷子及桌边均为 2cm。

⑦ 摆公用餐具。在正、副主人杯具的前方，各摆放一个筷子架或餐盘，其上横放公用筷和公用匙，筷子靠近桌心，筷尾朝右，匙柄朝左或右，匙、筷中心点在台布中线上。12 人以上摆 4 套，呈十字形摆放。

⑧ 摆牙签筒。如果无袋装牙签，牙签筒则摆在公用餐具右侧，距筷尾 1～1.5cm。

⑨ 摆烟灰缸。从主人位右侧开始，每两个餐位摆放一个，烟灰缸与水杯前端成一弧线，其中一个架烟孔朝向桌心，另两个架烟孔朝向两侧宾客。或摆放四只烟灰缸，主人、副主人位右上方各放 1 只，另两只与前两只呈十字对角摆放。无烟餐厅不摆放烟灰缸。烟灰缸边缘放火柴盒，图案正面朝上。

⑩ 摆菜单、席次卡、座卡。在正、副主人餐具的左侧各摆放一份菜单，底边距桌边 1.5cm，或立放在餐位的左侧上方。高档宴会每个餐位摆放一份菜单。席次卡摆在每张餐桌的下首（花瓶的前方，距离 1～1.5cm），台号朝向厅堂入口。座卡立放在每个餐位正中的酒杯前。

⑪ 摆花瓶或插花。摆在餐台中央，以示摆台结束。

（7）摆餐椅　椅背中心对准餐碟中心，椅间距离相等；椅面前端与台裙或下垂的台布相切，椅背绕成圆形。

（8）复查摆台　全部餐用具摆好后，再次检查、整理，注意整体效果。

2. 中餐零点摆台

零点餐厅餐桌相对固定，无需每餐变化，就餐者无主次之分，所以只需进行桌面摆放即可。

（1）中餐早餐摆台

① 餐碟摆放在餐位正前方，距桌边1.5cm。

② 汤碗或饭碗摆在餐碟正前方或左前方，距餐碟1～1.5cm。汤匙摆在汤碗中，匙柄向左。

③ 筷架摆在餐碟右侧；筷子摆在筷架上，筷子距餐碟3cm，前端距筷架5cm，筷尾距桌边1.5cm，筷套上的文字正面朝上。

④ 餐巾通常叠一种统一的盘花或无餐巾。

⑤ 如摆茶碗，则扣放在餐碟中或茶碟中，杯耳朝右，茶碟距筷子及桌边均为2cm。

⑥ 花瓶摆在餐桌中央或靠墙一边的中间，调味壶、牙签筒可放在花瓶旁边。

（2）中餐午餐、晚餐摆台　与早餐台面基本相同，只是增加了水杯和茶具等。如果客人饮用葡萄酒和烈性酒，另外提供杯具。中高档餐厅要折叠餐巾花。其操作程序与要求如下。

① 餐碟摆在餐位的正前方，距桌边1.5cm。

② 汤碗摆在餐碟左前方，距餐碟1～1.5cm，汤匙摆在汤碗中，匙柄向左。

③ 筷架摆在餐碟右侧，筷子距餐碟3cm，前端距筷架5cm，筷尾距桌边1.5cm，筷套上的文字正面朝上。

④ 水杯摆在餐碟的正前方2cm处，也可放在餐碟右前方，与汤碗平行对称摆放，三件餐具间的距离均为1～1.5cm。

⑤ 餐巾花放在餐碟上或插入水杯中。

⑥ 茶碗扣放在餐碟中或茶碟中，杯耳朝右，茶碟距筷子及桌边均为2cm。

⑦ 花瓶摆在餐桌中央，席次卡放在餐桌下首，台号朝向厅堂入口。其他公用物品如烟灰缸、调味壶、特选菜单等的摆放以方便客人取用为宜。

集体用餐或几位宾客共同进餐时，应在个人餐具上方或转盘上摆放筷架或公用盘，并放公筷和公匙或公叉。一般十人桌对称摆放两套公用餐具。

（3）粤菜零点摆台　与一般午、晚餐摆台有所不同，其摆台方法如下。

① 餐碟摆在餐位正中，距桌边1.5cm。

② 汤碗摆在餐碟左前方，汤匙放在汤碗中，匙柄向左；味碟摆在餐碟右前方，三件餐具间距离为1～1.5cm。

③ 在汤碗、味碟前方的餐碟与桌面中心的连线上摆放水杯，餐具间距离1～1.5cm。

④ 筷子装在筷套内摆在餐碟右侧，距离餐碟3cm，筷尾距桌边1.5cm。

⑤ 茶碗和茶碟摆在筷子右侧，碟边距筷子和桌边的距离均为2cm。

⑥ 餐巾花摆在餐碟中。

（二）西餐摆台

西餐摆台分为宴会摆台和零点摆台两种。摆台的基本要领是：摆台时按照一餐盘、二餐具、三酒水杯、四调味用具、五艺术摆设的程序进行；餐盘正中，盘上方横匙，左叉右刀，刀刃朝盘，叉面、匙面向上，酒具在右上方，主食在左；各种餐具横竖成线，每套餐具之间不混淆；餐具与菜肴配套，酒具与酒品配套，有图案的餐具要使图案方向一致，全台整齐、美观大方。

1. 西餐宴会摆台

（1）西餐宴会的席位安排　主人的座位应正对厅堂入口，其视线应能纵观全局。一般家庭式西餐宴会，在长台两端分设主人位和副主人位（女主人位）。主人的右侧为主宾，左侧为第三宾客，副主人右侧为第二宾客，左侧为第四宾客，其余交错类推，使宴会气氛随和，形成两个谈话中心（如图5-9）。

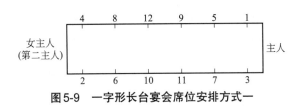

图5-9　一字形长台宴会席位安排方式一

一些国家和地区，特别是较为正式的宴会，将主人和副主人席位安排在长台长边中央位置，将宾客按顺序交叉安排在长台左右，使全桌形成一个交谈中心而又不致冷落宾客（如图5-10）。

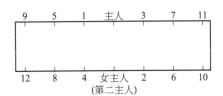

图5-10　一字形长台宴会席位安排方式二

正式宴会双方首要人物都带夫人参加，法式席位安排是：主宾夫人坐在主人右侧，主宾坐在主宾夫人右侧。英式席位安排：主人夫妇各坐长台两端；主宾夫人坐在主人右侧位，主宾坐在主人夫人右侧位，男女宾客穿插依次坐中间。

现在有许多重要宴会包括中餐宴会，都将主宾席位安排在主人左侧，服务时先从主宾开始，顺时针方向操作，至主人结束，以示对宾客的尊重。

（2）西餐宴会台面摆设（以八人座的长方桌为例，如图5-11）

① 铺台布。西餐铺台布前，先在台面上铺上台垫，再铺台布，以免餐具与台面碰撞。

长餐台往往用多块台布拼铺而成，一般由两人合作完成。服务员站在餐台长侧边，将台布横向打开，正面朝上，从里往外铺，使后一块台布盖在前一块台布上，以步入餐厅的客人不易看见接缝为原则。台布重叠部分不少于5cm，台布中线相连并与餐台中线吻合，台布两侧下垂部分均等。

② 摆餐盘（垫盘、展示盘）。左手垫上餐巾托住餐盘，从主人位开始按顺时针方向将餐盘摆在每个餐位正中，盘边距桌边1cm，盘内图案或店徽要摆正，盘间距离相等。

③ 摆餐刀、餐叉、汤匙。从餐盘的右侧自左向右依次摆放主菜刀、鱼刀、汤匙、开胃品刀，刀刃朝盘，匙面向上；然后再从餐盘左侧从右向左依次摆放主菜叉、鱼叉、开胃品叉，叉面向上，刀、叉、匙柄与桌边垂直，其末端距桌边2cm，鱼刀、鱼叉要向前突出，距桌边5cm；主菜刀、叉距餐盘1cm，餐具间距离0.5～1cm。

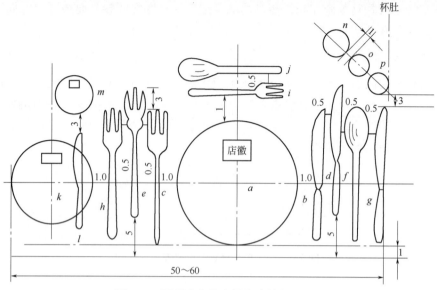

图5-11　西餐宴会基本摆台（单位：cm）

a—装饰盘；b—主菜刀；c—主菜叉；d—鱼刀；e—鱼叉；f—汤匙；
g—开胃品刀；h—开胃品叉；i—甜品叉；j—甜品匙；k—面包盘；
l—黄油刀；m—黄油盘；n—水杯；o—红葡萄酒杯；p—白葡萄酒杯

④ 摆甜品叉、甜品匙。在餐盘的正前方横放甜品叉，叉面向上，叉柄向左，距餐盘1cm；甜品叉的前方横放甜品匙，匙面向上，匙柄向右，叉、匙间距0.5～1cm。

⑤ 摆面包盘、黄油刀、黄油盘。在开胃品叉的左侧摆面包盘，图案要摆正，盘与叉相距1cm，其盘心与餐盘的中心连线平行于桌边。在面包盘上中轴线的右侧边沿处摆放黄油刀，刀刃朝面包盘心，刀柄与桌边垂直。黄油盘摆在黄油刀尖前方3cm处，黄油盘的左侧与面包盘的垂直于桌边的直径延长线相切。

⑥ 摆酒具。以白葡萄酒杯定位，其杯底右侧与开胃品刀右侧延长线相切，杯刀相距3cm。三杯从左到右分别是水杯、红葡萄酒杯、白葡萄酒杯，三杯中心在一条与桌边成45°的直线上。四套杯则在三套杯的基础上将白葡萄酒杯向下移1～2cm，在其前方放置香槟酒杯，各杯壁相距1cm。

⑦ 摆餐巾花。通常用统一的盘花摆放在餐盘正中。突出正副主位，注意花型和高低搭配摆放。

⑧ 摆菜单。高档宴会每个餐位摆放一份菜单，并设座卡。一般宴会不少于两份菜单，摆在正副主人餐具的右侧，距桌边2cm。

⑨ 摆公用物品。台面中心留出摆放鲜花的位置。从中心开始向右方向依次摆放烛台、牙签筒、盐和胡椒瓶、烟灰缸，四物成菱形。鲜花与烛台相距20cm，烛台与牙签筒相距10cm，牙签筒与盐和胡椒瓶各相距2cm，盐和胡椒瓶分别与烟灰缸相距2cm（椒盐瓶按左椒右盐摆放在台布中线两侧，相距1cm），火柴则摆在烟灰缸上沿，图案朝上（大型宴会时，从主人右侧开始每隔两个餐位摆放一个烟灰缸，烟灰缸的前端与酒具平行。调味品、牙签筒按四人一套的标准摆放在餐台中线位置上）。

从中心开始向左方向的台面摆放与向右方向的台面摆放形成中心对称。

⑩ 摆鲜花。鲜花摆在餐台中心，其高度不超过宾客就餐时的水平视线（大型宴会摆多

个鲜花时，等距离摆放在长台中线上）。

⑪ 围餐椅。餐椅正对餐盘，椅面前端恰好触及台裙或台布下沿。

⑫ 复查摆台。摆台时要边摆边检查餐酒具，摆台结束后要进行全面检查，发现问题及时纠正。

特别提示：摆台时，服务员要手拿盘边、刀叉匙柄、杯柄或杯的下半部位。

2. 西餐零点摆台

零点餐包括个人用餐和集体用餐。一般用长台、方台或圆台。吃什么菜摆什么餐具，喝什么酒水摆什么饮具。座次一般无主次之分。

零点摆台分早餐摆台和午、晚餐摆台。

（1）西餐早餐摆台　西餐早餐一般在咖啡厅提供，有美式、欧陆式、英式等，摆台方法略有差异，其基本摆法如下（如图5-12）。

图5-12　西餐早餐摆台

图5-13　西餐午、晚餐摆台

① 铺台布。服务员站在餐台长侧或方桌中间位置，将台布横向打开，双手捏住台布一侧边缘，将台布送至餐台另一侧，然后将台布向身体一侧慢慢拉到位。铺好的台布正面朝上，平整无折皱，十字折缝居中，台布两侧下垂均等。

方形餐台台布菱形铺法是：服务员站在餐台一角，抖开台布铺在台面上，使台布的两条中缝线落在方台的对角线上，台布的边与餐台的四边呈45°夹角，四角下垂部分均等。

② 摆餐盘。餐盘摆在餐位正中，盘边距桌边2cm。有的西餐厅不放餐盘，中间留出30cm的位置摆放餐巾花或纸巾。

③ 摆餐刀、餐叉、汤匙。在餐盘的左右两侧分别摆放餐叉和餐刀，餐刀右侧摆汤匙，叉面、匙面向上，刀刃朝盘，刀、叉、匙柄平行，同垂直于桌边，距桌边2cm，刀、叉距餐盘1cm，刀匙相距1cm。

④ 摆面包盘、黄油刀。面包盘摆在餐叉左侧，距餐叉1cm，距桌边2cm（或面包盘中心与餐盘中心的连线平行于桌边）。黄油刀竖放在面包盘上中轴线的右侧边沿处，与餐叉平行，刀刃朝面包盘心。若放黄油盘，则摆在黄油刀尖前方3cm处，黄油盘的左侧与面包盘的垂直于桌边的直径延长线相切。

⑤ 摆咖啡杯具。将咖啡杯及咖啡垫碟摆在餐刀右侧，咖啡匙放在垫碟内，杯柄及匙柄向右，垫碟与餐刀相距1cm，垫碟中心与餐盘中心在一直线上。

⑥ 摆水杯。可根据不同餐式的要求，决定是否在餐刀正前方3cm处摆水杯。

（2）西餐午、晚餐摆台　午、晚餐摆台是在早餐摆台的基础上，撤去咖啡杯具，增摆甜品叉、甜品匙。甜品叉横放于餐盘正前方，叉柄朝左，距餐盘1cm；甜品叉的前方横放甜品匙，匙柄朝右，叉匙间距1cm。若有鱼类菜肴，则需加摆鱼刀、鱼叉。一般只摆水杯，但为了促销酒水，也可摆放三套杯。如是晚餐要摆放烛台（如图5-13）。

五、学习训练

（1）摆台的所有步骤都是环环相扣的，所以实训时要注意从一开始就应该按照标准和规范进行。

（2）应先从铺台布开始练习，只有台布铺设符合要求，才能保证后续步骤的准确到位。

（3）餐碟定位是整个摆台的难点之一，对此需多下功夫，多动脑筋。

（4）不要片面追求速度，一定要养成规范的动作习惯，每件餐具的相对位置一定要准确，通过反复练习才能熟能生巧，在保证质量的前提下，不断提高速度。

（5）3min内完成一张餐桌的台裙铺设工作。

（6）进行中西餐早餐、午餐、晚餐摆台练习。

（7）进行中餐宴会摆台练习，并能在15min内完成十人圆桌宴会摆台。

（8）进行西餐宴会摆台练习，并能在10min内完成六个餐位的西餐宴会摆台。

任务四　斟酒

一、任务描述

斟酒是餐厅服务的基本技能之一，斟酒操作技术动作的正确、迅速、优美、规范，往往会给顾客留下美好印象。服务员给客人斟酒时，一定要掌握动作的分寸，不可粗鲁失礼，不要讲话，姿势要优雅端庄，注意礼貌、卫生。服务员娴熟的斟酒技术及热忱、周到的服务，会使参加饮宴的顾客得到精神上的享受与满足，还可强化热烈友好的饮宴气氛。

二、任务分析

在宴会服务中，饮用的酒水品种多、需求量大，要求服务员斟酒技艺要高、速度要快，做到不滴不洒、不少不溢。

三、知识链接

斟酒方法一般分为托盘斟酒和徒手斟酒。

斟酒的顺序为准备酒杯、准备酒水、示酒、开酒瓶、斟酒。

四、任务实施

（一）准备酒杯

餐桌上晶莹美观的各式酒杯，不仅能增添餐厅用餐的气氛，还能使酒水的特性得以更好地发挥。如葡萄酒杯做成郁金香花型是考虑到当酒斟至杯中最大面积处时，可使酒与空气充分接触，能将酒的香味完全释放出来。啤酒杯的容量大、杯壁厚，这样可较好地保持啤酒的冰镇效果；中国烈性酒杯容量较小，使杯中酒更显名贵与纯正。服务员应根据酒类品种配备酒杯，并检查酒杯的洁净及完好程度。

（二）准备酒水

1. 基本准备

（1）开餐前备齐各种酒水。

（2）检查酒水质量，如发现瓶子破裂或酒水有悬浮物、浑浊、沉淀物应及时调换。

（3）擦拭瓶身，分类摆放在酒水车上或酒水服务台上。

2. 最佳饮用温度

服务员要了解各种酒品的最佳奉客温度，并采取升温或降温的方法使酒品温度适合饮用。

（1）冰镇（降温）。冰镇的目的：许多酒的最佳饮用温度要求低于室内温度。啤酒的最佳饮用温度为 4～8℃，白葡萄酒的最佳饮用温度为 8～12℃，香槟酒和有汽葡萄酒的最佳饮用温度为 4～8℃，所以要求对酒进行冰镇处理，这是向客人提供优质服务的一个重要内容。

冰镇的方法：冰块冰镇。放入冰桶中 10min 左右，即可达到冰镇的效果。

冰箱冷藏。啤酒和饮料需提前放入冰箱冷藏室，使其缓缓降至饮用温度。

溜杯。一种是直接将冰块放入酒液饮料中；另一种是除将酒瓶插入放有冰块的冰桶中对饮用酒进行降温处理外，对盛酒杯具也要进行降温处理。其方法是：服务员手持酒杯的下半部，在杯中放入一块冰块，转动杯子，使冰块沿杯壁滑动，以降低杯子的温度，此法称为溜杯。常用于调制鸡尾酒。

（2）温酒（升温）。温酒的目的：某些酒品需要在常温以上饮用更有滋味，如中国黄酒、日本清酒等，在饮用前应温热。

温酒的方法：温酒的方法有水烫、烧煮、燃烧、注入四种，水烫和燃烧一般是当着客人的面操作的。

水烫将酒倒入温酒壶，放入热水中升温。

烧煮将酒倒入耐热器皿，直接置于火上升温。

燃烧将酒倒入杯中，然后将杯子置于酒精内，点燃酒精升温。

注入将热饮注入酒液或将酒液注入热饮中升温。

温热黄酒和日本清酒的方法是水烫法，即将黄酒或清酒倒入烫酒壶，再将烫酒壶放入蓄有开水的烫酒器内温热至 60℃左右。

（三）示酒

示酒标志着斟酒服务的开始。示酒的方法是：服务员站在点酒客人的右侧，左手托瓶底，右手扶瓶颈，商标朝向客人，请客人辨认（表示对客人的尊重，核实有无差错）。

如果使用托盘托送多种酒水、饮料，应先略弯身，将托盘中的酒水、饮料展示在宾客的眼前，示意让宾客选择自己喜爱的酒水及饮料。待宾客选定后，服务员直起上身，将托盘托移到宾客身后，托移时，左臂要将托盘向外托送，避免托盘碰到宾客。然后用右手从托盘上取下宾客所需的酒水进行斟倒。

（四）开酒瓶

1. 葡萄酒开瓶

开瓶时尽量避免晃动瓶身（以免酒中的沉淀物泛起），动作要准确、敏捷和果断。方法是：用开瓶刀割取下包装签封，用餐巾擦拭木塞顶部可能附着的霉或灰尘；将开瓶钻垂直钻入木塞内，轻轻将酒塞拔出，用力不得过猛，以防酒塞断裂，此过程严禁转动或摆动酒瓶，以防酒中沉淀物泛起；用干净的餐巾擦拭瓶口，将拔出的木塞交与点酒的宾客。嗅辨瓶塞插入瓶内的部分，以检查瓶中酒是否有质量问题。开瓶后的封皮、木塞、盖子等杂物，可以放在小盘子里，操作完毕一起带走。万一软木塞有断裂危险，可将酒瓶倒置，用内部酒液的压力顶住木塞，然后再旋转酒钻。

2. 香槟酒开瓶

方法是：左手斜拿酒瓶，拇指压住塞顶，右手开铁丝并取下，用干净餐巾包住瓶塞顶部，左手依旧握瓶颈，右手握住塞子的帽形物，轻轻转动上拔，靠瓶内的压力和手拔的力量把瓶塞取出来，再保持倾斜数秒，防止酒液溢出。尽量避免瓶塞拔出时发出声音，尽量避免晃动。瓶口应对向无人区域，以防瓶塞飞出伤人。

3. 易拉罐饮料开启

左手托盘，在客人右侧用右手开启，不可对着客人开罐。开启啤酒和汽水前不可晃动易拉罐，避免液体外喷。

4. 铁盖饮料开启

用托盘将饮料托送至工作台，当众用扳手开启。

（五）斟酒

1. 斟酒方法

（1）托盘斟酒　服务人员站在宾客的右后侧，右脚在前，站在两椅之间，侧身而上，重心移至右脚，身体稍前倾，两脚呈T字形站立。左手托盘，保持平稳，右手拇指张开，四指并拢掌心贴于瓶身中下部，商标朝向宾客。右臂抬起与身体呈45°左右，瓶口不要碰杯口，当酒液斟至需要量时，利用右手腕的旋转顺势转动瓶身1/4圈，使最后一滴酒随着瓶身的转动均匀地分布在瓶口边沿上，便可避免酒水滴在台布或宾客身上。斟完酒后身体恢复直立状。斟酒时切忌弯腰、探头、直立或身体贴靠客人。每斟一杯酒更换位置时，做到进退有序，使斟酒服务整个过程潇洒大方（见图5-14）。

图5-14　斟酒

（2）徒手斟酒　徒手斟酒又分为桌斟和捧斟。

桌斟是将酒杯放在桌上为宾客斟酒。站在客人的右侧，身体不贴靠客人，左手应持一块洁净的餐巾放在身后，斟完酒后擦去瓶口的酒水。

捧斟有时用于站立式的酒会服务和酒吧服务中。捧斟的方法是右手握瓶，左手拿杯的下半部，站在宾客的右后侧，向杯内斟酒，然后将斟好酒后的酒杯放在宾客的右手处。斟酒时，应在餐台台面以外的空间进行。捧斟适用于非冰镇处理的酒。

2. 斟酒量

（1）中餐斟倒各种酒水时，一律以七八分满为宜。

（2）西餐斟酒不宜太满，红葡萄酒斟 1/2 杯，白葡萄酒斟 2/3 杯，威士忌斟 1/6 杯。

（3）香槟酒分两次斟倒，先斟 1/3 杯，待泡沫平息后再斟至酒杯的 2/3 即可。

（4）白兰地酒斟二分满（即将酒杯横放时，杯中酒液与杯口齐平）。

（5）啤酒顺杯壁斟，分两次进行，以酒水过半，泡沫不溢为准，以八分酒液二分泡沫为最佳。

（6）冰水一般半杯水加适量的冰块；不加冰块时应斟满 3/4 杯。

3. 斟酒顺序

总体讲，应从主宾位开始，再斟主人位，并顺时针方向依次为客人斟酒。但由于宴会的规格、对象、民族风俗习惯不同，斟酒顺序也应灵活多样。

（1）中餐一般场合，可从年长者或女士开始斟倒。

（2）宴请亚洲地区客人时，如主宾是男士，则应先斟男主宾位，再斟女主宾位、主人及其他宾客，按顺时针方向绕台依次斟酒，或先斟来宾位，最后为主人斟酒，以示主人对来宾的尊敬。

（3）为欧美客人斟酒服务时，则应先斟女主宾位，后斟男主宾位，然后为主人斟酒，再为其他宾客斟酒。

（4）西餐宴会用酒较多也较讲究，菜肴、酒水和酒杯的匹配都有严格规定，应先斟酒后上菜，斟酒顺序是先宾后主，女士优先。

（5）如有两名服务员为同一桌客人斟酒时，一个从主宾开始，另一个从主宾对面的副主宾开始斟酒，然后按顺时针方向进行。

4. 斟酒时机

（1）宴会前的斟酒　一般是在开始前 5min 斟好葡萄酒和烈性酒，当客人入座后再问斟啤酒或饮料。

（2）宴会进行中的斟酒　应在宾主讲话前后及时为客人添斟酒水；每上一道新菜后也要添斟酒水，当客人杯中酒水不足 1/3 杯时应征询客人意见及时添斟；当主人向各桌宾客敬酒时，要有服务员托着酒瓶跟在主人身后为其及时添加酒水。

5. 斟酒注意事项

（1）客人互相敬酒时应跟随敬酒客人及时添斟。不允许在同一位置为左右两位客人斟酒，即不可反手斟酒。

（2）凡使用冰桶的酒，从冰桶取出时，应以一块餐巾包住瓶身，以免瓶外水滴弄湿台布或宾客的衣服；凡使用酒篮的酒，瓶颈下应衬垫一块餐巾或纸。

（3）由于操作不慎而将酒杯碰翻时，应向宾客表示歉意，立即将酒杯扶起，检查有无破损。如有破损要立即另换新杯，迅速用一块干净餐巾铺在酒迹上，然后将酒杯放回原处，重新斟酒。如果是宾客不慎将酒杯碰破、碰倒，服务员也要这样做。

（4）宾主讲话时，服务人员要停止一切操作，端正站在适当位置（一般站在边台两侧），不可交头接耳。因此，每位服务人员都应事先了解宾主的讲话时间，以便在讲话开始时能将服务操作暂停下来。

（5）旋瓶时要旋腕而不是旋臂，手腕要灵活，同时要注意抬起瓶口和转动瓶身两个动作要同步进行。

（6）托盘斟酒时，左手托盘向外托送，掌握好托盘重心，餐巾折好放在托盘边缘处或折成条形固定在瓶口。

（7）斟酒时，瓶口不可搭在酒杯口上，以相距 1～2cm 为宜，防止将杯口碰破或将酒杯碰倒；但也不要将瓶拿得过高，酒水容易溅出杯外。

（8）斟啤酒时，应使酒液沿杯壁缓慢流入杯内，这样形成的泡沫较少，不易溢出杯外；斟香槟酒也要倍加注意。

（9）斟酒时，要随时注意瓶内酒量的变化，以适当的倾斜度控制酒液流出速度。满瓶酒和半瓶酒，其出口速度不同，瓶内酒越少，其流出的速度越快，反之则慢。酒流速过快容易冲出杯外。

（10）为宾客斟倒酒水时，要先征求宾客意见，根据宾客的要求斟倒各自喜欢的酒水饮料，如宾客提出不要，应将宾客位前的空杯撤走。

五、学习训练

（1）训练内容

训练斟酒姿势（持瓶和手臂姿势）、站位和站姿、斟酒要领、不同酒水的斟倒量和席间步伐，使斟酒动作潇洒自如，斟酒过程更加流畅。

（2）托盘斟酒练习

① 托盘内不放物品，保持盘平。

② 托盘内放一盛满水的水杯，保持水不溢。

③ 托盘内放一盛满水的酒瓶，保持瓶不倒。

④ 托盘内放盛满水的大饮料瓶、啤酒瓶、白酒瓶，保持瓶不倒。

（3）由学生扮演宾客坐在餐椅上，培养学生席间服务的意识，并点评操作的规范性。

（4）训练徒手斟酒 1min 内斟完十人位；托盘斟酒 1.5min 斟完十人位。

（5）练习两个服务员同时为一桌客人斟倒各种酒水。

任务五　点菜

一、任务描述

通过对中餐点菜、西餐点菜、特色菜品推销和酒水推销的实训，使学生掌握点菜服务流程和服务技巧。

二、任务分析

宾客看完菜单后，服务员应按规范接受点菜，很多餐厅由领班或高级服务员为宾客点菜，目前许多餐饮企业由职业点菜师承担此项工作。为了提供优质服务、进行良好的推销，服务员应熟悉菜单，主动提供信息和帮助，并按规范安排菜单。

三、知识链接

点菜服务是餐厅服务的主要环节，是餐厅营销工作的重要组成部分，是服务语言、专业知识和服务技巧的集中体现，体现了餐厅员工的综合从业素质。这里主要介绍中餐点菜的方法。

（一）基本程序

① 点菜的基本程序从形式上看比较简单，包括：递送茶水、手巾→递送菜单→等候接受点菜→点菜点酒→提供建议→记录菜名和酒水→复述确认→礼貌致谢。

② 点菜顺序一般为：凉菜——热菜——煲类——汤——主食——酒水。

（二）基本步骤、标准与技巧

（1）问候客人。

（2）介绍、推荐菜肴。

（3）向客人解释菜单。

四、任务实施

1. 点菜准备

（1）熟悉菜单，了解菜单上菜名的原材料、制作方法、烹调时间、口味特点、装盘要求和菜品典故等；了解菜式单位，即一份菜的规格和分量等，通常以盘、斤、两、只、打、碗等来表示。如两只大闸蟹、一斤基围虾等。

（2）掌握不同人数的客人所需要的菜肴组成和分量。注意宾客在不同的地点、时间及不同的情绪下点菜的量不尽相同，要求服务员掌握宾客要求和心理，使分量恰到好处，避免浪费。

（3）了解宾客饮食习惯和口味特点。

（4）懂得上菜顺序、时机、佐料搭配及菜肴与酒水的搭配，当好宾客的参谋。

（5）能用流利的外语介绍菜肴。

2. 点菜

（1）接受点菜　礼貌问候客人，介绍自己，征询客人是否可以点菜。如："晚上好，先生，很高兴为您服务。我是点菜师小李，现在可以为您点菜吗？"

（2）介绍、推荐菜肴　注意观察，了解需求，主动推荐餐厅的特色菜、时令菜、畅销菜和高档菜；介绍时要做适当的描述和解释；注意分配适中，搭配合理（荤素、味型、营养、颜色、与酒水的搭配、价格等）；尽量使用建议性、选择性语言，不可强迫客人接受，并灵活处理各种情况。

① 客人所点菜肴重复或过多时，要及时提醒客人。

② 如果客人点了菜单以外的或已售完的菜品时，要积极与厨房联系，尽量满足客人的

要求，或介绍其他相应的菜肴。

③ 点鱼、虾等海鲜菜肴时，应征求客人对鱼、虾的重量要求或主动建议适当的重量。

④ 如客人点了需烹制较长时间的菜肴，要主动向客人说明，告知等待时间，调整出菜顺序。

⑤ 如客人需赶时间，要主动推荐一些快捷易做的菜肴。

⑥ 客人的特殊要求尽量满足。

特别提示：察言观色，了解需求，语气亲切，讲究语言艺术和推销技巧。

（3）填写点菜单　为客人点菜时，身体略向前倾，站姿美观大方，认真倾听；迅速而准确的记录；不可将点菜单放在餐桌上填写；当主人表示客人各自点菜时，服务员应先从坐在主人右侧的第一位客人开始记录，并站在客人的左侧按逆时针方向依次接受客人点菜；如果就餐客人实行ＡＡ制（即分单结账），可按餐厅内定的座位号记录每位客人所点的菜肴。写清台号、用餐人数、日期、服务员姓名、所点菜品名称和数量、上主食的时间、开单时间等信息，并注明特殊要求（如穆斯林宾客或素食宾客）；冷菜、热菜、点心、酒水分单填写。

特别提示：填单要迅速、准确、工整。

（4）确认内容　菜品点齐后，要向客人复述一遍所点菜肴及特殊要求，并请客人确认。

（5）推销酒水　根据客人所点菜肴及要求推销酒水。

（6）礼貌致谢　复述完毕，服务员收回菜单，感谢客人，告知客人大约等待的时间。

（7）下单　点菜单一般四联，为收银联、配菜联、划菜联、核对联。如是三联则减少划菜联或核对联。点菜单填好后，先交收银员检查并盖章，留下收银联，其余三联分送厨房、传菜员，服务员留下核对联，并尽量缩短客人等候的时间。

五、学习训练

（1）对点菜技能应做特别训练。能够解释菜单内容，说明菜肴的特色、主要原料、烹调方法等，并对菜肴与酒水进行正确的搭配。

（2）训练接受点菜的程序，包括推荐菜式、填写点菜单、询问酒水、回答问题、分送菜单到不同岗位等。

（3）设计不同情景，进行点菜模拟对话训练，注意点菜技巧和点菜语言艺术的训练。

（4）结合学生来自全国各地的特点，请每个学生给大家讲讲自己家乡当地的风味小吃、特色菜肴的烹调方法及历史典故。

任务六　分菜

一、任务描述

分菜服务是餐饮服务中技术性和展示性都很强的技能之一，特殊菜肴更是如此。无论是宴会还是零点餐，要事先征求主人的意见，是否需要帮他们分菜（重要宴会和国宴一定要分菜）。服务时要求服务人员操作卫生，分派均匀，动作敏捷、规范而优雅。

二、任务分析

无论在中餐厅还是西餐厅，餐厅服务员的工作之一就是分菜服务。分菜服务既体现着餐厅服务员的工作态度,又反映出餐厅的服务水平。分菜分为中餐分菜和西餐分菜,我们主要掌握中餐分菜。

三、知识链接

1. 分菜工具及使用

中餐宴会的分菜工具有分菜叉(服务叉)、分菜匙(服务匙)、公用勺、公用筷、长柄汤勺等。

(1)分菜叉、分菜匙　服务员右手握住叉匙把的后端,叉上匙下,匙面向上,叉面向上(或向下,视服务菜肴的品种而定)。在夹取菜点时主要依靠手指来控制。右食指插在匙把和叉把之间,与拇指配合捏住叉把,其余三指控制匙把,无名指在匙把上面,中指和小拇指在匙把下面(见图5-15)。分带汁的菜肴时,由位置在下的分菜匙盛汁。

图5-15　分菜手法

(2)公用勺、公用筷　服务员右手持公筷,左手持公勺,相互配合将菜肴分到宾客餐碟中。

(3)长柄汤勺　主要用于分汤菜,汤中有菜时,必须用公筷配合操作。

2. 分菜前的准备工作

将菜上桌,待客人观赏后,征得客人同意再分菜,把菜盘撤到接桌,然后左手垫上干净的餐巾将热菜托起,若是长盘,则须放于左前臂上,用左手指尖勾住盘底边,防止下滑,右手持分餐叉勺。

3. 分菜方法

站在客人左侧操作。左脚在前、右脚在后成丁字步,站立要稳,身体不能倾斜或倚靠宾客,目光与菜盘成一直线,腰部略弯,将菜盘虚压吃盘2~3cm,高于吃盘2~3cm,用右手使用分餐叉、勺分让,给每位宾客分菜的数量、色彩要搭配均匀,每道菜分完后,盘内要略剩1/10,将剩余的菜换小盘放在桌上,以示富余。

4. 分菜的顺序

由主宾开始,按顺时针方向依次分让。

四、任务实施

1. 分菜前的准备

要想熟练地掌握分菜技能，必须很好地了解各种菜肴的烹调方法、菜肴成品的特点（是整块还是小块带汁还是无汁）、菜肴的吃法等，才能在实际工作中运用自如。分菜前，服务员要整理好备餐台，备餐台上摆放好各种分菜用的工具和干净的餐碟等。值台服务员将菜肴端上桌，放在转盘边缘，转至主宾位，报菜名，然后旋转转盘，让每位宾客观赏菜肴，待宾客观赏完毕方可分菜。

2. 分菜

（1）餐位派菜法　要领是：给宾客换上干净的餐碟；将菜肴上桌向宾客展示介绍后，用左手垫上餐巾将菜盘托起，右手拿分菜叉、分菜匙进行分派。服务员站在宾客左侧，左腿在前，站立要稳，腰部略弯从主宾开始顺（或逆）时针依次分派菜肴。特点是效率高，适合汤汁的及块带状菜肴的分派。

派菜要做到一匙准，数量均匀，绝不能把一匙菜分给两位宾客，更不能从宾客的盘中往外拔菜；注意菜盘边与餐碟的衔接，防止菜汁滴落在餐桌上。

（2）餐桌分菜法　餐桌分菜法有一人操作和两名服务员配合操作两种。特点是效率高，但打扰客人，适合大型宴会等服务。

① 一人操作式。也称转盘分菜法。先将分菜工具放在相应位置，并将与宾客人数相等的干净餐碟有秩序地摆放在转盘上。将菜肴上桌示菜并介绍后，站在上菜位置，左手持长柄汤勺，右手持公筷或分菜叉匙将菜肴均匀地分到各餐碟中。迅速取托盘，从主宾右侧开始，按顺时针方向绕台进行，撤下前一道菜的餐碟后，从转盘上取菜送给宾客。

也可以采用边走边转边分的方法：服务员将菜肴向客人展示介绍后，右手持服务叉匙从转盘上将所上菜肴在客人右侧按先宾后主的顺序依次分入客人的餐碟中。

② 两人合作式。一名服务员分菜，另一名服务员为宾客送菜。分菜时服务员站在上菜位置，右手持分菜叉匙或公筷夹菜，左手持长柄汤勺接挡下方，以防菜汁滴落在餐桌上；另一名服务员站在宾客的左侧，把餐碟递给分菜的服务员，待菜肴分好后将餐碟放回宾客面前。

（3）旁桌分菜法　在宾客餐桌旁放置一辆服务车或备餐台，准备好干净的餐碟和分菜工具。将菜肴上桌，展示介绍后撤至服务车或备餐台上快速而均匀地将菜分好。分菜时应面向宾客，以便宾客观赏。菜分好后，服务员用托盘装好，将餐碟从客人的右侧送上。特点是规格高，少打扰客人，但节奏较慢，适合于长条桌或大圆桌。

（4）各客分菜法　也称厨房分菜法。由厨房工作人员按宾客人数将菜肴分成一人一份，再由服务员用托盘从宾客的右侧送菜。此法特点是规格高、效率高，减轻前台压力，装盘美观。常用于汤类、煲类、炖品和高档宴会分菜。

3. 分菜顺序

服务员分菜是代表主人接待客人，所以分菜的顺序和斟酒顺序一样，先主宾，然后按顺时针方向依次分让。

4. 分菜要求

（1）手法卫生　分菜前服务员要将手洗干净，用具要清洁；分菜时不要将卤汁弄出盘外或滴落在餐桌及宾客的衣服上。如有需要用手接触的菜品，应戴上一次性消毒手套进行操作。

（2）动作利索　要在保证分菜质量的前提下，以尽可能短的时间完成分菜工作，不致使后派到菜的客人等候过久；分菜时叉、匙不要在盘中刮出声响。

（3）分量均匀　分菜时要掌握好数量，做到心中有数。分给每位宾客的菜要大致相同，荤素、汁菜要搭配均匀；将菜肴的优质部位分给主宾和其他来宾，头、尾、残骨不能分给宾客。

（4）跟上佐料，并略加说明　在使用佐料时，在略作介绍后让宾客自行选择和添加。

（5）略有剩余　分菜完毕后，盘中应略有剩余，以示菜肴的宽裕，也可让喜欢该菜的客人添加。如是高档菜肴，应一次分均、分完。分剩的菜肴放回餐桌前一定要整理好，并放上服务叉匙，不要给客人以残羹剩菜的感觉。

（6）派送规范　分送菜品时，不可隔人上菜，更不可从宾客肩上或头上越过。

（7）特殊宴会分菜方法　遇有主要宾客带儿童参加宴会时，应先给儿童分菜，然后按顺序进行常规服务；遇有老年人多的宴会，应采用快分慢撤的方法进行服务，或在分菜时先少分，然后酌情添分；如果是商务宴会，服务员应在客人谈话出现短暂的停顿间隙，抓住时机向客人介绍菜肴，并以最快的速度将菜肴分给客人；如果是政府间的会晤或宴会，服务员除照顾好宾主外，也要照顾好翻译人员，应将易食或骨刺少的部位分给翻译，以保证翻译工作正常进行。

5. 特殊菜肴的分菜

（1）鱼类菜肴

① 清蒸鱼。左手握餐叉将鱼头固定，右手用餐刀把附在鱼身表面的配料拨下，再从鱼中骨由头顺切至鱼尾，然后将切开的鱼肉分向两侧脱离鱼骨；待鱼骨露出后，将餐刀横于脊骨与鱼肉之间，由鱼尾向鱼头处将鱼骨与鱼肉切开；当骨、肉分离后，用刀、叉轻轻将鱼骨托起放于备好的空盘内，再将上片鱼肉与下片鱼肉吻合，使之呈一整鱼状（无头尾）；同时餐刀与餐叉配合，将鱼肉切成若干等份，并用餐叉、餐勺将鱼肉分别盛于餐碟中送给客人。

② 干烧鱼、油浸鱼。与分清蒸鱼步骤相同。

（2）拔丝类菜肴

由两名服务员配合操作，一名服务员取菜分菜，另一名服务员将分好的菜肴快速地递给客人。

分菜时用公筷将菜肴夹起，拉丝并浸过凉开水后迅速分到餐碟里。动作要求快速、连贯、优美熟练，做到即拔、即浸，并注意拔丝效果。

分拔丝肉或拔丝鱼等菜肴时，要做到快而稳，注意不要将菜肴的外皮碰破。因为一旦破皮后，在蘸水冷却时水进入菜中往往影响菜肴的原有风味。

（3）造型菜肴

① 冬瓜盅。用冬瓜盅作菜肴的盛器时，只将盅内的菜肴分净即可。如冬瓜盅一同入菜时，因盅身较高，应作两次分让。先用公勺轻轻地刮下部分瓜肉，将配料、瓜肉、汤汁均匀地分给客人；上段分完后，左手持餐叉叉住盅身，右手持餐刀向下纵切瓜壁至适当长度，再将瓜壁横割一圈，切下整个瓜壁放在空盘内，再进行第二次分让。

② 雀巢花枝片。在进行带有"雀巢"两字的菜肴分菜服务时（如雀巢海鲜时蔬等），

应先将"雀巢"内的菜肴分装于餐碟内，然后用餐刀、餐叉将"雀巢"均匀地分切成所需的数量，与菜肴同分于一碟内，分送给客人。

③ 龙虾类。龙虾制菜有多种，如龙虾生吃（又名龙虾刺身）。将去掉头、尾、爪、皮的龙虾肉切片后，放在特制的盛器内（如龙船或异形冰盘等），将头、尾放在龙虾肉的两端，形成龙虾造型。分菜时，应由龙虾头部向尾部按片取拿，分送时应做到数量均等。待虾肉分完要将头、尾送至厨房，按客人的要求再行烹制，即所谓的龙虾二渡或龙虾三渡。

(4) 烩菜类

① 烩四鲜。即用海参、鱼肚、虾肉、兰片四种主要原料烹制而成。在分菜时，一定要做到份份均有四种成分，绝不可出现先分的是四鲜，后分的则变成三鲜或两鲜。

② 烩乌鱼蛋。是一道宽汁烩菜。分菜时要做到快入慢出，不可搅动（因为乌鱼蛋是靠菜肴中的淀粉汁托起，如搅动过多则出现汁澥，取出过快，则乌鱼蛋不易盛取）。取出时服务员手要稳，入碗分装要准，以免汤汁滴洒。

(5) 风味菜肴

北京烤鸭是一道合吃的菜肴，由客人自行动手取拿卷食。但遇有老年人多或儿童多的时候，则需分菜服务。其方法如下：服务员将餐碟摆放于菜肴的周围，放好鸭饼，然后逐一取鸭肉两至三片和葱蘸酱均匀放于饼上，分毕后转动转盘，并逐一将鸭饼卷好送给每位宾客。

(6) 汤类菜肴

① 清汤燕菜。是中餐宴席中一道高档菜肴。分此菜时，应先将盛器内的汤分入汤碗内，然后再将燕菜均匀分入汤碗内分送给客人。

② 醋椒鱼。应先将菜中的汤及附料分出，待鱼露出后，将鱼取出放入备好的空盘内，再将剔除鱼骨的鱼肉按等份均匀分入盛有汤及附料的碗中分送给客人。

③ 清汤鱼翅。先分翅后分汤。左手拿公勺，右手拿公筷，把翅夹进公勺里，放入客人的汤碗里，然后再加汤。

五、学习训练

(1) 菜肴介绍练习。说出每一菜系的代表菜菜名、特点、口味、主要原料、烹调方法、食用方法、历史典故等。

(2) 练习为中餐宴会上菜。重点训练上菜顺序和菜肴的摆放（多准备几套菜单，让学生自己选择菜肴盛器，决定上菜顺序）。

(3) 练习为中餐宴会分菜。按照分菜工具的拿法、分派数量的掌握、整体操作动作的协调性、分派速度的顺序进行训练；要求分菜工具拿法正确、分派均匀、整体动作敏捷连贯、姿势优美大方；在 2～3min 内完成十人位的派菜及餐桌分菜服务；在 5min 内完成十人旁桌分菜、分汤服务。

(4) 对一些特殊菜肴进行模拟分菜训练。在旁桌为客剔鱼脊骨、分原条蒸鱼一条，时间为 5min；上、分拔丝菜（十人位），时间为 3min。

(5) 几个人一组，分别模拟传菜员、上菜服务员、分菜服务员和客人角色进行操作训练，学生之间相互点评，教师总结。

任务七　其他服务技能

一、电话预订

1. 接听电话

铃响三声之内接起电话，问好并报餐厅名称。"您好！××餐厅，很高兴为您服务。请问有什么可以为您效劳？"

2. 记录信息

询问并详细记录就餐人数、时间、订餐标准、特别要求、订餐人姓名及联系方式等。

3. 重复预订

重复宾客预订内容，请宾客确认。礼貌告知宾客留位的最迟时间。

4. 礼貌致谢，期待光临

向客人致谢，"谢谢××先生/女士！希望能再次为您服务！"

5. 放下电话

待宾客挂上电话后再放下电话。

特别提示：铃响三声之内接听，声音愉悦；询问慢而清晰、亲切；记录准确无误；致谢热情有礼。

二、迎送宾客

1. 迎接宾客

（1）了解当天的客情，掌握团队和宴会的名称、人数、就餐时间及安排的餐厅。

（2）开餐前10min服务员应站在餐厅门口，准备迎接宾客。

（3）当宾客靠近餐厅约2m时，迎宾员或服务员主动上前迎接宾客并微笑问候："先生/女士，晚上好！欢迎光临！请问有几位？"如果是常客，应该能称呼宾客的姓氏。

（4）询问宾客是否有预订。如有预订，问清用谁的姓名预订的；如没有预订，则问清宾客来的人数。

2. 引领宾客

（1）走在宾客左前方1m左右，引领宾客到适当的座位，注意不断回头招呼宾客，提醒宾客注意台阶。

（2）服务员要主动接挂衣帽，并予以妥善保管。

（3）拉椅并示意宾客就座，如有儿童应提供儿童座椅。

（4）送上菜单、酒水单并祝用餐愉快。

（5）记录。完成上述服务后，迎宾员回到迎宾岗，将来宾人数、到达时间、桌号迅速记录在迎宾记录本上。

特别提示：站立迎宾不倚不靠，面带微笑，收腹挺胸，目光平视，双手自然交叉在腹前，右手在上，左手在下，双腿并拢站直。

3. 礼送宾客

（1）服务员在宾客起身准备离开时，上前为宾客拉椅。

（2）当宾客起身后，向宾客致谢并提醒宾客带好随身物品。

（3）走在宾客侧前方，把宾客送到餐厅门口。

（4）当宾客走到餐厅门口时，迎宾员上前再次向宾客致谢道别。

 **典型案例**

身价不菲的引座员

美国餐饮界一直有这么一个关于一位迎宾引座员的美谈。他叫格里庭，40岁左右，品貌并非出众，但他一直是美国身价最高的餐厅引座员，年薪约60万美元，为各大餐厅争相聘用的对象。

是什么原因使一个餐厅引座员身价如此之高？其秘密在于，他对人名和相貌有着特殊的记忆力，凡是他见过的人，无论时间间隔多久，第二次见面时他肯定能准确地叫出其姓名（如果知道其姓名）。因此，凡光顾过他所在餐厅的宾客，只要见过面，格里庭都能称呼其姓名，使宾客感到特别亲切，惠顾次数自然增多，餐厅生意自然兴隆。因此，各餐饮店老板争相聘用，使格里庭身价倍增。

个性化服务的一个非常重要的手段就是姓名辨认。

三、递铺餐巾

（1）客人入座后，值台服务员主动上前按女士优先、先宾后主的顺序为客人递铺餐巾。

（2）站在宾客右侧，用双手打开餐巾，右手在前，左手在后，将餐巾轻轻铺在宾客双腿上或将餐巾一角压在骨碟下。

（3）当需要在客人左侧操作时，应左手在前，右手在后，以免胳膊碰到客人胸部。

四、小毛巾（香巾）服务

1. 服务时机

宾客入座后；上完需用手剥食的菜肴后；上水果之前；客人示意结账后；客人用餐过程根据需要随时提供。

2. 香巾服务

客人入座后，提供第一次毛巾服务。将保温箱内折好的小毛巾放入毛巾托内，用托盘从客人右侧送上，摆在餐盘的右侧，并使用礼貌用语"请用香巾"。依据女士优先、先宾后主的原则，按顺时针进行。

3. 收撤香巾

客人用过后，征询客人意见，将小毛巾撤走。

4. 换湿香巾

用毛巾夹从保温箱内取出湿毛巾，放在毛巾篮里；用毛巾夹从宾客右边送上，放在客人的毛巾托里。

特别提示：服务员不得用手接触小毛巾；撤走用过的毛巾和递送新毛巾不能用同一个毛巾夹。

五、香烟服务

（1）根据宾客的要求，在订单上写清台号、香烟的种类及数量。

（2）凭订单从吧台或收银台处取烟。

（3）将香烟和火柴放在接碟内，用托盘端送，放在客人桌上，并礼貌告诉客人："这是您订的香烟"。

（4）得到客人的确认后，如客人允许，可将香烟一侧打开，取下1/3锡纸，轻敲底部，使香烟自行滑出2～3支，呈阶梯状。

（5）当客人准备吸烟时，应主动为其点烟。点烟时服务员应侧身将火柴向里侧划燃，除拇指、食指以外的其余三指稍向内呈弧形，当火苗稳定后，再给客人点烟。

（6）火柴梗摇灭后，放回火柴盒内。

（7）用打火机点烟时，应在宾客侧面将火打着，并注意调节火苗的大小，高度为1.5cm，然后再移送到客人面前。

特别提示：每次点烟不准连续超过两位客人。

六、撤换餐用具

撤换餐用具的意义是：卫生、礼貌，体现接待和菜肴的等级规格。

1. 中餐撤换餐具

（1）撤换餐用具的时机

① 上名贵菜肴之前。

② 凡装过鱼腥味菜肴的餐碟。

③ 凡吃甜菜、甜点、甜汤之前。

④ 食用风味独特、调味特别、芡汁各异的菜肴时。

⑤ 餐碟内残渣较多时。

⑥ 餐碟内洒落酒水时。

⑦ 口汤碗用一次调换一次。

⑧ 在上菜不及时的情况下，服务员可以利用撤换餐碟，来缓和宴会的冷场。

⑨ 宴会服务至少撤换三次餐碟，即上热菜之前、上主食之前和上水果之前。较高级的宴会要每道菜都调换餐碟，以显菜肴的名贵和口味的纯正。

（2）撤换方法　服务员侧身站在宾客的右侧，从主宾开始，按顺时针方向进行。撤换前有示意或说："对不起，给您换个骨碟。"使用托盘，先撤后上，边撤边换。严格来说，撤换餐具应有两名服务员同时进行，即一名撤下脏餐具，另一名送上干净的餐具。

（3）注意事项

① 手法要卫生。左手腕处要放一毛巾或餐巾，用于擦净手指沾上的卤汁；干净的和脏的餐碟要分开叠放，碟内的剩余食物要集中倒入同一脏餐碟内。撤酒水杯时，要拿杯柄或杯子下半部。

② 尊重宾客的习惯。中餐撤碟不撤筷，调换餐碟后要将筷子原样放到干净的餐碟上；个别宾客还没吃好，新菜又上来了，这时可先送上一只干净的餐碟，并保留其原来的餐碟，待吃完后再进行个别撤碟。

③ 撤前征求意见。应在客人吃好后再进行撤换，对似好非好的，可征求一下意见。

④ 托盘要稳。随着撤换餐具的进行，托盘中餐具的数量、重量、重心都在不断地变化，所以，左手指要根据托盘重心的变化作相应的受力调整，掌握好托盘重心。

⑤ 动作要轻、稳，防止餐具发出声响。

2. 西餐撤换餐具的方法

（1）撤换时机

① 宾客每吃完一道菜就要撤去一副刀叉。

② 待宾客食用甜品时，即可撤下胡椒盅、盐盅、调味架。

③ 在宾客未离开餐桌前，不能撤去酒杯、水杯，但经征求意见后可撤去啤酒杯和饮料杯。

④ 观察宾客刀叉的摆法。当宾客将刀叉平行放在盘上时，表示不再吃了，当同桌大多数客人都这样表示后，就可以撤盘；如果刀叉搭放在餐盘两侧，表明宾客还将继续用餐，不能撤盘。

⑤ 观察宾客汤匙的摆法。如果宾客将汤匙放在汤盘或垫盘边上，表示还未吃完，此时不能撤盘；如果将汤匙底部朝上，或将汤匙柄正对自己的心窝处，应马上征询宾客意见，弄清情况后再作处理。

（2）撤换餐具的方法

① 撤盘时，首先向客人礼貌示意，站在客人右侧，左手托盘，右手操作；先撤下刀叉，餐刀、餐叉分开放入托盘，然后撤餐盘，按先宾后主、女士优先的原则，顺时针方向依次进行。

② 换酒杯时，应从客人的右侧，按先宾后主、女士优先的原则，顺时针方向依次进行，将酒杯放在正确位置。操作时不允许酒杯碰撞。

3. 撤菜盘的方法

（1）及时撤盘。当宾客吃完一道菜后服务员应先询问是否可以撤掉，宾客给予肯定答复后才能撤桌。

（2）撤盘时要为上下一道菜准备条件，上菜和撤盘不能双手交叉进行。

（3）左手托盘，右手撤盘，不能将托盘放在餐桌上收菜盘。

（4）徒手撤盘时，站在宾客右侧，先用右手撤下，再移到左手上，左手要移到宾客身后。

（5）撤盘时手指不能伸入盘内，不能将残菜或汤汁洒在餐桌上、地面或宾客身上。

（6）撤盘时严禁从宾客头顶越过；并禁止当着宾客的面刮盘。

4. 撤换烟灰缸

服务时，发现烟灰缸里有烟蒂或杂物，应及时撤换烟灰缸。

用托盘托上干净的烟灰缸，走到宾客面前说"对不起，给您换个烟灰缸"后，右手拿起干净的烟灰缸放在脏烟灰缸上，再同时把两只烟灰缸拿起放在托盘上，重新拿起干净的烟灰缸放回原位。这样可以避免烟灰飞扬。撤下的烟灰缸一定要做好防火安全检查，看是否有未灭的烟蒂。

特别提示：烟灰缸内不应超过两个烟蒂。

七、结账服务

1. 结账程序

（1）接受宾客结账　当客人示意结账时，服务员应请客人稍等并迅速到收银台取出客人的账单。

特别提示：要求4min内递上账单。

（2）核对账单　核对台号、项目与金额是否正确。

特别提示：保证账单正确。

（3）递送账单　将账单放入账单夹内，将账单夹打开，从客人的一侧递送给客人。并使用礼貌用语："先生/女士，这是您的账单，请过目。"

特别提示：不能主动报出账单总额，不能让其他客人看到账单。

（4）解释账目　"您的这笔账是×××。"

特别提示：耐心解释，声音愉快，讲话慢而清晰。

（5）为宾客结账　宾客付现金、出示信用卡或支票签单后，应礼貌致谢，并送交收银台办理结账手续。

（6）再次感谢宾客。

2. 结账方式

（1）现金结账

① 当宾客面点清现金（唱收适当）。

② 问清宾客是否需要发票。

③ 将现金交给收款员。

④ 核对找回的零钱及账单是否正确。

⑤ 将零钱与发票放入账单夹，递交给宾客。

（2）信用卡结账

① 确认客人的信用卡是否是本饭店受理的信用卡，查验信用卡的有效期、持卡人的姓名、性别、身份证。

② 将信用卡、身份证和账单送交收银台。

③ 收款员再次检查信用卡有效期、持卡人姓名、性别、身份证，并核对信用卡公司的注销名册，确认无误后，填写信用卡表格，刷卡办理结账手续。

④ 递上账单和信用卡表格，请客人确认账单金额并签字。

⑤ 将信用卡、表格的顾客留存联、身份证和发票交给客人。

（3）签单结账

① 请宾客签上房号和姓名或协议单位名称和姓名。

② 请宾客出示房卡或协议签单证明。

③ 核对房卡上的姓名、房号及离店日期是否相符。

④ 签过字的账单交给收款员再与电脑核对。

⑤ 收款员将账单的第二联交总台，以便客人离店时付款。协议客人账单的第二联交财务部，由财务部定期同消费单位结账。

特别提示：保证宾客签单与房卡相符。

(4) 支票结账

① 核对支票的有效期限，请客人出示有效证件，检查支票的有关印章，请客人告知联系电话。

② 将支票、账单及持票人有效证件交收款员办理结账手续（如填写支票、记下客人姓名、证件号码和联系电话）。

③ 将支票的副联、发票及客人的有效证件放入账单夹交与客人。

八、学习训练

(1) 安排数批"客人"进行模拟迎宾、引宾入座、递送香巾、问茶、斟茶、递送菜单的服务技能训练。

(2) 进行现金、信用卡、支票、签单等结账方式的训练。

(3) 进行撤换餐用具及台布的训练。

(4) 进行中餐零点电话预订受理模拟训练。

> **本节思政教育要点**
>
> 餐饮服务员在平时要苦练服务技能，使自己具备较高的服务本领。
>
> 在为客人提供服务时，一定要放平心态，为每一位顾客提供优质的服务，这样才能获得客人的尊重。

 典型案例

向推销员推销

在北京一家餐厅，下午两点多，服务员接待了四位操江浙口音的男士。他们入座后并不着急点菜，只是一个劲地喝饮料。当服务员走上前再次询问客人用点儿什么菜时，只听有人说："腿都跑细了，身子也像散了架，真不想吃东西。"服务员从他们随身携带的产品说明书等分析，他们可能是搞产品推销的，便主动招呼说："各位是搞产品推销的吧？"客人答："你算猜对了，今年丝绸产品出口量大大减少，厂里积压了一大批货，再推销不出去，职工的工资都难发了，这顿饭你就代我们随便点了吧。"服务员立即由衷地说："这么热的天，你们满城去找商场、百货商店跑推销，实在够辛苦的。这样吧，我先给各位上啤酒和四个凉菜，然后再上一个锅贴酿豆腐、一个四川白肉、一个清蒸鱼、一个青椒肉丝、一个榨菜肉丝汤和两盘小笼包子，怎么样？这是本餐厅物美价廉、清淡可口的夏日菜肴，欢迎各位品尝。"饭后，本来就没有胃口的四位男士，高兴地对服务员说："谢谢你的热情服务，这顿饭我们吃得非常开心，也恢复了体力，下次还到你们餐厅用餐。"

评析

点菜服务是一门艺术，需要用心去完成。

首先，服务员应该用心了解宾客。案例中服务员通过细心观察，对宾客的身份做出了准确的判断，为成功地推销开了个好头。其次，服务员应该用心了解菜单。案例中服务员向宾客推荐了令其满意的菜肴，与服务员对菜肴的熟悉不无关系。再次，服务员要用心设计自己的服务语言。恰到好处的语言运用，是服务员与宾客之间进行沟通、彼此了解，最后达到满意服务的重要因素。案例中服务员善解人意，语言亲切，创造了轻松愉快的沟通氛围，一下子拉近了与宾客的距离，取得了宾客的信任，为宾客请其代为点菜打下了基础。最后，服务员应该用心感动宾客。案例中服务员代宾客点菜时，不是一味地推销高价菜肴，而是从客人的实际情况出发，站在客人的角度为其点菜，这种诚心必然感动客人，餐厅何愁没有回头客。

复习思考题

1. 斟酒有哪些要领和注意事项？
2. 如何进行点菜服务？
3. 旅游涉外饭店餐厅常见的结账方式有哪几种？各自的要领是什么？
4. 分别设计托盘、餐巾折花、摆台（中餐宴会和西餐宴会）、斟酒、点菜、上菜、分菜、撤换餐用具等技能的考核评分标准。
5. 中餐撤换餐碟的时机有哪些？
6. 中餐宴会上菜顺序及上菜注意事项是什么？
7. 中餐有哪几种分菜方式？各自的要领是什么？

项目二 中餐服务技能训练

任务一 中餐零点服务

一、任务描述

中餐厅是提供中式菜点、饮料和服务的餐厅,是我国饭店餐饮部门的主要销售场所。零点餐厅是指宾客自行安排,随点随吃,吃完自行结账的餐厅。在客人来到餐厅后才临时点菜的服务方式,称为零点服务。零点餐厅通常设置散台,并接受预约订餐。

二、任务分析

零点餐厅主要接待散客就餐,宾客到达时间交错,就餐时间不统一,随点随吃;宾客构成复杂,口味爱好、就餐习惯和用餐需求不同;服务员一般要服务多个餐台,餐厅接待工作量很大。要求服务员要有全面的服务知识和过硬的基本功,要眼观六路、耳听八方,做到接一安二招三顾四;了解当天厨房的供应情况、菜肴的烹调时间及客人口味特点和基本心理需求,提高推销能力;在迎宾、点菜、开单、上菜、结账、送客等环节中,做到迅速、快捷,及时地处理各种应急情况,有条不紊地接待每一台、每一批就餐宾客。

三、知识链接

零点餐厅服务程序可分为餐前准备、开餐服务、就餐服务、餐后服务与结束工作四个主要环节。按时间分为零点早餐服务和零点午、晚餐服务。

四、任务实施

(一)中餐零点早餐服务

零点餐厅服务程序可分为餐前准备、开餐服务、就餐服务、餐后服务与结束工作四个主要环节。

1. 餐前准备

(1)餐前短会 即以列队站立形式,由主管或领班召开的简短的班前会。总结前一天的工作,介绍当日情况,强调注意事项,分派任务,检查仪容仪表,激励员工,形成营业气氛。

(2)清洁工作 按餐厅卫生要求,对地面、墙壁、餐桌椅、备餐台、绿化等进行清扫整理，使环境整洁、优雅。

（3）准备物品　开餐前做好如下准备工作。

① 备好宾客就餐所需的餐用具，包括杯、碟、碗、筷、匙、牙签筒、烟灰缸等。

② 准备各种服务用品，如托盘、服务巾、点菜单、笔、开瓶器等。

③ 备好调味品、茶叶、开水、冰块、洗手盅、小毛巾等开餐前物品。

④ 备齐酒水饮料，并检查其质量。

（4）铺设餐台　按照早餐摆台的规范进行。

（5）了解情况　服务员要了解当天的预订情况、客人的特殊要求、点心供应品种及特色菜肴等。

（6）设备检查　开餐前检查所有照明设备、空调及音响设备是否正常，发现问题及时报修。

（7）全面检查　准备工作完毕后，服务员自查，并由主管或领班进行抽查或全面检查，内容包括：餐厅的布置、环境卫生、餐用具的配备与摆放、服务员的仪容仪表及精神状态等。

2. 开餐服务

（1）迎宾工作

① 开餐前5min，服务员站在分管的岗位上等候开餐，准备迎接客人。

② 当客人进入餐厅时，迎宾员要面带微笑，礼貌问候，问清人数后将宾客引领到合适的餐桌就座。注意要将宾客引领到不同的服务区域，以保证服务质量。

③ 值台服务员上前问好，协助迎宾员为宾客拉椅让座，并为带小孩的客人送上儿童椅。

（2）餐前服务

① 调整餐位。根据客人人数增减餐椅，使用托盘增、撤餐茶具。

② 递巾送茶。从宾客右侧递送小毛巾。礼貌询问宾客喝什么茶，介绍茶叶品种，按需开茶。为客人开茶时，应使用茶勺，注意茶叶量和卫生。在客人右侧按规范斟倒第一杯礼貌茶，一般以七八分满为宜。

③ 填写点心卡。根据客人人数填写点心卡，记上台号、茶位、签上服务员姓名，把点心卡送上餐桌。

④ 撤收筷套，收回小毛巾。在客人右侧操作。

3. 就餐服务

（1）推销点心　开好茶位后，推销员分别将各种早茶车推至宾客面前，介绍当天供应的点心品种。

（2）上点心并记录　客人要点心后，要迅速服务并在点心卡上记录或盖印章。

（3）巡台服务　勤巡视、勤斟茶、勤换烟灰缸，及时收走空笼空盘，保持台面整洁。

4. 餐后服务与结束工作

（1）结账服务　宾客示意结账时，应迅速将点心卡交收银员计算汇总，并备好账单，按规范为客人办理结账手续。要注意同桌中有无搭台的宾客，若有则应分清账单，不可错单、漏单和走单。

（2）送客　宾客离座时，帮助拉椅，提醒客人带好随身物品或打包食品，再次致谢并与客人道别。

（3）清理台面　检查是否有客人遗留物品，如有则立即还给客人或交餐厅经理处理。迅速整理餐椅、清理台面。先收餐巾和小毛巾，再收茶具和其他餐具。注意分类摆放。

台面清洁后，重新摆台，准备迎接下批客人。早餐结束，所有客人离开餐厅后，清理餐厅卫生，按零点午餐要求摆台，并做好接待前的准备工作。

5. 注意事项

（1）当茶壶中剩1/3茶水时，应为客人添加开水，切忌茶壶内茶水已空才添加并且要在客人面前或餐桌上用水壶加开水。

（2）发现茶色较浅时，可酌情在茶壶内加点茶叶。

（3）收空笼空盘时，注意核对点心卡上是否有相应盖印。

（二）中餐零点午、晚餐服务

中餐的午、晚餐比较正式和隆重，消费水平相对较高，因此对于餐厅而言，午、晚餐的服务是非常重要的，服务程序比早餐复杂、繁琐。

1. 餐前准备

（1）餐前短会　通报当日客情，分配任务，强调当日营业注意事项、VIP宾客的接待要求等。

（2）清洁工作　按餐厅卫生要求进行清扫整理。

（3）准备物品　备好酒水、饮料、茶叶、开水、各种佐料、开餐物品，将服务用品、备用餐具摆放在规定的位置，要求摆放整齐美观，方便使用。

（4）铺设餐台　按照午、晚餐摆台的规范进行。

（5）了解情况　服务员要了解当天菜肴和酒水的供应情况，包括时令菜、风味菜、当日厨师长特别推荐菜，特别是当日急推菜、断档菜等，以便做好解释和推销工作。

（6）设备检查　开餐前1h检查所有电器设备是否正常，发现问题及时报修。

（7）全面检查　准备工作完毕，要对餐厅环境布置与卫生、餐用具的配备与摆放、设备运转情况及宾客预订落实、服务员仪表等项目进行全面检查，进入营业状态。

2. 开餐服务

（1）热情迎宾

① 开餐前5min，服务员各就各位，准备迎接客人。

② 当客人进入餐厅时，迎宾员面带微笑，礼貌问候，并问清是否有预订和用餐人数后，按规范引领宾客到合适的餐位。

（2）合理引座　引领座位时要注意以下几点。

① 一张餐桌最好是安排同一批就餐的宾客。

② 要按照一批宾客的人数多少去安排大小合适的餐桌。

③ 服饰漂亮的客人可以安排在餐厅中心引人注目的位置。

④ 情侣尽量安排在安静及景色优美的餐位。

⑤ 老年及身体欠佳的宾客，尽可能安排在远离空调风吹处及距餐厅门口较近位置。

⑥ 残疾客人，尽可能将其安排在能挡住残疾部位且方便宾客就餐的位置。

⑦ 若是一批外向型的宾客，应安排在包房或餐厅靠里面的地方，以免干扰其他客人。

⑧ 若有儿童就餐，要及时送上儿童椅，并换上不易打碎的餐具。

⑨ 对带宠物来餐厅的客人，应婉言告诉客人宠物不能带进餐厅。

⑩ 先到餐厅的客人尽量安排在靠窗口或靠门口区域的餐位，以便招徕客人。

⑪ 餐厅客满时，可为在休息厅等候用餐的宾客提供菜单和酒水服务。迎宾员要注意根据宾客到达和登记的先后次序，安排他们入座就餐。如果客人不愿意等候，主动帮助联系本饭店的其他餐厅，尽量安排客人在本饭店就餐。

（3）拉椅让座　迎宾员将宾客带到合适的餐台后，值台服务员应主动上前问好并协助迎宾员的为客人拉椅让座。

（4）餐前服务

① 增减餐位。服务员视客人人数多少，增减餐椅，增撤餐酒具。

② 送菜单。当客人入座后，迎宾员打开菜单的第一页，站在客人的右后侧，按先宾后主、女士优先的原则，依次送菜单。

③ 递巾送茶。服务员及时送上香巾，问茶并按需开茶，逐位斟倒礼貌茶。

④ 铺放餐巾，撤筷套。将餐巾解开铺在客人双膝上，如客人一时离开，可铺在餐碟底下。撤筷套要在客人右侧进行。

⑤ 上调味品。在客人的右侧服务调味酱油或醋。斟倒量以味碟的 1/3 或 1/2 满为宜。

⑥ 收香巾。用毛巾夹收走香巾。

餐前服务过程中，如宾客示意点菜，则应先接受客人点菜，然后再提供相应的餐前服务。服务时从主宾开始，按顺时针方向依次进行。

（5）接受点菜、点酒水，开单送单

服务员在为宾客点菜前，要通过看、听、问等方法，了解宾客的身份、职业、就餐目的、消费水平及就餐时间的急缓程度等情况，以便有针对性地为宾客服务。

开完点菜单和酒水单，服务员要迅速将订单送至各部门，以减少宾客等候的时间。

3. 就餐服务

（1）上酒上菜与分菜

① 根据所点酒水摆上相应的酒水杯；从主宾开始问斟酒水后，征求客人的意见将茶杯撤走。

② 冷菜尽快送上，以免客人久等。

③ 第一道热菜一般在 10min 以内出菜，上菜速度根据客人的就餐快慢而定。

④ 上菜前要核对桌号、菜肴名称、卫生情况，以免出错。

⑤ 所有热菜加盖后，由传菜员传至餐厅，再由值台服务员端菜上桌。

⑥ 每上一道菜都要报菜名，简单介绍风味特点，重点菜肴介绍吃法；如有佐料要同时跟上。

⑦ 上热菜时，要加公匙和公筷；上汤时，配公勺，为宾客分汤；上需用手剥食的食品时，要跟上洗手盅和毛巾，并说明洗手用途。

（2）席间服务

① 在宾客点菜后 30min，检查菜肴是否上齐。若未上齐，应及时查询催菜，尽量减少宾客的候餐时间，同时向宾客道歉。

② 随时斟酒倒茶。

③ 及时撤去空盘、空瓶，勤换烟灰缸，更换餐碟、小香巾，保持台面整洁。

④ 客人席间离坐，上前帮助拉椅、撤餐巾，回座时再帮助拉椅、递铺餐巾。

⑤ 如果宾客点的菜已销售完，应及时通知客人，向客人道歉并征求客人意见，是否需要换别的菜，并向客人推荐类似的菜肴。

⑥ 如果宾客进餐中提出加菜时，应主动了解其需要，快速开单下厨，给予满意处理。

⑦ 菜单落好后，如客人嫌等菜时间太长，提出不要时，服务员按下述办法处理：如该菜还未做，可为客人取消；如菜已送上餐桌，应向客人解释并介绍该菜品的特点，请客人品尝；如经动员后客人仍不想要，服务员应礼貌地向客人说明需收回该菜的损失赔偿费，并立即退回厨房处理。

⑧ 客人点菜后因有急事要离开，提出退菜时，首先和厨房联系，取消未做的菜肴，尽快传上已做好的菜肴，迅速为客人打包；或征求客人意见是否同意将食品保留等待办事完毕再吃，但要先办理好付款手续。

⑨ 当宾客对菜肴的质量有意见时，服务员应冷静考虑，认真对待，确有质量问题，在诚恳道歉后及时加以妥善解决。

⑩ 二次推销。根据宾客用餐情况，及时向宾客推荐菜肴、酒水和饮料。

⑪ 菜上齐后，向宾客介绍甜品、水果。

⑫ 宾客用餐完毕，撤走餐台上除烟灰缸、牙签、茶具和有饮料的水杯以外的其他餐具。

⑬ 上甜品、水果。上甜品前，先上干净的汤碗、匙羹、公勺、勺座，并主动分派甜品。上水果前，视品种送上餐碟、水果刀叉。上水果后立即送上热毛巾。用完水果后问茶。

⑭ 无论上菜、分菜还是撤换餐具，操作时要小心谨慎，绝不能将汤汁洒到宾客身上、餐桌或地面上。如果汤汁洒到宾客身上，首先向客人道歉，征求客人意见后，用干净的餐巾为客人擦拭。如果污染得比较严重，可为客人免费清洗。注意男员工不能为女宾客擦拭衣服，可请女服务员帮忙。

4. 餐后服务与结束工作

（1）结账服务　宾客示意结账后，服务员按规范递送账单进行结账服务。

（2）征求意见　宾客即将离开餐厅时，服务员要主动征求宾客的意见，并礼貌致谢。

（3）热情送客　宾客起身离座，应主动上前拉椅，并提醒客人带好随身物品或打包食品，向客人致谢并道别。

（4）餐后结束工作　当宾客离开后，要再次检查是否有遗留物品。检查是否有未熄灭的烟头，并迅速清理餐桌。先整理餐桌椅，再按餐巾、小毛巾、酒水杯、刀叉筷匙小件餐具、汤碗及餐碟等个人餐具、公用大餐具、台布的顺序分类收拾。台面清理干净后，重新按规范摆台，迎接下一批宾客。

当餐厅全天营业结束，宾客全部离开餐厅后，服务员要做好结束工作。

① 清洁场地。按规定要求收拾餐台，清扫地面，重新铺上台布，整理餐椅。

② 分类送洗。当天用的台布、餐巾要及时送洗衣房洗涤。餐用具送洗涤间清洗、消毒。

③ 整理餐用具。尚未使用的餐用具要归类存放；花瓶、台号及调味品盛器要擦洗干净；转盘要重点擦洗，不留油渍和水迹；点菜单、笔、菜单等放在统一位置；清点并补充备餐台内的物品。

④ 工作小结。每天工作结束后，服务员要整理宾客意见，填写工作记录，以利今后工作的提高。

⑤ 安全检查。注意是否有烟蒂等火种存在，关闭门窗和所有不用的电器设备，确保餐厅安全。待领班和主管全面检查后，才能离开餐厅。

餐厅结束工作与餐前准备工作一样，必须分工负责，责任落实到人。

（三）特殊问题处理

餐饮服务中会遇到各种各样的问题，服务人员既要按既定的方针和原则，又要灵活而恰到好处的妥善处理这些问题，赢得宾客的满意。

1. 儿童客人

服务时要主动提供儿童椅，并将餐桌上易碎的餐具挪至远离儿童处，提醒家长注意烫的食物，随时注意儿童的安全。注意不要随意抚摸孩子的头和抱孩子，没征得其家长同意，不要随便给孩子东西吃，更不能单独把他们带走。

2. 残疾客人

一般残疾客人的自尊心都比较强，为其提供服务时，应做到尊重和适当的照顾。服务过程中要灵活帮助他们，使他们感觉到是帮助而不是同情。一般安排在靠门附近或能遮挡残疾部位的席位。对双目失明的客人，应将菜单内容读给他们听，告诉他们上菜的位置；对聋哑客人，要用笔和纸或手语交流；右手残疾的客人，应将筷子放在左手边或提供餐勺。

3. 突发急病的客人

服务时要镇静、迅速和妥帖。客人在用餐过程中因兴奋、激动、饮酒过多等原因突发急病时，服务员不要惊慌，应立即打电话给急救中心并向领导汇报，同时，保持镇静，尽量避免打扰其他客人用餐。在急救车到来之前，有条件的将病人转移到安静的房间内，但要注意心脏病、脑出血之类的病症，千万不要移动病人，否则后果会更糟。严禁擅自送药给客人。食物原样保存，留待化验。

4. 醉酒客人

客人在餐厅醉酒时，要婉言拒绝提供酒精饮品，可提供果汁等软饮料，并要有礼貌地谢绝客人的无理要求。遇到困难时可以请求同来的其他客人或上级帮助。如客人醉酒较重，最好由男服务员为客人服务。如有呕吐，应立即清理污物，送上热菜和小毛巾，不可显出不悦的表情。如有客人醉后借机打架，打砸家具、餐具，服务员应立即与保安部门联系，请求协助，尽快平息事态，并记下被损家具和餐具的数量，查清金额，请宴会同来的清醒者签字，事后要求肇事者赔偿。

5. 突然停电

如发生意外停电，首先应保持镇静，稳定客人情绪，向客人致歉并告知客人只是临时停电，请勿随意走动，以免造成意外伤害。立即采取应急照明措施，如点燃蜡烛、点亮应急灯，并特别注意走廊和洗手间照明；同时注意就餐客人情况，避免发生趁乱逃账现象。

6. 发生火灾

发生火灾时，应保持镇静，并立即报告总机。初期火灾可组织人员自救，大声告知客人不要慌乱，听从工作人员指挥，组织客人从安全通道疏散，但不能乘电梯。如有浓烟，协助客人用湿毛巾捂住口鼻，弯腰行进。不要轻易打开任何一扇门，以免引火烧身，开门前要先用手摸一下门是否有热度。疏散到安全区域后，不可擅自离开。收银员应尽量保护钱款和账单的安全，以减少损失。

　　7. 客人餐后要求餐厅代其保管食品或酒品

　　遇到这种情况，服务员可耐心向客人说明，为了防止意外及对客人的健康负责，餐厅规定一般不代为客人保管食品。服务员可主动为客人打包，请客人带走或在征得客人同意后，将剩余食品整理好送到客人房间。有时，客人要求临时将食品放在餐厅里暂存一段时间，服务员可请示领导后为客人代存。存前将食品包好，写好标签，放在冰箱内，服务员之间要交接清楚，要有专人负责，待客人来时及时交给客人。

 典型案例

　　一个深秋的晚上，三位客人在某中餐厅用餐。他们在此已坐了两个多小时，仍没有去意。服务员心里很着急，到他们身边站了好几次，想催他们赶快结账，但一直没有说出口。最后，她终于忍不住对客人说："先生，能不能赶快结账，如想继续聊天请到酒吧或咖啡厅。"

　　"什么！你想赶我们走，我们现在还不想结账呢。"一位客人听了她的话非常生气，表示不愿离开。另一位客人看了看表，连忙劝同伴马上结账。那位生气的客人没好气地让服务员把账单拿过来。看过账单，他指出有一道菜没点过，但却算进了账单，请服务员去更正。这位服务员忙回答客人，账单肯定没错，菜已经上过了。几位客人却辩解说，没有要这道菜。服务员又仔细回忆了一下，觉得可能是自己错了，忙到收银员那里去改账。

　　当她把改过的账单交给客人时，客人对她讲："餐费我可以付，但你的服务态度却让我们不能接受。请你马上把餐厅经理叫过来。"这位服务员听了客人的话感到非常委屈。其实，她在客人点菜和进餐的服务过程中并没有什么过错，只是想催客人早一些结账。

　　"先生，我在服务中有什么过错的话，我向你们道歉了，还是不要找我们经理了。"服务员用恳求的口气说道。

　　"不行，我们就是要找你们经理。"客人并不妥协。

　　服务员见事情无可挽回，只好将餐厅经理找来。客人告诉经理，他们对服务员催促他们结账的做法很生气。另外，服务员把费用多算了，这些都说明服务员的态度有问题。

　　"这些确实是我们工作上的失误，我向大家表示歉意。几位先生愿意什么时候结账都行，结完账也欢迎你们继续在这里休息。"经理边说边让那位服务员赶快给客人倒茶。在经理和服务员的一再道歉下，客人们终于不再说什么了，他们付了钱，仍面含余怒地离去了。

　　请分析此案例。

五、学习训练

　　（1）开餐前会及餐前准备模拟训练。

　　（2）训练学生养成良好的工作习惯，如工作台的准备与布置及开餐期间物品的收拾与摆放等。

（3）餐厅服务用语和情景模拟对话训练。

（4）对零点服务应作特别训练。能够解释菜单内容，说明菜肴的特色、主要原料、烹调方法等，并对菜肴与酒水进行正确的搭配。

（5）训练接受点菜的程序，包括推荐菜式、填写点菜单、询问酒水、回答问题、分送菜单到不同岗位等。

（6）几个学生一组，设计不同情景，进行零点服务模拟训练，注意点菜技巧和点菜语言艺术的训练。

任务二　中餐宴会服务

一、任务描述

教师首先对中餐宴会预定和服务进行示范演示，然后对学生进行实践指导，最后再通过学生的模拟训练，使学生掌握中餐宴会预订和服务的知识与技能，并具备处理服务中一些突发事件的能力。

二、任务分析

宴会是政府机关、社会团体、企事业单位或个人为了表示欢迎、答谢、祝贺等社交目的以及庆贺重大节日而举行的一种隆重、正式的餐饮活动。宴会具有经营活动多样性、消费标准差异性、设计范围广泛性和组织实施细致性等经营特点。宴会服务的成功与否，直接影响饭店的声誉和经济效益。

三、知识链接

宴会活动包括宴会预订和宴会服务两个方面。

（一）宴会预订

宴会预订是一项具有较强专业性和较大灵活性的工作。预订过程既是产品推销过程，又是客源组织过程，所以饭店应根据宴会举办者要求，积极推销，受理预订，并组织各项宴会服务工作。

1. 宴会预订方式

预订方式主要有当面预订、电话预订、信函预订、传真预订、中介预订、网络预订、政府指令性预订。

2. 宴会预订程序

（1）接受预订

（2）填写宴会预订单

（3）填写宴会活动记录簿

（4）签订宴会合同

（5）收取订金

（6）跟踪查询

（7）确认和通知

(8) 取消预订
(9) 信息反馈
(10) 建立宴会预订档案

(二) 宴会服务

中餐宴会服务可分为四个基本环节,即宴会前的准备工作、宴会开餐服务、宴会就餐服务、宴会餐后服务与结束工作。

四、任务实施

(一) 宴会预订操作

(1) 接受预订　宴会预订员应热情、礼貌地接待每一位前来预订的客人。认真倾听宾客对宴会的要求,与客人详细讨论所有的宴会细节,并做好必要的记录。注意不要随意打断客人的谈话,同时应主动向客人介绍饭店的宴会设施和宴会菜单,做好推销工作,并回答客人的所有提问。

(2) 填写宴会预订单　根据面谈细节信息逐项填写清楚主办单位(或个人)的名称、宴会名称、宾主身份、宴会的时间、人数、标准、场地布置要求、菜肴酒水要求、付款方式和其他特殊要求等。宴会预订单填写好以后,应向客人复述,并请预订客人签名(见表5-1)。

表5-1　宴会预订单

```
编　　号＿＿＿＿＿＿＿＿＿＿＿
宴会名称＿＿＿＿＿＿＿＿＿＿　　预订者＿＿＿＿＿＿＿＿＿＿＿
地　　址＿＿＿＿＿＿＿＿＿＿　　联系电话＿＿＿＿＿＿＿＿＿＿
宴请时间:由＿＿＿＿至＿＿＿＿　星期/日期＿＿＿＿＿＿＿＿＿＿
宴会类别＿＿＿＿＿＿＿＿＿＿　　宴会场地＿＿＿＿＿＿＿＿＿＿
菜单价格＿＿＿＿＿＿＿＿＿＿　　饮料价格＿＿＿＿＿＿＿＿＿＿
预订人数＿＿＿＿＿＿＿＿＿＿　　最低人数＿＿＿＿＿＿＿＿＿＿
订　　金＿＿＿＿＿＿＿＿＿＿　　其他费用＿＿＿＿＿＿租金＿＿
结账方式＿＿＿＿＿＿＿＿＿＿　　注意事项＿＿＿＿＿＿＿＿＿＿
预订单发送日期＿＿＿＿＿＿＿　　发送人＿＿＿＿＿＿＿＿＿＿＿
```

菜单与临时酒吧:	宴会厅布置: 宴会指示牌: 台型摆放: 布件: 花草: 工程装潢: 宴请设备要求: 　签到台　演讲台　麦克风　黑板　文具 　会议桌　摄影机　电视　录像机　幻灯机 　电影机　银幕　射灯　表演台　舞池 　音响　台花　照相员　指示板

发送部门:前厅　总机　总经理室　财务部　工程部　客户部　餐饮部　安全部　酒吧　厨房　行李部　公关部
　　　　　采购部　宴会部

(3) 填写宴会活动记录簿　填写清楚宴会的地点、日期、时间、人数、用餐标准、厅堂布置等内容,注明是否收取押金的标记。

（4）签订宴会合同　一旦宴会安排得到确认，就可签订宴会合同。经双方签字后生效。宴会合同一式二份，双方各执一份，并附上经认可的菜单、饮料、场地布置示意图等细节资料。如需变更，需双方协商解决。

（5）收取订金　为了保证宴会预订的落实，可以要求客人预付订金。但对饭店的常客及资信较佳者，可灵活掌握是否收取订金。

（6）跟踪查询　如是提前较长时间预订的宴会，应主动用信函或电话方式保持联络，并进一步确定宴会举办日期及有关细节。对暂定的预订，应进行密切跟踪查询和服务。

（7）确认和通知　在宴请活动前几天，应设法与客人联系，进一步确定已谈妥的所有事项。确认后填写"宴会通知单"送交各有关部门，注意签收。若确认的内容有变动，应立即填写"宴会变更通知单"，发送相关部门。

（8）取消预订　如果客人取消预订，预订员应问清原因，同时为不能向客人提供服务表示遗憾，希望下次有机会合作。及时填写"宴会预订取消报告"，迅速交相关部门。并按饭店规定的取消预订的提前时间，酌情收取一定的赔偿金（见表5-2）。

（9）信息反馈　宴会结束后，应主动征求主办单位或个人的意见，发现问题及时补救改进，并向客人致谢。

（10）建立宴会预订档案　将客人尤其是常客的有关信息和活动资料整理归档，以便下次提供针对性服务。

（二）宴会前的准备

1. 掌握情况

表5-2　宴会预订取消报告

宴会预订取消报告

至：总经理　　　　由：宴会销售部
　　餐饮部　　　　　日期
　　销售部
　　存档

公司名称_____　档案_____
联系人_____　宴会或会议日期_____
业务类型_____
选择的宾馆或饭店_____
引荐的途径与日期_____
失去生意的原因_____
进一步采取的推荐_____

宴会销售部经理签名：

接到宴会通知后，宴会厅服务员应做到"八知""五了解"。

"八知"：知主办单位或个人信息，知宾主身份，知宾主国籍，知宴会人数和桌数，知宴会性质，知宴会标准，知开餐时间，知菜式品种、酒水要求及出菜顺序。

"五了解"：了解宾客风俗习惯，了解宾客生活忌讳，了解宾客特殊要求，了解宾客进餐方式，了解主宾和主人的特殊爱好。

另外还应掌握宴会的主题、目的和性质、台形要求、司机费用、有无席位卡、音乐或文艺表演等。

2. 明确分工

由宴会厅经理召开餐前会，强调宴会服务注意事项，检查员工仪表，对宴会准备工作、宴会服务和宴会结束工作进行分工。对规模较大的宴会，要确定总指挥人员，要根据宴会的要求，对迎宾、值台、传菜、酒水供应、衣帽间、贵宾房等岗位有明确的分工，将责任落实到人。

3. 宴会气氛的设计

要想达到良好的宴会气氛设计，通常要考虑如下几项基本内容。

（1）光线

光线是宴会气氛设计应该考虑的最关键因素之一，因为光线系统能够决定宴会厅的格调。在灯光设计时，应根据宴会厅的风格、档次、空间大小、光源形式等，合理巧妙地配合，以产生优美温馨的就餐环境。

宴会厅使用的光线种类很多，如白炽灯光、烛光以及彩光等。不同的光线有不同的作用。白炽灯光是宴会厅使用的一种重要光线，能够突出宴会厅的豪华气派。这种光线最容易控制，食品在这种光线下看上去最自然。而且调暗光线，能增加顾客的舒适感。烛光属于暖色，是传统的光线，采用烛光能调节宴会厅气氛，这种光线的红色火焰能使顾客和食物都显得漂亮，适用于西式冷餐会、节日盛会、生日宴会等。彩光是光线设计时应该考虑到的另一因素。彩色的光线会影响人的面部和衣着，如桃红色、乳白色和琥珀色光线可用来强化热情友好的气氛。

不同形式的宴会对光线的要求也不一样，中式宴会以金黄和红黄光为主，而且大多使用暴露光源，使之产生轻度眩光，以进一步增加宴会热闹的气氛。灯具也以富有民族特色的造型见长，一般吊灯、宫灯配合使用，要与宴会厅总的风格相吻合。西式宴会的传统气氛特点是幽静、安逸、雅致，西餐厅的照明应适当偏暗、柔和，同时应使餐桌照度稍强于餐厅本身的照度，以使餐厅空间在视觉上变小而产生亲密感。

在宴会厅中，宴会厅照明应强于过道走廊照明，而宴会厅其他的照明则不能强于餐桌照明。总之，灯光的设计运用应围绕宴会的主题，以满足顾客的心理需求。

（2）色彩

色彩是宴会气氛中可视的重要因素。它是设计人员用来创造各种心境的工具。不同的色彩对人的心理和行为有不同的影响。如红、橙之类的颜色有振奋、激励的效果，绿色则有宁静、镇静的作用，桃红和紫红等颜色有一种柔和、悠闲的作用，黑色表示肃穆、悲哀。

颜色的使用还与季节有关。寒冷的冬季，宴会厅里应该使用暖色如红、橙、黄等，从而给顾客一种温暖的感觉。炎热的夏季、绿、蓝等冷色的效果最佳。

色彩的运用更重要的是能表达宴会的主题思想。红色使人联想到喜庆、光荣，使人兴奋、激动，我国的传统红色表示吉祥，举办喜庆宴会时，在餐厅布置、台面和餐具的选用上多体现红色，而忌讳白色（办丧事的常用色调），但西方喜宴却多用白色，因为白色表示纯洁、善良。

不同的宴会厅，色彩设计应有区别，一般豪华宴会厅宜使用较暖或明亮的颜色，夜晚当灯光较亮时，可使用暗红或橙色。地毯使用红色，可增加富丽堂皇的感觉。中餐宴会厅一般适宜使用暖色，以红、黄为主调，辅以其他色彩，丰富其变化，以创造温暖热情、欢乐喜庆的环境气氛，迎合进餐者热烈兴奋的心理要求。西餐宴会厅可采用咖啡色、褐色、红色之类，色暖而较深沉，以创造古朴稳重、宁静安逸的气氛。也可采用乳白、浅褐之类，使环境明快，富有现代气息。

（3）温度、湿度和气味

温度、湿度和气味是宴会厅气氛的另一方面，它直接影响着顾客的舒适程度。湿度太高或太低，湿度过大或过小，以及气味的种类都会对顾客造成影响。豪华的宴会厅多用较高的温度来增加其舒适程度，因为较温暖的环境给顾客以舒适、轻松的感觉。

湿度会影响顾客的心情。湿度过低，即过于干燥，会使顾客心绪烦躁。适当的湿度，才能增加宴会厅的舒适程度。

气味也是宴会气氛中的重要组成因素。气味通常能够给顾客留下极为深刻的印象。顾客对气味的记忆要比视觉和听觉记忆更加深刻。如果气味不能严格控制，宴会厅里充满了一些不正常的气味，必然会造成顾客极为不良的就餐体验。

一般宴会厅温度、湿度、空气质量达到舒适程度的指标是：

① 温度。冬季温度不低于 18～22℃，夏季温度不高于 22～24℃，用餐高峰客人较多时不超过 24～26℃，室温可随意调节。

② 湿度。相对湿度 40%～60%。

③ 空气质量。室内通风良好，空气新鲜，换气量不低于 $30m^3$/（人·小时），其中 CO 含量不超过 $5mg/m^3$，CO_2 含量不超过 0.1%，可吸入颗粒物不超过 $0.1mg/m^3$。

（4）家具

家具的选择和使用是形成宴会厅整体气氛的一个重要部分，家具陈设质量直接影响宴会厅空间环境的艺术效果，对于宴会服务的质量水平也有举足轻重的影响。

宴会厅的家具一般包括餐桌、餐椅、服务台、餐具柜、屏风、花架等。家具设计应配套，以使其与宴会厅其他装饰布置相映成趣，统一和谐。

家具的设计或选择应根据宴会的性质而定。以餐桌为例，中式宴会常以圆桌为主，西式宴会以长方桌为主，餐桌的形状为特定的宴会服务。宴会厅家具的外观与舒适感也同样十分重要。外观与类型一样，必须与宴会厅的装饰风格相统一。家具的舒适感取决于家具的造型是否科学，尺寸比例是否符合人体结构，应该注意餐桌的高度和椅子的高度及倾斜度，餐桌和椅子的高度必须合理搭配，不能使客人因桌、椅不适而增加疲劳感，而应该让客人感到自然、舒适。

除了桌、椅之外，宴会厅的窗帘、壁画、屏风等都是应该考虑的因素，就艺术手段而言，围与透、虚与实的结合是环境布局常用的方法。"围"指封闭紧凑，"透"指空旷开阔。宴会厅空间如果有围无透，会令人感到压抑沉闷，但若有透无围，又会使人觉得空虚散漫。墙壁、天花板、隔断、屏风等能产生围的效果；开窗借景、风景壁画、布景箱、山水盆景等能产生透的感觉。宴会厅及多功能厅，如果同时举行多场宴会，则必须要使用隔断或屏风，以免互相干扰。小宴会厅、小型餐厅则大多需要用窗外景色，或悬挂壁画、放置盆景等以造成扩大的视觉效果。大型宴会的布置要突出主桌，主桌要突出主席位。以正面墙壁装饰为主，对面墙次之，侧面墙再次之。

（5）声音

声音是指宴会厅里的噪声和音乐。噪声是由空调、顾客流动和宴会厅外部噪声所形成的。宴会厅应加强对噪声的控制，以利于宴会的顺利进行。一般宴会厅的声音音量不超过

50分贝，空调设备的噪声应低于40分贝。

（6）绿化

综合性会议饭店人多设有花房，有自己专门的园艺师负责宴会厅的布置工作，中档饭店一般由固定的花商来解决。宴会前对宴会厅进行绿化布置，使就餐环境有一种自然情调，对宴会气氛的衬托起相当大的作用。

花卉布置以盆栽居多，如摆设大叶羊齿类的盆景，摆设橡树或棕榈等大型盆栽。依不同季节摆设不同观花盆景，如：秋海棠、仙客来、悬吊绿色明亮的柚叶藤及羊齿类植物等。

宴会厅布置花卉时，要注意将塑料布铺设于地毯上，以防水渍及花草弄脏地毯，应注意盆栽的浇水及擦拭叶子灰尘等工作，凋谢的花草会破坏气氛，因此要仔细检查花朵有无凋谢。

有些宴会厅以人造花取代照料费力的盆栽，虽然是假花、假草，一样不能长期置之不理，蒙上灰尘的塑料花、变色的纸花都让人不舒服。塑料花应当每周水洗一次，纸花每隔两三个月要换新的。另外，尽量不要将假花、假树摆设在顾客伸手可及的地方，以免让客人发现是假物而大失情趣，甚至连食物都不觉美味。

（7）餐具

精美的餐具对烘托宴会气氛具有很重要的作用。如在2016年G20杭州峰会欢迎晚宴上，餐具设计的创作灵感来源于水和自然景观。晚宴餐具的图案，采用富有传统文化审美元素的"青山绿水"工笔带写意的笔触创造，布局含蓄谨严，意境清新。其图案设计取自西湖实景，能使各国领导人在品尝美味时，也似漫步西子湖畔。

宴会厅的气氛是宴会设计的重要任务。要想达到优良的气氛设计，必须利用现代科学技术，使室内的温度、湿度、光线、色彩、空间比例适合宴会的需要，充分利用各种家具、餐具进行恰到好处的组合处理，使顾客得到安静舒适、美观雅致、柔和协调的艺术效果与艺术享受。

4. 熟悉菜单

宴会服务人员要熟记宴会每道菜的上菜顺序，了解每道菜的主料及风味特色，以保证准确无误地进行上菜服务，并回答宾客有关菜肴的问题。

5. 准备物品

准备好宴会所需的餐酒用具、开餐物品、服务用品等；备齐菜肴的配料、佐料；备好酒品、饮料、茶叶、开水等。

6. 宴会摆台

按宴会规格和要求在开席前1h完成。根据宴会的主题和客人的特殊要求，既要充分考虑到宾客用餐的要求，又要有大胆的构思和创意，将实用性和观赏性完美地结合起来。原则是美观大方、主题鲜明、方便就餐和服务。

7. 摆放冷盘

宴会开始前10～15min摆上冷盘。多桌宴会时，各桌冷菜的摆放应该统一并能给客人赏心悦目的艺术享受。

8. 全面检查

准备工作全部就绪后，宴会负责人要做一次全面检查，以保证宴会的顺利进行。

（1）安全检查　宴会厅出入口是否畅通无阻，各种灭火器材是否完备，宴会厅内所有桌椅是否牢固，地板有无水迹或地毯接缝处是否平整。

（2）设备检查　确保宴会安全用电；空调机正常运转，并在开餐前半小时宴会厅就应达到所需要温度（冬季18～22℃，夏季22～24℃）；调试音响设备、话筒；检查其他设备，达到宴会主题所需要的气氛。

（3）卫生检查　宴会厅环境卫生、餐用具卫生、冷菜卫生、个人卫生等。

（4）餐桌检查　餐桌布局是否合理，桌面摆设是否符合本次宴会的规格要求。

（5）物品检查　开餐物品、服务用品、餐用具的配备与摆放是否合理；冷盘摆放是否统一合理；酒品、饮料、茶叶等的准备是否到位。

（6）服务员的仪容仪表检查。

（三）宴会开餐服务

1. 迎宾工作

（1）热情迎宾。

（2）接挂衣帽　迎宾员应主动接拿客人的衣帽，妥善挂放，同时递给客人存衣牌，并请客人妥善保管。接挂衣服时应提拿衣领，切勿倒提以免袋中物品掉出，同时提醒客人贵重物品应随身携带。大中型宴会应专设衣帽间服务员负责此项工作，小型宴会可由迎宾员兼作此项工作。

（3）休息厅服务　按主办者的要求递上香巾，送上茶水，应按女士优先、先宾后主的顺序依次进行。

2. 入席服务

（1）拉椅座　值台服务员在宴会开始前应站在各自的服务区域内恭候宾客入席。当宾客到来时，服务员要面带微笑，主动为宾客拉椅让座。

（2）餐前服务　宾客入席后，帮助客人铺放餐巾、撤筷套、撤鲜花、台号、席位卡。如客人临时提出增减人数，则应及时用托盘增、撤餐酒用具。及时通知厨房客人人数的变化，同时通知收银台以便准确结账。

（四）宴会就餐服务

1. 斟酒服务（见本章项目一）

2. 菜肴服务（见本章项目一）

3. 席间服务

宴会进行中，要勤巡视，勤斟酒，勤换餐碟和烟灰缸，以不打扰客人为原则。细心观察宾客的表情及示意动作，服务于客人开口之前。

（1）酒水服务　服务员要随时注意每位宾客的酒杯，当杯中只有1/3酒水时或干杯后，应及时添加。添加时要注意不要倒错酒水。

（2）撤换餐碟　更换餐碟不少于三次，注意手法卫生，尊重宾客就餐习惯。

（3）整理桌面　及时收撤空菜盘，严禁盘子重叠。如有菜肴洒落在餐桌或转盘上，服务员应及时清理，但注意不要用手直接拿取，而要用服务叉、匙夹取后放入空的餐碟内，撤至工作台。

（4）香巾服务　宴会中应根据客人及菜肴种类的需要，多次递送毛巾。宴会香巾服务一般不少于4次，即客人刚到达宴会厅时，喝完汤羹后，吃完海鲜类菜肴后以及吃完水果后。

（5）撤换烟灰缸　烟灰缸内有两个烟蒂或其他杂物应及时更换。

（6）洗手盅服务。

（五）宴会餐后服务与结束工作

1. 结账服务

（1）上菜完毕后就应做结账准备。

（2）清点好消费的酒水、香烟总数，统计菜单以外的加菜等各种消费并累计总数，不能漏账。未开启的酒水及时送回吧台，由吧台服务员在退单上签字。将所有消费单据送收银台准备账单。

（3）客人示意结账后，按规定办理结账手续，并向客人致谢。

2. 拉椅送客

（1）主人宣布宴会结束时，服务员要提醒宾客带齐自己的物品。

（2）为起身离座的客人拉椅，并主动征求客人意见。视具体情况决定目送客人、随送至餐厅门口或列队欢送，向客人致谢并欢迎客人再次光临。

（3）如宴会后安排休息，根据接待要求进行餐后服务。

（4）衣帽间的服务员根据取衣牌的号码，及时准确地将衣帽取递给宾客。

（5）迎宾员或引位员再次感谢客人，并礼貌道别。

3. 收台检查

（1）宾客离开后，服务员要及时检查有无尚未熄灭的烟头和宾客遗留的物品，如有遗留物品，应立即设法交还。

（2）立即清理台面。先整理餐椅，再按餐巾、小毛巾、高档餐具、酒水杯、刀叉筷匙等小件餐具、瓷器、台布的顺序分类收拾。将餐酒用具撤至洗涤间清洗消毒。台布、餐巾、小毛巾等布草按10个一捆送至洗衣房清洗。

（3）贵重物品要当场清点。

（4）清理宴会厅和休息厅。清理四周护墙及地面，吸地毯，如有污染，通知有关部门清洗；餐桌椅重新摆放整齐；各类开餐用具清洗后回复原位，摆放整齐。

（5）关闭不用的电器设备和门窗。

（6）收尾工作结束后，领班要作检查。一般大型宴会结束后，主管要召开总结会。待全部收尾工作检查完毕后，全体员工方可离开。

 典型案例

一天，在某会所宴会包间，几位客人在就餐，餐厅服务员正在为客人服务。宴请快结束时，服务员为客人上汤。恰巧张先生突然一回身，将汤碰洒，把张先生的西服弄脏了。张先生非常生气，质问怎么把汤往身上洒。服务员没有争辩，连声道歉："实在对不起，先生，是我不小心把汤洒在您身上，把您的西服弄脏了，请您脱下来，我去给您干洗。另外我再重新给您换一份汤,耽误各位先生用餐了,请原谅"。随后,服务员将西服送洗衣房干洗,而后对几位先生的服务十分周到。当客人用餐完毕后,服务员将洗得干干净净、叠得整整齐齐的衣服双手捧给了张先生。客人们十分满意,张先生也诚恳道歉:"是我不小心碰洒了汤,你的服务非常好。"事后,客人主动付了两份汤钱,张先生还给服务员小费,而且不久又带着一批客人来饭店就餐。

请同学们对服务员的行为进行点评。

五、学习训练

(1)宴会预订当面受理模拟训练。

(2)开餐前会及餐前准备模拟训练。

(3)训练学生养成良好的工作习惯,如工作台的准备与布置及开餐期间物品的收拾与摆放等。

(4)餐厅服务用语和情景模拟对话训练。

(5)进行各种中餐宴会服务方式的程序与方法的情景模拟训练。由指导教师扮演客人,提出各种比较典型的问题,从而培养学生的实际操作能力、解决问题能力及服务意识、质量意识。

(6)几个学生一组,自行设计各种情景,提出各种问题,分别扮演服务员和客人,以人性化或个性化服务为重点,进行中餐宴会服务训练,并相互点评。

> **本节思政教育要点**
>
> 在为不同的客人提供服务时,一定要根据客人的特点提供个性化的服务。

复习思考题

1. 宴会预订的程序是什么?
2. 简述中餐零点午、晚餐服务程序。
3. 团队包餐服务程序及注意事项有哪些?
4. 中餐宴会服务的基本程序是什么?

项目三　西餐服务技能训练

任务一　西餐早餐服务

一、任务描述

了解西餐早餐的分类、特点及西餐餐具的使用；明确西餐早餐的服务程序，并能利用所学技能灵活地为不同需求的客人提供早餐服务。

二、任务分析

西餐早餐服务相对于西餐正餐服务较为简单，主要包括餐前准备、餐中服务、餐后整理三个环节。

三、知识链接

（一）西餐早餐的分类

西餐早餐按传统划分可分为两类：英式早餐和欧陆式早餐。

1. 英式早餐

英式早餐包括以下内容。

（1）饮料类　有咖啡、红茶、可可和牛奶等。

（2）果汁类　一般有番茄汁、橙汁、西柚汁等。

（3）谷物类　一般有燕麦片、玉米片等品种，通常加牛奶、水煮成粥类食物。

（4）主菜类

① 煎蛋。它可分为单面煎蛋和双面煎蛋，双面煎蛋根据蛋黄是否凝固又可分为双面煎嫩蛋和双面煎老蛋。用餐盘装送上餐桌。

② 煮蛋。煮3min蛋，蛋黄成流汁状；煮5min蛋，蛋黄开始凝固；煮10min蛋，蛋黄发硬。用蛋盅盛装送上餐桌，同时送上咖啡匙和垫碟。

③ 溜糊蛋。要求鸡蛋熟但无凝结的硬块。通常放在烤面包上提供给客人，也可直接装盘。

④ 水波蛋。先将鸡蛋打入碗中，轻轻倒入加了少量盐和白醋的沸水锅内煮制两三分钟后捞出沥干水分，放在烤面包上提供给客人。

⑤ 蛋卷。蛋卷又称奄列蛋，做法是将蛋液倒入放了少许油、但油温较高（六七成）的

煎锅内摊成饼形,再加入不同原料后成为不同的种类,如蛋清卷、洋葱蛋卷、火腿蛋卷等。

⑥ 肉类。一般有火腿、香肠、熏肉三种。服务前应在油锅中略煎,通常与蛋类一起装盘。

⑦ 面包。一般有烤面包(又称土司)、牛角面包、面包卷等种类供客人选择。上面包时应上黄油和果酱。

2. 欧陆式早餐

欧陆式早餐又称大陆式早餐,内容较简单。主要内容包括:咖啡、茶或可可;果汁、蔬菜汁;面包、黄油和果酱。

(二)西餐早餐服务程序

1. 餐前准备

(1)早餐摆台。
(2)在开餐前准备好果酱、黄油、果汁、热咖啡、茶、鲜奶、面包车、水果车等。

2. 餐中接待

(1)引客入座。
(2)问清宾客需要何种果汁饮料,如不需要则替宾客倒冰水。
(3)呈递菜单并介绍当日新鲜水果。
(4)记下客人的点菜。
(5)将订单第一联交收款处准备账单,第二联迅速送入厨房,与厨师配合,把握出菜时机。
(6)按菜式准备用具、配料。
(7)先上谷类食品,次上蛋类吐司,再送威芙饼干、班戟类食物。
(8)送上咖啡或茶。
(9)撤下不需要的用具。
(10)随时替客人添加咖啡或茶,按杯出售的咖啡则不用添加。
(11)宾客未叫结账时,不可催促,而应问宾客还需要什么服务。
(12)客人付账后,应道谢并说:"欢迎下次光临。"

3. 餐后整理

(1)客人离去后,清理台上的物品。
(2)整理台面,重新摆台,准备迎接下一批客人。

 典型案例

一天早晨,一位客人来酒店西餐厅用早餐。服务员去点单,当她问客人用什么茶时,客人告诉她"不用茶"。她听成了"伯爵茶",结果为客人点了一壶"伯爵茶"。并且点单后她没有复单,客人也不知道,当服务员上茶时客人很惊讶,并拒绝付款,她没有办法只好自己赔单。

请分析服务员的服务质量。

四、学习训练

（1）进行餐前准备模拟训练。

（2）训练学生养成良好的工作习惯，如工作台的准备与布置及开餐期间物品的收拾与摆放等。

（3）餐厅服务常用英语和情景模拟英语对话训练。

（4）对早餐零点服务应作特别训练。能够解释菜单内容，说明菜肴的特色、主要原料、烹调方法等，并对菜肴与酒水进行正确的搭配。

（5）训练接受点菜的程序，包括推荐菜式、填写点菜单、询问酒水、回答问题、分送菜单到不同岗位等。

（6）几个学生一组，设计不同情景，进西早餐零点服务模拟训练，注意点菜技巧和点菜语言艺术的训练。

任务二　西餐正餐服务

一、任务描述

了解西餐的分类、特点及西餐餐具的使用；明确西餐正餐的服务程序，并能利用所学技能灵活地为不同需求的客人提供服务。

二、任务分析

高级西餐厅体现了西餐服务的最高水平，其午餐和晚餐服务讲究，注重情调，节奏缓慢且价格昂贵。西餐午、晚餐的用餐时间较长，服务技术要求较高。一般要求服务员需经过严格培训后才能上岗，除要掌握各种基本技能外，还应熟悉菜肴与酒水知识及服务方式，娴熟地掌握客前烹制技能，能为客人提供心理服务，并具有高超的服务技巧和熟练的外语会话能力。

三、知识链接

西餐正餐服务包括迎宾、餐前服务、开胃品服务、汤类服务、主菜服务、餐后服务等内容。

四、任务实施

1. 迎宾

（1）打招呼、问候。

（2）引客入座　2min 内让客人落座。

2. 餐前服务

（1）服务面包和水　客人入座后 2min 内完成。

（2）客人点餐前饮料　客人入座后 2min 内完成。

（3）呈递菜单、酒单　客人入座后 5min 内完成。

（4）解释菜单　一般在客人入座后10min内，即在服务饮料时解释菜单。

（5）服务饮料　客人入座后10min内完成。

（6）点菜记录　客人入座15min内完成，或在服务饮料后进行；如果必要，可在呈递菜单时，即客人入座后5min进行。

（7）送点菜单到厨房　记录完点菜立即送到厨房。

3. 开胃品服务

（1）服务开胃品　客人入座15min后进行。

（2）服务开胃酒　应在上开胃品前服务到餐桌；开瓶、倒酒可在上开胃品前，也可在上开胃品后进行。

（3）清理开胃品盘　全桌客人用完后撤盘、杯。

（4）加冰水　清理完盘、杯后，主动为客人加满冰水，直到服务甜点。

4. 汤或色拉（第二道菜）服务

（1）服务汤或色拉　在清理完开胃品盘后10min内进行。

（2）服务第二道菜用酒　同第二道菜一起服务。

（3）清理第二道菜餐具　全桌客人用餐完毕，撤走餐具及酒杯；除非另有规定。

5. 主菜服务

（1）服务主菜　清理完第二道菜的餐具后10min内进行。

（2）服务主菜用酒　酒杯在上主菜前服务，上菜后递酒、开瓶、倒酒。

（3）清理主菜盘及餐具　客人用完主菜后清理主菜盘、旁碟、空杯等，只留水杯或饮料杯，撤换桌上烟灰缸。

（4）清理调料　撤走所有调料，如盐、胡椒、番茄等。

（5）清扫桌上面包屑　用刷子将桌上面包屑扫进餐盘，而不是扫到地上。

6. 餐后服务

（1）布置甜点餐具　摆上甜点盘、甜点叉、甜点刀、茶匙。

（2）布置服务咖啡或茶的用品　摆上乳脂、糖、牛奶等以及热杯与杯碟。

（3）服务甜点　清理完主菜餐具后15min内进行。

（4）服务咖啡或茶　服务甜点后或与甜点同时服务。

（5）清理甜点盘　当全部客人用餐完毕后进行。

（6）服务餐后饮料　客人点完饮料后10min内进行。

（7）填加满咖啡或茶　应主动问客人是要咖啡还是茶，并为客人添加咖啡或茶，不要等客人要求时再加。

7. 收尾工作

（1）呈递账单　闲暇用餐服务，要等客人要求时呈递；快速用餐服务在上完茶或者加咖啡或加茶时呈递。

（2）收款　根据餐馆规定收取现金、信用卡、旅行支票、个人支票等。

（3）送客　当客人离开时要说"谢谢光临，很高兴为您服务"，并欢迎再次光临。

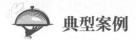 **典型案例**

一天晚上，几位外国客人到某会所的西餐扒房点了一瓶香槟酒和牛扒等食品。过了五六分钟，服务人员回来告诉客人这种香槟酒已经卖完。客人并不太介意，又点了另一种香槟酒。但七八分钟过后，服务人员回来又抱歉告诉客人这种香槟也没了，查看了仓库也无存货。客人听后有点不快，感觉服务人员怎么对餐厅所售酒的有无都不清楚，而且连续发生两次。稍后，一位客人所点的牛扒送了上来，客人尝后感觉牛扒太生，未按其要求烹制，于是叫来服务人员拿走重新加工，可能是服务人员没有听懂客人的要求，几分钟后牛扒重新端上，客人觉得并没有什么改变，连续发生的几件事，使客人非常不满。

请点评该餐厅的服务质量。

五、学习训练

（1）开餐前会及餐前准备模拟训练。

（2）训练学生养成良好的工作习惯，如工作台的准备与布置及开餐期间物品的收拾与摆放等。

（3）餐厅服务英语和情景模拟英语对话训练。

（4）对零点服务应作特别训练。能够解释菜单内容，说明菜肴的特色、主要原料、烹调方法等，并对菜肴与酒水进行正确的搭配。

（5）训练接受点菜的程序，包括推荐菜式、填写点菜单、询问酒水、回答问题、分送菜单到不同岗位等。

（6）几个学生一组，设计不同情景，进行零点服务模拟训练，注意点菜技巧和点菜语言艺术的训练。

任务三　西餐宴会服务

一、任务描述

了解西餐宴会的分类、特点及西餐餐具的使用；明确西餐宴会的服务程序，并能利用所学技能灵活地为不同需求的客人提供服务。

二、任务分析

高级西餐宴会体现了西餐服务的最高水平，服务讲究，注重情调，节奏缓慢且价格昂贵。西餐宴会的用餐时间较长，服务技术要求较高。一般要求服务员需经过严格培训后才能上岗，除要掌握各种基本技能外，还应熟悉菜肴与酒水知识及服务方式，娴熟地掌握客前烹制技能，能为客人提供心理服务，并具有高超的服务技巧和熟练的外语会话能力。

三、知识链接

（一）西餐宴会的台形设计

西餐宴会的台形应根据宴会规模、宴会厅的大小与形状及主办者的要求灵活设计。一般摆成一字形、U形（或马蹄形）、E形、T形、正方形（"回"形）、椭圆形、教室形、鱼骨形、梳子形、星形等。不论何种台形都要求整齐美观大方，突出主宾台，餐台两边椅子对称，出入方便，椅间距离不少于20厘米。我国较流行的主桌为一字台，其他用圆桌，这样排列及使用比较灵活、方便。

（二）西餐宴会台面摆设

详见本章项目一任务三，如图5-16所示。

四、任务实施

（一）普通宴会服务

1. 引宾入席

（1）开宴前5min左右，餐厅服务负责人应主动询问主人是否可以开席。

（2）经主人同意后即通知厨房准备上菜，同时请宾客入座。

（3）值台服务员应精神饱满地站在餐台旁。

（4）当来宾走近座位时，服务员应面带微笑拉开座椅，按宾主次序引领来宾入座。

图5-16 西餐宴会台面摆设

2. 开餐服务

（1）在宴会开始前几分钟摆上黄油，分派面包。面包作为佐餐食品可以在任何时候与任何菜肴搭配进行，所以要保证客人面包盘总是有面包，一旦盘子空了，应随时给客人续添。

（2）按上菜顺序上菜，顺序是：冷开胃品、酒、鱼类、副盘、主菜、甜食、水果、咖啡或茶。

（3）按菜单顺序撤盘上菜

① 每上一道菜之前，应先将用空的前一道菜的餐具撤下。

② 根据客人的刀叉摆法决定是否撤盘。

③ 西餐宴会要求等所有宾客都吃完一道菜后才一起撤盘。

（4）上肉菜

① 肉的最佳部位对着客人放，而配菜自左向右按白、绿、红的顺序摆好。

② 主菜后的色拉要立即跟汁，色拉盘应放在客人的左侧。

(5) 上甜点水果

① 先撤下桌上酒杯以外的餐具：主菜餐具、面包碟、黄油盅、胡椒盅、盐盅。

② 换上干净的烟灰缸，摆好甜品叉匙，水果要摆在水果盘里，跟上洗手盅水果刀叉。

(6) 上咖啡或茶

① 上咖啡或茶前放好糖缸、淡奶壶。在每位宾客右手边放咖啡或茶具，然后拿咖啡壶或茶壶依次斟上。

② 有些高档宴会需推酒水车，应问询客人是否送餐后酒和雪茄。

3. 席间服务注意事项

(1) 经常需增添的小餐具：上点心要跟上饼叉；上水果前要摆水果碟、水果刀。

(2) 递洗手盅和香巾

① 时机。宴会中在客人吃完剥蟹、剥虾、剥蚝后或在吃水果之前和餐毕时递洗手盅与香巾。

② 方法。盅内盛凉开水，有时用花瓣或柠檬汁装饰。用托盘送至客位右上方，即酒杯上方。

（二）法式宴会服务

法式服务不同于其他服务方式。它要求将所有食品菜肴置于手推车上，在客人面前加热或烹调后服务给客人。手推车高度与餐桌相同，并放在靠近客人餐桌处。车上放有火炉以保持食品的温度。

1. 上菜

(1) 助理服务员在厨房将菜肴置于精美、漂亮的大银盘上，端进餐厅并放在火炉上保持温度。然后由首席服务员加工，除去骨刺，加调味及必要的装饰。

(2) 首席服务员用双手把客人挑选的菜肴从大银盘盛往客人的餐盘时，助理服务员应用手端着客人的餐盘，其高度应低于大银盘。首席服务员也可只用一只手持汤匙及餐叉来换菜。

(3) 首席服务员盛菜时，应注意客人的需要量，供应太多的菜肴会降低客人的食欲。

(4) 待盘碟盛好菜，助理服务员用右手端盘，从客人的右侧端上。

(5) 在法式服务中，除了面包、黄油碟、色拉碟及其他特殊的盘碟必须从客人的左侧供应外，其余的饮食均应从客人的右侧端上，但习惯于用左手的服务员，也可用左手从客人的左侧端上。

2. 上汤

(1) 汤是由首席服务员从银盆盛到汤盘里，然后由助理服务员或首席服务员用右手从客人的右侧端上。

(2) 助理服务员端热汤给客人时，汤盘应放在客人的底盘之上，其间放一块叠好的餐巾，这块餐巾有双重用途：服务员端热汤时不致烫手，而且防止服务员把手指压在汤盘上面。

3. 清理餐桌

(1) 在供应点心之前，应先清理餐桌并摆好烟灰缸，不能在客人正在用餐时收拾餐具。

（2）不能在客人面前堆叠盘子，主菜后要把盐瓶和胡椒瓶撤走。

4. 上洗手盅

（1）洗手盅是和用手拿着食用的食品一起服务给客人的。

（2）洗手盅里仅倒1/3体积的温水，水中通常放一小片柠檬或花瓣作装饰。

（3）洗手盅通常放在银质的底碟之上。

（4）端上洗手盅的同时提供干净餐巾。在法式服务中任何一道菜后，必须为客人送上洗手盅，同时送上干净的餐巾。

5. 特殊菜肴上菜时的配套餐具

（1）龙虾应视其温度摆放冷或热的盘碟。冷龙虾用冷盘，热龙虾用热盘，并上鱼刀、鱼叉、果核剥取器、奶油碟及奶油刀、洗手盅。

（2）鱼子酱应放冷却的开胃品碟、小刀叉、茶匙、奶油碟及奶油刀。

（3）牡蛎、蛤牡蛎和蛤通常用银盘供应。银盘上面铺有小冰盘，牡蛎或蛤放在冰块上面。有时也把牡蛎置于餐桌中央，而客人面前放有盘碟。这时应为客人提供牡蛎叉，并上黄油碟、奶油及洗手盅。

（4）蜗牛用热盘碟盛放。

① 将装满带壳蜗牛的银盘置于餐桌中央，银盘上铺有加热的食盐。

② 提供蜗牛叉、蜗牛夹、黄油及黄油刀、洗手盅。客人可用蜗牛夹夹蜗牛并用特别的蜗牛叉子吃肉。午餐食用蜗牛时，应与烤面包一块供应。

（5）新鲜水果提供水果盘、点心盘、水果叉、水果刀及洗手盅。

（6）供应鲜葡萄时需要提供特别的服务。餐具包括：水果盘或点心盘一个；盛有冰水的玻璃碗一个，剪刀和水果刀、叉各一把，洗手盅一个。其食用方法：整串葡萄放于玻璃盘上并摆在餐桌中央，客人用剪刀剪下一部分葡萄，放进玻璃碗中用冰水洗净后摆在自己的盘碟中。接着可以用手或水果刀、叉剥皮取核后食用。

 典型案例

某日，几位客人在酒店西餐厅举行宴会，宴会上客人兴致很高，频频碰杯中不慎打破了酒杯。服务员见状马上告诉客人需要赔偿，客人相当生气，便向餐厅经理投诉。

请分析服务员应怎样做才能既维护酒店利益，又使客人非常满意。

五、学习训练

1. 开餐前会及餐前准备模拟训练。

2. 训练学生养成良好的工作习惯，如工作台的准备与布置及开餐期间物品的收拾与摆放等。

3. 餐厅服务英语和情景模拟英语对话训练。

4. 几个学生一组，自行设计各种情景，提出各种问题，分别扮演服务员和客人，以人性化或个性化服务为重点，进行西餐宴会训练，并相互点评。

5. 进行各种西餐宴会服务方式的程序与方法的情景模拟训练。由指导教师扮演客人，提出各种比较典型的问题，从而培养学生的实际操作能力、解决问题能力及服务意识、质量意识。

任务四　自助餐服务

一、任务描述

了解西餐自助餐的服务程序，并能利用所学技能灵活地为不同需求的客人提供服务。

二、任务分析

在自助餐厅，除服务员根据宾客要求服务汤、肉及蔬菜外，客人还可以自己选取食品，为自己服务。自助餐厅服务员必须在整个过程中安排好各类食品，不能减慢服务线的工作。

三、知识链接

自助餐服务程序包括以下几个方面。
（1）预备自助餐厅柜台。
（2）提供食品服务。
（3）进行食品添加。
（4）提供自助餐厅服务。

四、任务实施

1. 准备自助餐厅柜台

（1）物品准备　托盘、餐巾、餐具要备足；服务用具和盘碟供应要做适当的组合：同型号的盘碟要摆放在同一条线上。

（2）食品准备　调料、调味品和事先包装的食品应放在适当的地方；冷热饮料、食品及色拉、甜点、面包等要精心加以装饰后展示；展示主菜时，切好的肉片应堆高一些，肉丸应直线排放，肉块应放在盘中部。水果和蔬菜等色拉的安排要具有一定高度并成不同形状。安排色拉时，要把同一类不同颜色的菜品放在一起，以便顾客挑选。甜点柜台和其他柜台也应该干净、安排有序。甜点应根据食品和容器的不同，按类组排，保持摆放匀称并成直线，并便于挑选。

总之，要使食品的装饰更有吸引力，更能刺激人们的食欲。

2. 提供食品服务

（1）迎接客人的到来　当客人走近柜台时，要向他们问好；询问客人喜欢哪种食品，回答他们提出的问题。

（2）食品的分装　自助餐厅柜台的服务员，应按客人要求的分量来提供食品。如果分量不足会使客人扫兴，分量过大会造成浪费。所以，服务员必须了解和熟悉每种食品需用盘碟的型号；食品装盘时不要让食品超出盘的边缘；色拉应事先按分量分到每个餐盘中，注意不要破坏盘中色拉的装饰，而且最好能让每一位客人都能看到这种装饰。

（3）主菜服务　主菜是在蒸汽工作台上服务的。服务前要了解客人有何要求，如调味品、装饰分量等要求。服务员应给予帮助，满足其需要。

（4）饮料服务　饮料由客人自己服务或由服务员服务。客人自己服务时，冰块和饮料都必须放置在适当的位置。

（5）结账　服务线的最后是收银员记录客人所要的菜，在账单上列出各种食品金额及总金额。当收银员把账单递给客人时，客人可以根据餐馆的不同制度在此时付款，或在用餐后付。

3. 进行食品的添加

（1）添加食品的人员　每一个自助餐厅服务员都固定地服务某些食品，并且有责任在服务间隙将这些食品加满。有些自助餐厅有专门服务员供应服务线上的食品，他们把柜台所需要的食品的信息通知厨师，再把厨房准备菜的信息通知柜台服务员，这样柜台服务员就不用离开服务线去增添所需要的食品了。

（2）添加食品的方法　不要把新鲜食品放在盛有剩余食品的盘子里；当客人取走色拉或甜点后，应及时予以补充；当食品从厨房端出来时，应把盘加满，因为客人都不愿意要最后的一份。

4. 提供餐间服务

把装好食品的托盘端到餐厅放到托盘架上，再将食品从盘中取出放在服务柜台上。调味品也要放在服务台的调味品架上。

餐厅服务员负责的餐间工作包括以下几项。

（1）帮助年老或伤残的客人及带小孩的客人入座。

（2）根据客人要求拿取一些调味品，如番茄酱、芥末、汤汁等。

（3）服务客人单点的食品，如鸡蛋、牛排和煎饼等。

（4）供应追加的菜点并保证账单的准确性。

（5）供应餐巾和其他所需要食品。

（6）为客人添加水、冰块和咖啡等。

（7）可以在客人准备用甜点时移走主菜盘。

当客人离开后，餐厅服务员应立即撤走脏盘等餐具，清理桌椅，重新布置餐桌，清扫桌子周围的地面并把椅子放回原处。

典型案例

自助餐上的香蕉

有一位美国客人入住某饭店，他个性孤僻，不喜言笑，单身。在饭店住了一周，几乎从不开口，不跟人打招呼，更难让人看到一丝微笑。楼层服务员觉得这位客人极难伺候，任凭他们如何笑脸相待，主动招呼，所得到的总是一张铁板的脸，天天如此。

每天早上，他爱去自助餐厅吃早饭。当他吃完自己挑选的食品之后，便开始在台上寻找什么东西，一连三天都是如此。第一天，服务员小梅曾问过他要什么东西，他没吭一声，掉转头便走出餐厅。第二天小梅又壮起胆询问他，他还是一张冷峻的脸，小梅窘得双颊发红。当这位美国客人正欲步出餐厅时，小梅又一次笑容满面地问他是否需要帮助，也许是小梅的诚意感动了他，他终于吐出"香蕉"一词，这下小梅明白了。第三天早上，那位沉默寡言的客人同平时一样又来到自助餐厅，左侧一盘黄澄澄的香蕉吸引了他的注意力，绷紧的脸第一次有了一丝微笑，站在一旁的小梅也喜上眉梢。又一次领悟到"精诚所至，金石为开"的道理。

在接下来的几天里，饭店每天早餐都特地为他准备了香蕉。

几个月后，这位客人又来到该饭店。第二天一早他步入自助餐厅，原以为这次突然"袭击"，餐厅一定没有准备香蕉。孰料走进餐厅，迎面就是引人注目的一大盘香蕉。这位"金口难开"的客人看到小梅，第一次主动询问是不是特意为他准备的香蕉。小梅嫣然一笑，告诉他昨晚总台服务员已经给餐厅带来了他入住本店的信息。

"太感谢你们了，"美国客人几个月第一次向酒店表示了发自内心的感谢。

请点评酒店的服务。

五、学习训练

（1）开餐前会及餐前准备模拟训练。

（2）训练学生养成良好的工作习惯，如自助餐台的准备与布置及开餐期间菜肴的撤换与摆放等。

（3）餐厅服务英语和情景模拟英语对话训练。

（4）几个学生一组，自行设计各种情景，提出各种问题，分别扮演服务员和客人，以人性化或个性化服务为重点，进行自助餐服务训练，并相互点评。

📖 **本节思政教育要点**

在为外国客人提供服务时，一定要尊重自己的人格和国格。

在对待客人时，不应以国家的贫富把外国客人分为三六九等。

本章小结

餐饮服务技能的掌握是做好餐饮服务工作的基础和必要条件。本章详细介绍了这些服务技能的操作程序、要领和注意事项。训练时要耐心、刻苦，动脑筋，找技巧。既要讲究程序、动作的规范性，又要注意这些技能在不同场合、针对不同客人时的灵活运用。

复习思考题

1. 英式早餐内容包括哪些？
2. 西餐早餐服务程序包括哪些步骤？
3. 简述西餐正餐服务的一般程序。
4. 自助餐服务有哪些要求？

第六章 餐饮服务质量管理

学习目标

了解餐饮服务质量的涵义、构成及特点；明确服务的定义、优质服务的内涵及对餐饮服务人员的素质要求；掌握餐饮服务质量分析及控制方法；明确提高餐饮服务质量的措施。

第一节 餐饮服务质量管理概述

服务质量是餐饮企业生存与发展的基础。餐饮业之间的竞争从本质上讲是服务质量的竞争。随着人们生活水平的提高和餐饮业竞争的日趋激烈，客人对餐饮服务质量的要求也越来越高。因此，餐饮业必须不断探索提高餐饮服务质量的途径和方法，以优质服务吸引客源，才能取得良好的经济效益和社会效益。

服务质量是餐饮企业的生命线，是餐饮管理者必须重视的管理要点。而对餐饮服务质量涵义的正确理解及内容与特点的把握则是餐饮服务质量管理最基本的前提。

一、餐饮服务质量的涵义

餐饮服务质量是指餐饮企业以其所拥有的设施设备为依托，为宾客所提供的服务在使用价值上适合和满足宾客物质和心理需要的程度。所谓适合，是指为宾客提供服务的使用价值能否被宾客接受和喜爱；满足是指该种使用价值能否为宾客带来身心愉悦和享受。因此，餐饮服务的使用价值适合和满足宾客需要的程度高低即体现了餐饮服务质量的优劣。

二、餐饮服务质量的构成

餐饮服务质量是有形产品质量和无形劳务质量的有机结合和完美统一。有形产品质量是无形产品质量的凭借和依托，无形产品质量是有形产品质量的完善和体现，两者相辅相成，构成了完整的餐饮服务质量的内容。

有形产品质量是指餐饮设施设备、实物产品和服务环境的质量，主要满足宾客物质上的需求。无形产品质量是指劳务服务质量，主要满足宾客心理上、精神上的需求。

1. 餐饮设施设备质量

餐饮设施设备反映出一家餐厅的接待能力，其质量是服务质量的物质基础和主要组成部分，是服务质量高低的决定性因素之一。包括客用设施设备和供应用设施设备。

（1）客用设施设备　是指直接供宾客使用的设施设备，也称前台设施设备。如酒吧、餐厅的各种设施设备。它要求做到设置科学，结构合理；配套齐全，舒适美观；操作简单，使用安全；完好无损，性能良好。

（2）供应用设施设备　是指餐饮经营管理所需的生产性设施设备等，也称后台设施设备，如厨房设施设备等。要求做到安全运行，保证供应。餐饮企业只有科学配置，并随时保持设施设备的完好率，保证设施设备的正常运转，才能为宾客优质服务提供保障。

2. 餐饮服务环境质量

良好的服务环境将使宾客得到感官上的享受和心理上的满足。它要求整洁、美观、舒适、优雅和安全。主要表现为：餐厅建筑和装潢独具特色；服务设施和服务场所的布局合理并便于到达；装饰风格充满情趣并充分体现出带有鲜明个性的文化品位；窗明几净、整齐宽敞、灯光柔和、温度适宜、乐曲高雅、餐桌椅舒适、餐用具精巧别致、餐巾花简洁美观；服务员仪表端庄大方等。餐厅能否给宾客留下美好而难忘的第一印象，与餐厅的设施设备和环境气氛有着密切的关系。餐饮管理者应重视服务环境的管理，多在软环境上下功夫，用餐厅服务员灵巧的"艺术家"之手，创造温馨宜人的就餐环境，给宾客以艺术上的享受。进行环境气氛设计时要注意满足参加不同性质、不同场合的餐饮活动宾客的特定心理需求。

3. 餐饮实物产品质量

（1）菜点酒水质量　餐厅所提供的食品不仅要满足宾客最基本的生理需求，还应该从其色、香、味、形、器、质及营养等方面，使宾客得到多方面的享受。高质量的食品要按照标准菜谱进行生产，除了以上七个方面及安全卫生要求外，应该富有特色和文化内涵。

餐厅外购的酒水，一定要按照采购质量标准进行采购。餐厅自制的酒水，一定要按饮品生产标准进行生产，以便向宾客提供高质量的酒水。

 补充阅读材料6-1

特色经营，蜚声海内外

西安解放路饺子馆是以其特色经营蜚声海内外的，其更胜人一筹的特色如下。

① 名雅。每种饺子都有自己的雅号，如"龙宫探玉""恭喜发财"等。"碧海藏珍"就是在碧绿的菜馅中嵌上一颗鲜红异常的樱桃，既形象又雅致，令人难忘。

②形巧。有的形如香蕉，有的又像荷包，有的边如锯齿，有的又似裙袂。再加上各色馅心的点缀，每只饺子就是一件工艺品。

③料精。不仅粉料精细，馅心更加讲究。从新鲜蔬菜到鸡鸭鱼肉乃至山珍海味，几乎全都用上了，如"恭喜发财"就用了发菜。

④情奇。饺子宴中有一道"金鱼火锅"，据说是御膳。相传慈禧有一次驾临西安，看戏至深夜，忽觉腹中饥饿，便要太监置办宵夜。太监深知慈禧性情古怪，为人骄横，弄不好要"吃不了兜着走"，于是找御厨商量。最后决定用鸡脯做馅，鸡骨熬汤，把饺子做成手指甲大小，并用火锅现煮现尝。木炭窜出的火苗，似金鱼游动尾巴，锅内散发出的鲜香味，使人食欲顿开。结果，慈禧十分高兴，共吃了三只饺子，喝了两口鲜汤。服务员将这一传闻说得绘声绘色，能不让人心动吗？

（资料来源：唯高.高中低餐馆赚钱250则.北京：中国物资出版社，2005）.

（2）客用品质量　它是指餐饮服务过程中直接供客人消费的各种生活用品，包括一次性消耗品（如餐巾纸、牙签等）和多次性消耗品（如餐酒具、棉织品等）。要求客用品数量要充足，供应要及时且安全卫生。

（3）服务用品质量　如托盘等，是提高劳动效率、提供优质服务的必要条件。要求品种齐全、数量充足、性能优良、使用方便、安全卫生。

4. 餐饮劳务服务质量

主要包括以下几个方面。

（1）礼貌礼节　礼貌礼节是以一定的形式，通过信息传输向对方表示尊重、谦虚、欢迎、友好等态度的一种方式。礼貌偏重于语言和行动，如礼貌用语、微笑、点头、握手、拥抱等礼貌行为；礼节偏重于仪式，如餐饮服务常用的问候、称呼、应答、迎送和操作礼节等。餐饮礼貌礼节要求服务人员仪容仪表要端庄、语言谈吐要文雅、行为举止要得体。餐饮服务员直接面对客人服务的特点决定了餐饮管理者应该倍加重视员工的礼貌修养，因为它体现了餐饮企业的精神风貌，直接关系到宾客的满意度，是提供优质服务的基本点。

（2）职业道德　是餐饮从业人员在职业活动中必须遵守的行为规范和准则。服务人员应遵循"热爱本职、忠于职守；热情友好、宾客至上；真诚公道、信誉第一；文明礼貌、优质服务；不卑不亢、一视同仁；团结协作、顾全大局；遵纪守法、廉洁奉公；钻研业务、提高技能"的餐饮职业道德规范，真正做到敬业、勤业和乐业。

（3）服务态度　是指餐饮服务人员在对客服务过程中体现出来的主观意向和心理状态，其好坏是由员工的积极性、主动性、创造性、责任感和素质高低决定的。具体要求是主动、热情、耐心、周到和具有"宾客至上"的服务意识。服务态度的好坏是很多客人关注的焦点，尤其当出现问题时，服务态度常常成为解决问题的关键，客人可以原谅服务中的许多过错，但不能忍受服务人员恶劣的服务态度。因此，服务态度成为无形产品的关键所在。

（4）服务效率　是指在服务过程中的时间概念和工作节奏。它应根据宾客的实际需要灵活掌握，要求在宾客最需要某项服务的前夕即时提供，即在服务的关键时刻，服务于客人开口之前。因此，服务效率并非仅指快速，而是强调适时服务。

（5）服务技能　是指餐饮服务人员提供服务时显现的技巧和能力，是餐饮企业提高服务质量的技术保证。服务技能的高低取决于服务人员的专业知识和操作技术水平。要求姿态优雅大方、动作娴熟，并能根据具体情况灵活运用，达到给宾客以美感的服务效果。

（6）服务艺术　体现在服务技能、服务语言、处理问题等方面。要求服务人员在为宾客提供程序化和规范化服务的基础上，提供个性化服务，努力达到服务的最高境界——艺术化。

（7）安全卫生　餐饮安全卫生主要包括餐饮部各区域的清洁卫生、食品饮料卫生、用品卫生、个人卫生等，是宾客外出旅游时考虑的首要问题，是优质服务的最基本要求，所以必须加强管理。

5. 宾客满意程度

宾客满意程度是指宾客享受餐饮服务后得到的感受、印象和评价。宾客满意程度是上述四方面质量的最终结果，是餐饮服务质量的最终体现。因此，提高宾客的满意程度应该成为服务质量管理的主要目标之一。

三、餐饮服务质量的特点

正确认识并掌握餐饮服务质量的特点，是进行服务质量管理的前提。

1. 构成的综合性

餐饮服务质量的构成内容包括设施设备质量、服务环境质量、实物产品质量、劳务服务质量和宾客满意程度等多种因素，每一种因素又包括许多具体的内容，贯穿于餐饮服务的全过程，因此说，餐饮服务质量具有综合性特点。这就要求管理者树立系统观念，多方搜集质量信息，分析产生质量问题的各种因素，特别是可控因素，把服务质量管理作为一项系统工程来抓，以提高餐饮服务质量的整体水平。

2. 评价的主观性

餐饮服务质量是由宾客享受服务后的满意程度来评价的，因而带有很强的主观性。这就要求在对客服务及管理过程中，了解并掌握宾客的各种需求，提供有针对性的个性化服务，关注每一个服务细节，重视每一次服务的效果，并不断改进对客服务，从而提高宾客的满意程度。

3. 显现的短暂性

餐饮服务的同步性和一次性特点决定了服务的好坏要受到客人的当面检验，服务差错也只能通过其他方式来弥补，而且将对企业形象产生直接影响。因此，对服务提出更高的要求，即重视每一次服务的质量，要求每个人和每一次都要把事情做对，做到零缺点、无缺陷。

4. 内容的关联性

从客人进入餐厅到离开餐厅的全程服务是一条由许多服务环节组成的服务链。只要一个环节的服务质量出了问题，就会影响整个服务链的服务质量，从而影响客人对服务质量的整体评价。餐饮服务质量管理中有一流行公式：$100-1=0$，即100次服务中只要有1次服务不能令宾客满意，宾客就会全盘否定以前的99次优质服务，还会影响餐饮企业的声誉。因此，要求所有员工要目标清、责任明，各部门、各服务过程、各服务环节之间协调配合，并做好充分的服务准备，环环紧扣，确保服务全过程和全方位的"零缺点"。

5. 质量的情感性

餐饮服务人员与宾客之间关系的融洽程度直接影响着宾客对服务质量的评价，即餐饮服务质量的情感性特点。关系融洽，客人就比较容易谅解服务过错，否则很容易使客人小题大做或借题发挥。因此，员工在对客服务过程中要注意与客人的情感沟通。经常开展"假如我是客人"的讨论活动，并付诸行动，通过情感服务来赢得客人，同时也是培养忠诚顾客的良好时机。

6. 对员工素质的依赖性

餐饮服务同步性的特点决定了餐饮服务质量与员工的直接关联性。餐饮服务质量是在有形产品的基础上通过无形的劳务服务创造和表现出来的。因此，服务质量对员工素质有较强的依赖性。这就要求餐饮管理者应合理配备、培训并激励员工，努力提高其综合素质，提高员工的满意度，激发其服务的积极性、主动性和创造性，同时提高自身的综合素质和管理水平，使企业成为宾客最值得信赖的品牌。

> 📖 **本节思政教育要点**
>
> 要不断向学生灌输质量意识和工匠精神，使学生具备积极向上的服务意识。

第二节　餐厅优质服务

一、服务的内涵

1. 服务的定义

国际标准ISO 9004—2《服务指南》中明确给出了服务的定义："为满足顾客的需求，供方与顾客接触的活动和供方内部活动所产生的结果。"即服务是以劳动的直接形式创造使用价值，满足人们需要的一种劳动方式。服务是一种以物质条件为凭借，以活动本身为主要消费对象，是社会发展和人类生活的一种特殊活动。

在饭店业中，服务的涵义通常以构成英语service（服务）这一单词的每一个字母所代表的含义来解释，使服务的涵义会更具体化、更具操作性。

smile（微笑），即微笑待客。要求每位员工对客人提供微笑服务，给客人以宾至如归的感觉。微笑是餐饮服务人员敬业、乐业精神的体现，表现了对自己职业的责任感和荣誉感，餐饮企业要对员工进行专门培训和长期的自我训练和调节，使微笑成为服务人员的职业本能和习惯，最终形成职业性微笑。也就是说员工在服务时的微笑是不受时间、地点、客人态度、自身心情等因素的影响，要求是发自内心的，只有这样客人才能感到春天般的温暖。微笑服务要体现在餐饮服务的全过程：客人光临，微笑是欢迎曲；初次见面，微笑是问候语；客人进餐，微笑是助兴歌；出了差错，微笑是道歉语；客人离去，微笑是告别词。

服务中如果缺少了服务员美好的微笑，正好比花园里失去了太阳和春风。

excellent（出色），意指精通业务。要求服务员把每一件事情都做得很出色。

ready（准备好），意指随时准备为客人提供服务。"工欲善其事，必先利其器"，也就是说必须事先做好各种准备工作，对客服务时才会得心应手，忙而不乱。

viewing（看待），意指将每一位客人都视为特殊的和重要的人物。要求员工要充分认识到客人对企业和个人的重要意义，并做到一视同仁，让每一位来酒店消费的客人都能满意。

inviting（邀请），意指要真诚邀请每位客人再次光临。这不仅是礼貌服务的体现，更是让客人始终体会到自己是受欢迎、受尊重的。

creating（创造），意指进行创造性服务，要求服务人员要精心创造温馨怡人的服务气氛，创新服务方式与方法等，让客人满意和惊喜。

eye（眼神），意指要用目光表达对客的关心。细微服务主要表现在对客服务中要善于观察，揣度客人的心理，预测客人要求并及时提供服务，使客人倍感亲切，这就是超前服务意识。

补充阅读材料6-2

service新解

从宾客角度出发（即客人想追求的东西，或者想要得到的享受），service可以解释为safe（安全）、ease（舒适）、recreative（娱乐、休闲）、value（价值）、impartial（公平、平等）、characterful（特色）、esteem（尊重）。

从酒店角度出发（酒店为了实现综合效益的最大化，必须从客人的需求出发，完善酒店的服务功能），service有如下含义。

sanitary（卫生）、economy（节约）、rapid（快捷）、veracity（诚实）、impassioned（热情）、canvass（招徕）、excelsior（精品）。

2. 优质服务的内涵

（1）优质服务　通俗地讲能最大限度地满足客人的合理需求，即优质服务。优质服务＝规范化服务＋个性化服务。

（2）个性化服务　是指服务人员以强烈的服务意识去主动接近客人、了解客人、设身处地揣度客人的心理需求，从而提供的有针对性的服务，使其在接受服务的同时产生舒适的精神心理效应。个性化服务分两个层次，一是被动的，即由客人提出的一些特殊的需求；二是主动的，即给予客人尊重与荣耀。

服务的标准化和规范化是餐饮服务质量的基本保障，而根据客人的需求特点所提供的个性化服务则是服务质量的灵魂。要提高餐饮服务质量，增强企业竞争优势，就必须为客人提供更富人情味的、突破标准与规范的魅力四射的人性化服务。

那么，如何提高服务人员个性化服务水平，让个性化服务在经营活动中发挥重要作用呢？

① 要强化员工的服务意识。

② 餐饮服务要定位在高起点上。

③ 要潜心研究客人的消费心理。

④ 提高灵活服务技巧。
⑤ 餐厅的设施设备要有利于满足不同用餐客人的需求。
（3）对优质服务的理解　也有人给服务如下定义。
① 优质服务是发自内心的"五心"服务，即爱心、细心、耐心、同情心及用心的服务。
② 优质服务是创造美和惊喜的过程。
③ 优质服务是"给人方便、给人自信、给人欢喜"。单单"给人"当然不行，而服务的真正奥秘恰恰在于"给人"的同时我们一定能更加丰厚地"收获"——"收获方便、收获自信、收获欢喜"。客人在我们这里得到了惊喜，而我们也在客人的惊喜中找到了富有的人生。

二、优质服务的主要标志

1. 企业员工应具有强烈的服务意识

（1）服务意识的内涵　"意识"在心理学上是指自觉的心理活动，也就是说服务不需要各种制度去约束和管制，而是成为一种工作习惯，并需要把这种意识融通到员工的服务实践中，从每一句话，每个动作等点点滴滴的细小服务中体现出来。

（2）员工具有服务意识的表现　员工具有了强烈的服务意识，则无论到酒店的什么地方，什么场合，一遇到客人就能把他看得比谁都重要。只有具备这种意识、才称得上真正的优质服务。

① 树立爱店如家的思想，为客人提供主动、热情、周到的服务。
② 自觉遵守酒店的各项规章制度、操作规程，对自身形成良好的自我管理、自我监督、自我控制，并能充分发挥主观能动性，以保证为客人提供优质服务。
③ 预测客人需求并及时到位地帮助客人解决遇到的问题。
④ 员工在遇到问题时，能按规范化的服务程序来解决，并能灵活应用。
⑤ 对特殊客人或特殊情况，能提供个性化服务，满足客人特殊需求。
⑥ 服务中尽职尽责，不出现任何疏漏。

2. 树立"宾客至上"的服务宗旨

"宾客至上"是把指客人放在首位，即把客人的需要作为酒店服务活动的出发点，把追求客人的满意当做服务活动的宗旨。

（1）读懂客人　这是"宾客至上"服务宗旨的关键，只有充分理解客人的角色特征，掌握其心理特点，给客人一份亲情、一份理解、一份自豪，努力超越客人的期望，让其满意加惊喜，才能打动客人的心，赢得客人的认可。

① 客人是酒店的衣食父母，是酒店效益的源泉。因此，是酒店最重要的人。
② 客人是来寻求享受的人。
③ 客人是最爱讲面子的人。
④ 客人是具有优越感的人。
⑤ 客人是情绪化的"自由人"。

（2）遵循"客人永远是对的"服务原则　主要是针对酒店客源层次，提出要通过"让"的艺术，将"对"让给客人，不与客人争执。更要从善意的角度理解和谅解客人，通过自身的规范服务影响一些不自觉客人的行为。

3. 宾客的需求得到充分的满足

宾客需求的满足程度是检验酒店是否提供优质服务的最终的，也是最主要的标志。

4. 酒店的服务质量基础工作做得深入具体

服务质量基础工作包括标准化、程序化、制度化、原始记录、统计工作等。

5. 酒店的经济效益显著提高

从表面上看，提高服务质量和提高经济效益是一对矛盾，因为提供优质服务，提高设施设备等有形部分的质量要增加成本，而提高经济效益又要求降低成本。其实，两者是相辅相成的，提高服务质量可以提高企业声誉，增加客源，提高餐厅上座率和人均消费额，从而增加经济收入。虽然成本有所增加，但在提高服务质量的同时又能相对降低成本，从而使经济效益得以提高。

三、餐饮服务人员的素质要求

餐饮服务质量的提高有赖于高素质的员工。因此，餐饮服务人员应该树立正确的思想意识，树立良好的职业形象，更新服务知识，提高服务能力，具备良好的心理素质和身体素质，从而提高餐饮服务质量。

1. 职业思想素质

良好的思想素质是做好餐饮服务工作的基础，餐饮服务人员的思想素质主要包括以下几点。

（1）政治坚定 餐饮服务人员应确立正确的政治立场，坚持党的基本路线，认真学习建设有中国特色的社会主义理论。"外事无小事"。因此，服务工作中应严格遵守外事纪律，讲原则、识大体，不做有损国格和人格的事。

（2）思想敬业 餐饮服务人员必须树立牢固的专业思想，要有崇高的职业理想，遵守餐饮职业道德，树立以业为荣的从业观念，敬重并热爱我们自己所从事的事业，培养职业幸福感和荣誉感。敬业乐业才是对待本职工作的正确态度。

（3）服务意识 餐饮服务人员为客人服务是自己的神圣天职，因此，服务意识是餐饮服务人员必备的思想素质。

2. 职业形象素质

餐饮服务人员的工作特点是面对面为客人提供服务。服务人员良好的个人形象会给宾客留下深刻的印象，而礼貌服务会产生积极的宣传效果，同时还能弥补某些服务设施的不足。在就餐过程中，宾客往往通过服务人员的仪容、仪表、仪态和礼节来评价服务质量的优劣。

（1）良好的仪容仪表 主要包括人的容貌、服饰、个人卫生等，着重指修饰、精神面貌和着装方面。仪容仪表反映了一个国家或一个民族的文明程度、文化修养、精神面貌和生活水平。餐饮服务人员的仪容仪表在一定程度上反映餐饮企业的管理水平和服务水平，同时也是自尊自爱、尊重客人、讲究礼貌礼节的一种具体表现。仪容仪表总的要求是适度、美观、端庄、典雅。餐厅服务人员应该是一个神采奕奕、精力充沛、自信而富有活力的人，即"阳光灿烂的"，应该成为餐厅一道亮丽的风景线。

（2）规范的服务仪态 是指人在行为中的姿态和风度，着重在举止方面。主要包括高雅的站姿、端庄的坐姿、稳健的走姿、适当的手势、优美的动作等。总的要求是大方、自然、优美。

（3）服务中的礼貌礼节　在餐饮服务中，对客人要以礼相待，使用礼貌用语，讲究各种礼节，包括服务礼节、握手礼节、谈话礼节、次序礼节、迎送礼节等。

餐饮服务人员仪容、仪表、仪态、礼节的具体要求已在服务礼仪课中讲过，在这里不再重述。

3. 职业业务素质

良好的文化素质、广博的社会知识和专业知识及娴熟的专业技能是做好餐饮服务工作的前提和必要条件，具体内容如下。

（1）基础知识　员工守则、礼貌礼节、食品安全与卫生、服务心理学、外语知识等。

（2）专业知识　岗位职责、工作程序、运转表单、管理制度、菜肴及烹饪知识、酒水知识、食品营养知识、设施设备使用与保养知识等。

（3）相关知识　美学、音乐、文史、民俗与饮食习惯、宗教、法律、本城市及周边地区的旅游景点及交通等。

（4）专业技能　精湛的服务技艺，不仅能提高工作效率，保证餐饮服务的规格、标准，更可给客人带来赏心悦目的感受。

4. 职业能力素质

餐饮服务人员的能力直接影响到服务效率和服务效果。一个优秀的餐饮服务人员应具备以下能力。

（1）语言能力　语言是人们用来表达思想、交流感情的主要工具。娴熟的语言技巧、灵活高超的说话艺术对餐饮服务非常重要。因此，餐厅服务人员应具有良好的语言能力。《旅游涉外饭店星级的划分及评定》对服务人员的语言要求是：语言要文明、礼貌、简明、清晰；提倡讲普通话。此外，服务人员还应具有一定的外语水平，尽量用规范的语言为客人提供服务。

（2）观察能力　观察和判断是餐饮服务人员的基本功。敏锐的观察是准确判断的重要前提。在对客服务时，首先要了解客人的心理，才能投其所好。这就需要服务人员细心观察，从客人的衣冠服饰、体形肤色、动作仪态、语音语调等方面，在短时间内判断出客人大概身份、文化层面和地位，预测出可提供的服务项目，从而为客人提供最佳服务。同时在服务过程中，通过客人的表情、眼神、言谈和细微动作，洞察客人心理，及时捕捉服务时机，在关键时刻能恰到好处地为客人提供超前服务。服务人员还要善于观察出酿成服务缺陷或事故的隐患，要善于发现可能导致酿成严重缺陷或大事故的细枝末节，并迅速采取措施予以消除。

（3）记忆能力　餐饮服务人员通过观察了解到的有关客人需求的信息，除了应及时给予满足之外，还应加以记忆，当客人下次光临时，为客人提供针对性的个性化服务，使客人有亲切感和被尊重的感觉。要求餐饮服务人员要有良好的记忆力，记住就餐客人的姓名、兴趣和爱好、忌讳及正确的服务方法，能记住回头客人的个性化需求，记住餐饮服务方面的知识等。

（4）人际交往能力　餐饮服务是以人际交往为特征的职业，交际是实现服务工作的主要途径。服务人员在与客人交往过程中要注意：第一，要重视留给客人的第一印象，即讲究仪容仪表、态度真诚、微笑服务。要做到客到微笑到、敬语到、香巾到、茶到。第二，要有简洁流畅的语言表达能力，并注意与手势、动作、表情的配合。第三，要有妥善处理各种矛盾的能力，即在既不损害餐厅声誉，又能维护客人情面的情况下，把问题妥善处理好。第四，要有招徕客人的能力，即吸引客人，促其消费。这一点非常重要，服务员对客人要有亲和力，要有与客人融洽感情的本领，要有满足和诱导客人需求的功夫，要有促使客人主动交易的招法，还要有使客再次光临的谋略。当然，只有通过不断学习、实践、积累，才能具备这样的能力。

（5）应变能力　餐饮服务过程中难免会出现一些突发事件，如客人投诉、服务人员操作不当烫伤客人、客人醉酒闹事、停电等，这就要求餐饮服务人员思维敏捷、遇事冷静，在熟练运用既定的原则和程序的基础上牢固树立"宾客至上"的服务意识，辩证分析问题、果断解决问题，灵活处理突发事件。

（6）推销能力　餐饮经营的特点决定了餐饮企业必须采用各种手段加大产品的推销力度，以提高客人的消费水平，从而提高餐饮企业的经济效益。餐饮服务人员必须运用灵活多变的推销语言和推销技巧，根据客人的爱好、习惯及消费能力灵活推销：即对轻松型的客人要投其所好，对享受型的客人要激其所欲，对苛求型的客人要释其所疑。

（7）创新能力　在工作中务求突破常规的人，常常会在很偶然的场合，爆出奇思妙想的火花。抓住它，充分让它发展完善，就会使你的工作获得出人意料的效果。服务人员在对客服务过程中要善于创新，管理者要鼓励员工创新，以满足宾客求新的心理需求。

（8）协作能力　餐饮服务质量的提高需要全体员工的参与与投入，要求服务人员在做好本职工作的同时，应与其他员工密切配合，共同努力，尽力满足宾客的需求。美国酒店管理界认为饭店管理理论是机器理论，即酒店犹如一台机器，需要各零件都处于完好状态并配合默契才能运转，一个零部件的不佳都会使机器不能正常运转甚至瘫痪。这就说明酒店业务需要所有人员的精诚合作才能实现预定目标。

5. 职业心理和身体素质

（1）职业心理素质　是指服务人员从事服务工作所必需的各种心理素养品质的总和。作为一名优秀的餐饮服务人员，必须努力提高自己的心理素质。

① 良好的性格。良好的性格是服务人员能够满腔热情地为宾客服务的重要心理条件，餐饮服务人员应当乐观自信、礼貌热情、真诚友善、豁达宽容。

② 积极的情感。餐饮服务人员对待工作和对待客人的热情应该是注重实效的，深厚持久的，应该是建立在维护客人、企业和国家利益的基础之上的。只有具有这样的积极情感，才会全身心地投入到工作中去。服务人员很难在每天8小时甚至更长的时间内都保持热情的情绪，对每位客人表示自己发自内心的微笑。持续的情感投入往往比体力消耗更易令人疲劳。迪士尼公司管理人员教育员工把面对面服务工作想象为自己是在舞台上演戏，以便减轻员工的自尊心与工作性质之间的冲突。员工想象自己是在舞台上演戏，往往会觉得自己的工作很有趣，比较具有挑战性，也就更容易保持积极的工作态度和愉快的心情，从而为客人提供愉快而难忘的消费经历。

③ 坚强的意志。餐饮服务工作的复杂性需要服务人员不断去克服各种主客观方面的困难和障碍，不断增强意志力。具备自觉性、果断性、坚韧性和自制力四种优秀意志品质，才能做好餐饮服务工作。

自觉性,是指服务工作中要强调主动服务。果断性,是指一个人能迅速有效地、不失时机地采取决断的品质。服务人员必须具备驾驭复杂事态的能力,迅速权衡,准确判断。坚韧性,是指在执行任务的过程中,以坚持不懈的精神克服困难,不达目的不罢休的品质。服务人员应该做事认真执着,锲而不舍。自制力,是指一个人善于管理自己的能力。在对客服务中,无论接待何种类型的客人,无论发生什么问题都要做到理让三分,把握分寸、不感情用事、不失礼于人,善于克制自己。当与客人发生不愉快时,要靠意志力和理智,立即采取"躲避刺激法""后果控制法"或"转移注意力法",忌粗暴无礼而激化矛盾。

④ 服从意识。服从是下属对上级应尽的责任。餐饮服务人员应具备以服从上司命令为天职的组织纪律观念,对直接上司的指令应无条件服从并切实执行,遇到误会,要"先服从后上诉",给上司以尊重。服务人员还必须服从客人,但须服从有度,即满足客人的合理需求。

(2)职业身体素质　良好的身体素质是做好餐饮服务工作的基本保证。

① 身体健康。上岗前要取得卫生防疫部门核发的健康证。工作期间要定期体检,如发现患有不适宜从事餐饮服务工作的疾病,应调离岗位。

② 体格健壮。餐厅服务工作是"日行百里不出门",服务人员的站立、行走及服务等必须具有一定的腿力、臂力和腰力等。因此,餐饮服务人员必须有健壮的体格才能胜任工作。

> **本节思政教育要点**
>
> 对学生加强细节教育,使学生明白细节决定服务的成败。
> 不断提高学生的综合素质,使学生具备较高的职业素养。

第三节　餐饮服务质量控制

宾客的满意程度是餐饮服务质量的最终体现,因此餐饮服务质量控制的目的,是促使餐厅的每一项工作都围绕着为宾客提供满意的服务来展开。

一、餐饮服务质量控制的基础

要进行有效的餐饮服务质量控制,必须具备以下条件。

1. 制定明确的服务规程和严格的管理制度

(1)服务规程　服务规程即是餐饮服务所应达到的规格、程序和标准。为了保证和提高服务质量,我们应该把服务规程视为工作人员应该遵守的准则和服务工作的内部法规。餐饮服务规程必须根据目标顾客的生活水平和对服务要求的特点来制定。另外还要考虑酒店类型、酒店等级风格、市场需求、国内外先进水平等因素,并结合具体服务项目的内容和服务过程,来制定出适合本酒店的餐饮标准服务规格和程序。餐厅必须分别对零点餐、团体包餐和宴会以及咖啡厅、酒吧等的整个服务过程制定出迎宾、引座、点菜、传菜、酒水服务等全套的服务程序。

制定服务规程时，首先要确定服务的环节和顺序，然后确定每个环节服务人员的动作、语言、姿态、时间要求及对用具、手续、意外处理、临时措施的要求等。每套规程在开始和结束处，要有与相邻服务过程互相联系、互相衔接的规定。

管理人员的主要任务是执行和控制服务规程，特别是注意抓好各服务过程之间的薄弱环节。要用服务规程来统一各项服务工作，使服务质量标准化、服务过程程序化。

（2）管理制度　餐饮管理制度分两种：一种是直接为宾客服务的各项规章制度，如餐饮产品质检制度、餐具补充与更新制度等；另一种是间接为宾客服务的各项规章制度，如餐饮工作记录制度、交接班制度、考勤制度、客史档案制度等，有了严格的管理制度才能使质量标准被准确无误地执行，从而保证餐饮服务质量稳中有升。

2. 建立质量信息反馈系统

任何成功的企业都有一套完善的质量信息反馈系统。信息反馈系统由内部系统和外部系统构成。内部系统的信息来自于餐厅内部，即来自于服务员、厨师和管理人员等。外部系统的信息来自宾客。餐厅应该重视宾客及员工的意见，鼓励他们反馈信息。

通过这个系统，一方面可以及时了解宾客的个性需求，作为提供个性化服务的依据，同时了解宾客对餐饮服务是否满意，有何意见或建议等，从而采取改进和提高服务质量的措施。另一方面，还可以了解员工满意度、思想动态，征集金点子计划等。许多饭店及餐饮企业想尽各种办法拓宽并保证信息渠道的畅通，如公布总经理的电子信箱、QQ号码等。餐饮企业可以通过质量记录、巡视、正式或非正式的宾客调查及员工调查等方式收集服务质量信息。

3. 抓好全员培训

企业之间的竞争归根到底主要是人才的竞争、员工素质的竞争。员工素质的高低对服务质量影响很大。只有经过良好训练的员工才能为宾客提供优质服务。因此，新员工上岗前必须进行严格的基本功训练、职业意识和相关知识等培训，不允许未经职业技术培训、没有取得上岗资格的人员上岗服务。在职员工也必须利用服务淡季或空闲时间进行再培训，以进一步提高综合素质和业务水平，使企业更具竞争优势。

对员工培训时，要进行服务质量教育，其主要内容有以下几点。

（1）上岗前教育　包括员工手册、礼貌礼节、职业道德、语言艺术、员工素质要求、服务知识、宾客习俗等内容。

（2）服务技能培训　包括前后台各部门、各服务环节所需的所有操作技能训练。

（3）质量观念教育　包括服务观念、标准观念、预防为主观念、全面质量管理观念等。

（4）质量标准教育　包括设施设备标准、服务环境标准、实物产品标准、劳务服务标准、清洁卫生标准等。

（5）质量方法教育　全面质量管理、零缺点质量管理、服务质量控制、质量问题分析等。

（6）投诉处理教育　包括投诉的原因、处理投诉的原则和程序等。

二、餐饮服务质量控制的方法

1. 预先控制

预先控制，就是为了使服务结果达到预定的目标，在开餐前所做的一切管理上的努力。其目的是防止开餐服务中所使用的各种资源在质和量上产生偏差。其指导思想是贯彻预防为主的方针，为优质服务创造物质技术条件，做好思想准备。预先控制的主要内容如下。

（1）人力资源控制　餐厅应根据自身的特点，灵活安排人员班次，保证有足够的人力资源，而且要避免"闲时无事干，忙时疲劳战"的不正常现象发生。开餐前开好餐前会及做好主要接待任务的思想动员，检查仪容仪表等。

（2）物资资源的预先控制　开餐前，必须按接待规格摆好餐台，备好各种服务用具，备足相当数量的"翻台"用品，并对设备的安全性和配备的合理性等做一次检查。

（3）卫生质量的预先控制　开餐前半小时对餐厅卫生从墙面、天花板、灯具、通风口、地毯到餐椅、转盘、台布、餐具等都要做最后检查。一旦发现不符合要求，要迅速返工。

（4）事故的预先控制　开餐前，餐厅主管必须与厨师长联系，核对前后台所接到的客情预报或宴会通知单是否一致，以避免信息传递的失误而引起事故。还要了解当天的菜肴供应情况，特别是个别菜肴缺货，应该让全体服务员知道，以免点菜时引起宾客不满。

2. 现场控制

现场控制，是指现场监督正在进行的餐饮服务，使其规范化、程序化，并迅速妥善地处理意外事件。这是餐厅主管的主要职责之一，也是餐饮部经理管理工作的重要内容之一。

管理者必须做到心中有标准，手中有尺度，带着问题经常到服务现场走动，及时了解情况，督导检查工作，一旦发现有产生服务缺陷的苗头，要立即采取措施纠正；思考如何更好地为员工的对客服务提供支持与保障；现场抓住机会"教"和"带"下属。现场控制的主要内容如下。

（1）服务程序的控制　开餐期间，餐厅管理者应始终亲临第一线，亲自观察、判断、监督，指挥服务员按标准服务程序为宾客服务，并根据具体情况灵活掌握，发现问题，及时纠正。

（2）上菜时机的控制　要先征求宾客的意见，控制好首次上菜时机。开餐过程中，餐厅主管应根据宾客的用餐速度和菜肴的烹制时间时常注意并提醒上菜人员掌握好上菜时机，做到恰到好处，既不要让宾客等待太久，又不应将所有菜肴一下子全上去。大型宴会，上菜时机应由餐厅主管甚至是餐饮部经理掌握。

（3）意外事件的控制　一旦发生意外事件，主管一定迅速采取弥补措施，以防止事态扩大，影响其他宾客的用餐情绪。

（4）人力控制　开餐期间，服务员虽然分区看台，在固定区域服务（一般中等服务标准的餐厅按照每个服务员每小时能接待20名散客的工作量来安排服务区域），但是主管应根据客情的变化进行再分工。如果某一区域的宾客突然增多，就应从另外区域抽调服务员支援，等情况正常后再将其调回原服务区域。当用餐高峰过后，应让一部分员工休息，留下一部分人工作，到一定时间再交换，以提高工作效率。这种方法对营业时间较长的火锅厅、咖啡厅等特别必要。

3. 反馈控制

反馈控制，就是通过质量信息的反馈，找出服务工作在准备阶段和执行阶段的不足，采取措施加强预先控制和现场控制，提高服务质量，使宾客更加满意。

反馈控制的关键是建立服务质量信息反馈系统。为了及时得到质量反馈信息，可在餐桌上放置宾客意见表或在宾客用餐结束后主动征求宾客意见，并在每餐结束后召开简短的总结会，总结经验，找出存在的问题，并迅速采取改进措施。对于旅行社、酒店大堂、营销部、公关部及高层管理人员等反馈的投诉，属强反馈信息，应予以高度重视，保证以后不再发生类似的质量问题。

反馈控制主要是找出经验教训，对反馈控制中发现的问题，必须转到下一轮 PDCA 循环中去，由此不断提高餐饮服务质量。

三、餐饮服务质量的监督检查

餐饮服务质量监督检查是服务质量管理工作的重要内容之一。在餐饮服务质量系统中，各部门和班组是执行系统的支柱，岗位责任制和各项操作程序是保证，提供优质服务是最终目的。上级对下级逐级形成工作指令系统，下级对上级逐级形成反馈系统。各部门将所制定的具体质量目标分解到班组或个人，由质量管理办公室或部门质量管理小组成员协助部门经理负责监督检查。

设计好餐厅服务质量检查表（见表6-1）是餐饮服务质量监督检查的关键。此表既可作为常规考核的细则，又可将其数量化，作为餐厅之间、员工之间竞赛评比或员工考核的标准，分为仪容仪表、就餐环境、服务规格、工作纪律四大项目。

表6-1 餐厅服务质量检查表

部门：　　时间：　　　　　　　　　　　　　　　　　　　　检查者：

检查项目	检查细则	等级			
		优	良	中	差
仪容仪表	1.服务员是否按规定着装并穿戴整齐 2.制服是否合体、整洁、无破损 3.标志牌是否端正地挂于左胸前 4.外衣是否烫平挺括、无污边褶皱 5.衣裤口袋中是否放有杂物 6.衬衫领口、袖口是否清洁并扣好 7.男服务员是否穿深色鞋袜 8.女服务员穿裙时是否穿肉色长袜 9.服务人员打扮是否过分 10.服务员是否留有怪异发型 11.女服务员头发是否清洁整齐 12.男服务员是否蓄胡须、留大鬓角 13.女服务员发夹式样是否过于花哨 14.是否有浓妆艳抹现象 15.使用香水是否过分 16.牙齿是否清洁 17.口中是否发出异味 18.指甲是否修剪整齐，不露在指头之外 19.女服务员是否涂有彩色指甲油 20.除手表戒指外，是否还戴其他首饰				
就餐环境	1.玻璃门窗及镜面是否清洁、无灰尘、无裂痕 2.窗框、工作台、桌椅是否无灰尘和污渍 3.地板有无碎屑及污渍 4.墙面有无污痕或破损处 5.墙上装饰物有无破损 6.盆景花卉有无枯萎带灰尘现象 7.天花板有无破损、漏水痕迹 8.天花板是否清洁、有无污迹				

续表

检查项目	检查细则	等级			
		优	良	中	差
就餐环境	9.通风口是否清洁，通风是否正常 10.灯泡灯管灯罩有无脱落、破损、污痕 11.吊灯是否照明正常、是否完整无损 12.餐厅温度及通风是否正常 13.餐厅通道有无障碍物 14.餐桌椅是否无破损、无灰尘、无污痕 15.广告宣传品有无破损、灰尘及污痕 16.菜单是否清洁、有无缺页破损 17.背景音乐音量是否合适 18.背景音乐是否适合就餐气氛 19.餐厅的温度、湿度、气味是否适宜 20.总的就餐环境是否吸引宾客				
服务规格	1.是否问候进入餐厅的宾客 2.迎接宾客是否使用敬语 3.使用敬语时是否点头致意 4.在通道上行走是否妨碍宾客 5.是否协助宾客入座 6.对入席来宾是否端茶送巾 7.是否让宾客等候过久 8.回答宾客提问是否清晰流利悦耳 9.跟宾客讲话前，是否先说"对不起，打扰您了" 10.发生疏忽或不妥时，是否向宾客道歉 11.接受点菜时，是否仔细聆听并复述 12.能否正确地解释菜单 13.能否向宾客提建议，进行适时推销 14.能否根据点菜单准备好必要的餐具 15.斟酒是否按操作规程进行 16.递送物品是否使用托盘 17.上菜时，是否报菜名 18.宾客招呼时，能否迅速到达餐桌旁 19.与客宾谈话是否点头行礼 20.是否能根据菜单预备好餐具及佐料 21.拿玻璃杯是否叠放、是否握下半部 22.领位、值台、上菜、斟酒时的站立、行走、操作等服务姿态是否合乎规范 23.撤换餐具时，是否发出过大声响 24.是否及时、正确地更换烟灰缸 25.结账是否迅速、准确无误 26.告别结账离座的宾客，是否说"谢谢" 27.是否检查餐桌、餐椅及地面有无宾客遗留的物品 28.是否在送客后马上翻台 29.翻台时是否影响周围宾客 30.翻台时是否按操作规程进行				
工作纪律	1.工作时间是否相聚闲谈或窃窃私语 2.工作时间是否大声喧哗 3.是否因私事放下手中工作 4.是否在上班时打私人电话				

续表

检查项目	检查细则	等级			
		优	良	中	差
工作纪律	5. 是否在柜台内或值班区域随意走动 6. 有无交手抱臂或将手插入衣袋现象 7. 有无在前台吸烟、喝水、吃东西现象 8. 有无上班时间看书、干私事行为 9. 有无在宾客面前打哈欠、伸懒腰行为 10. 值班是否倚、靠、趴在柜台上 11. 有无随背景音乐哼唱现象 12. 有无对宾客指指点点的动作 13. 有无嘲笑宾客的现象 14. 有无在宾客投诉时作辩解的现象 15. 有无不理会宾客询问的现象 16. 有无在态度上、动作上向宾客撒气的现象 17. 有无对宾客过分亲热的现象 18. 有无对熟客过分随便的现象 19. 对宾客能否做到既一视同仁，又个别服务 20. 能否提供针对性服务及对老、幼、残宾客的方便服务				

在使用此检查表时，可将四大检查项目分为四个检查表分别使用，餐厅还可以根据自身等级和具体情况，增加或减少检查细则项目的个数。在"等级"栏目中，也可将"优、良、中、差"分别改成"4分、3分、2分、1分"，最后根据四大项九十个细则的总得分进行评比。

四、餐饮服务质量分析方法

通过科学的质量分析方法，可以找出存在的质量问题及其产生的原因，从而采取有针对性的解决问题的措施与方法，以保证同类质量问题不再发生。通常采用排列分析图、圆形分析图和因果分析图来进行服务质量分析。

1. 排列分析图

排列分析图是意大利经济学家帕累托所创，又称帕累托图，或称ABC分析法。

排列分析图是以图表形式把许多餐饮质量问题或形成质量问题的因素一一排列出来，并表示出各项问题的累计百分比。排列分析图能直观地反映出存在哪些质量问题及主要质量问题是什么，以便找准解决质量问题的主攻方向。分析步骤如下。

（1）收集服务质量问题信息　信息来源于调查研究的结果及企业内部服务管理工作原始记录，这些信息构成了企业的质量记录，包括：宾客调查与员工调查结果、宾客投诉记录、质量管理例会的会议记录、服务操作提供情况记录、质量检查及评比所形成的各种资料、设备维修记录和其他有助于改进服务质量的信息或数据（如质量成本报告、与竞争对手企业的对比等）。信息的及时性、真实性和可靠性是成功应用排列图的基础与关键，所有资料和数据必须经过核实和确认方可采用。如饭店餐饮部2006年下半年收集有关质量问题数据400条。

（2）分类、统计、制作服务质量问题统计表　将收集到的质量信息进行合理分类。这是应用排列图最关键的步骤。然后分别计算出各类问题的频数、累计频数、频率、累计频率,再将各类问题按频率从大到小排列,制作出统计表(见表6-2)。

表6-2 服务质量问题统计表

问题类别	频数	累计频数	频率/%	累计频率/%
违反服务规程	152	152	38.0	38.0
菜点质量问题	126	278	31.5	69.5
设备问题	70	348	17.0	86.5
卫生问题	36	384	9.5	96.0
其他	16	400	4.0	100.0

(3)绘制排列图 根据上面统计表的数据,按一定的比例画出两个纵坐标和一个横坐标。两个纵坐标分别表示频数与累计频率,横坐标表示影响服务质量的各类问题。在横坐标上按各类问题的频率值,从大到小由左到右排列好,然后按累计频率的坐标点绘出一条曲线(如图6-1)。

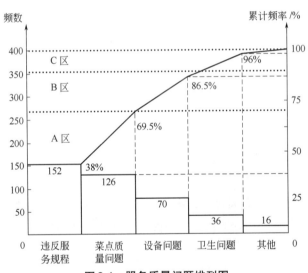

图6-1 服务质量问题排列图

(4)分析排列图,找出主要问题 排列图上累计频率在0%～70%的问题为A类问题,即主要问题;在70%～90%的问题为B类问题,即次要问题;在90%～100%的问题为C类问题,即一般问题。从图6-1中可知违反服务规程和菜点质量问题是A类问题,这个主要矛盾一经解决,即可解决问题的69.5%。

2. 圆形分析图

圆形分析图是指通过计算服务质量信息中有关数据的构成比例,以图示的方法表示存在的质量问题。分析步骤如下。

(1)收集质量问题信息 通过质量记录收集质量问题信息。

(2)信息的汇总、分类和计算 将收集到的质量问题信息进行汇总、分类,并计算每类质量问题的构成比例。

（3）画出圆形分析图　先画一个大小适宜的圆形，并在圆心周围画一个小圆圈（内填分析项目）；然后从最高点开始，按顺时针方向，根据问题种类及其构成比例分割圆形，并用直线与小圆相连；最后填入相应的问题种类及构成比例。根据圆形分析图即可一目了然地掌握存在的餐饮服务质量问题及其程度。

根据上例数据，可画出圆形分析图（如图6-2）。从中看出，违反服务规程和菜点质量问题是需改进的首要问题。

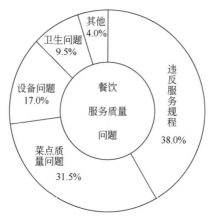

图6-2　服务质量问题圆形分析图

3. 因果分析图

因果分析图又称鱼刺图或树枝图，是日本人石川馨创制的用于分析质量问题产生原因的一种有效工具，又称石川图。因果分析图对存在的质量问题及其产生的原因进行分析，并用带箭头的线明确地表示两者之间的因果关系。

分析质量问题原因的基本程序如下。

（1）找出要分析的主要质量问题　一般是用排列图找出A类问题。通常影响服务质量问题的大原因可以归结为五大因素，即人、设施、材料、方法和环境。分析时，应从大到小，从粗到细，追根究源，直到所找的原因能采取具体措施为止。

（2）寻找主要质量问题产生的原因。

（3）根据整理结果，画出因果分析图。

上例中的菜点质量问题，可用因果分析图分析其产生的原因（如图6-3）。

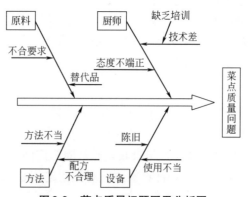

图6-3　菜点质量问题因果分析图

五、PDCA管理循环

找出了主要质量问题，分析了产生质量问题的主要原因，进而需要运用PDCA管理循环寻求解决问题的措施与方法。

1. PDCA管理循环的涵义

PDCA即计划（plan）、实施（do）、检查（check）、处理（action）的英文简称。PDCA管理循环是指按计划、实施、检查、处理四个阶段进行管理工作，并循环不止地进行下去的一种科学管理方法。因其是由美国著名质量管理专家戴明首先提出的，又称戴明环。PDCA循环转动的过程，就是质量管理活动开展和提高的过程。

2. PDCA管理循环的工作程序

（1）计划阶段　工作内容包括：分析服务质量现状，用排列图或圆形图找出存在的质量问题，并确定亟待解决的主要服务质量问题；用因果图分析产生质量问题的原因；找出影响质量问题的主要原因；运用头脑风暴法制定解决质量问题的具体措施和跟进计划，计划要明确具体，切实可行（见表6-3）。

表6-3　解决菜肴口味不好的对策表

序号	问题	现状	对策	负责人	进度（周）			
					一	二	三	四
1	调味品无质量标准	口味不稳	（1）制定标准菜谱 （2）确定调味品质量标准	行政总厨				
2	厨师把关不严格	口味轻重不一	（1）严格按标准菜谱操作 （2）质量不合格的调味品不用	厨师长				
3	采购人员随意采购	同一种调味品购进多种品牌	（1）根据标准菜谱，制定采购标准 （2）严格按照标准进货	采购员				

补充阅读材料6-3

头脑风暴法

头脑风暴法又叫思维共振法，是一种智力激励方法。其关键在于创造一种能让参与者自由地发表个人意见的氛围，以激发参与者提出尽可能多的想法，从而使参加讨论者能够相互启发，相互借鉴，集思广益，产生组合效应，从而为激发创造性思维创造条件。

（2）实施阶段　餐饮管理者组织有关部门或班组及员工认真执行计划内容，同时要做好各种原始记录，及时反馈实施计划过程中出现的各种情况。

（3）检查阶段　餐饮管理者检查计划的实施情况，并与计划目标进行对比分析，从中发现存在的质量偏差。

（4）处理阶段　即总结成功的管理经验，使之标准化，或编入服务规程、形成管理制度，使质量改进的成果得到巩固和扩大。同时，吸取失败的教训，提出本轮 PDCA 循环悬而未决的问题，并把它作为制订新的质量改进方法的依据，转到下一循环的第一阶段，并开始新一轮的 PDCA 管理循环。

PDCA 管理循环的四个阶段缺一不可，且不断地循环下去。每完成一个循环，管理水平就提高一步，每次循环都有新目标和新内容，质量问题才能不断得到解决，最终趋向于零缺点。

> **本节思政教育要点**
>
> 对学生加强质量管理意识教育，使学生具备质量管理控制、强化的能力。

第四节　提高餐饮服务质量的措施

一、确立现代餐饮服务质量意识

任何一家成功的餐饮企业都不能只把"宾客至上，服务第一"停留在口号上，而是应将其内涵化为员工的自觉意识。现代餐饮服务质量意识应表现在以下几个方面。

1. 以质量求生存的意识

有人说客源是餐饮企业的生命线，也有人说质量是企业的生命线，两种说法都对，只不过是从不同的角度来阐述。但究其根本，质量保证了，客源才能源源不断，所以说服务质量是企业生存的根本。

2. 服务质量的成本意识

低质产品将增加不必要的成本支出，如服务质量问题造成的赔款、打折、免单等，这是显而易见的成本。由于质量差而导致宾客不满，不仅影响了企业形象和产品的销售，还浪费了企业大量的人、财、物资源，这便是隐性成本。据统计，维持一个老顾客的成本是培养一个新顾客成本的 1/5，可见回头客人和忠诚客人对企业的重要性。这就要求餐饮企业制定质量管理标准必须是"零缺点"，执行标准也必须是"零缺点"，并且激励每个员工第一次且每一次都要把事情做好，减少决策失误和服务缺陷，并避免出现质量问题，从而降低服务成本。

3. 向企业内部员工提供一流服务的意识

向企业内部员工提供一流的服务是管理者主要工作职责。"员工的心企业的根"，酒店唯有首先竭力求得员工的满意，员工才有可能进而以卓越的服务最终赢得顾客的满意和忠诚！

二、以客人需求为核心设计服务质量标准

1. 了解宾客需求

宾客需求具有多样性特点。在服务中要注意区分合理需求与不合理需求，努力创造条

件满足其合理需求。同时也要区分一般需求和特殊需求、主导需求与从属需求，便于明确提高服务质量的方向，挖掘服务潜力，努力开拓服务内容的新领域，以满足宾客不断变化的需求。

2. 服务质量的设计

服务质量设计分为规范化设计与个性化设计。规范化设计要满足的是目标市场客人的共性需求，而个性化设计是为了满足客人的特殊需求而提供的，它是员工对餐饮服务原则的灵活而艺术化的应用。在进行服务质量设计时要考虑以下几个方面的问题。

（1）酒店服务质量"黄金标准"　凡是客人看到的必须是整洁美观的；凡是提供给客人使用的必须是有效的（是指设施设备、用品和服务规程的有效性）；凡是提供给客人使用的必须是安全的；凡是酒店员工对待客人必须是亲切礼貌的。

（2）提高服务的功能和效率　在进行服务开发时，要树立精益求精的思想，服务产品就会变得难以模仿和超越。要为你的服务产品融入服务的新思想、增添真诚而有效的服务，就能使平凡的产品变得不平凡。毫不犹豫地给宾客提供一些意外而惊喜的"额外优惠"，他们就会念念不忘而且做你产品的义务宣传员。

（3）强调服务礼仪是酒店餐饮的明显优势　服务人员要了解宾客的各种习俗、礼仪规范，再根据具体时间和空间环境灵活运用，既要尊重客人，又要表现出文明的社会风尚，使宾客得到心理上的满足。这将有利于宾客在不同文化氛围中寻求认同感和归属感。服务中要善于把握交流的时机，通过提供恰到好处的服务，达到彼此沟通、相互信任，从而建立良好的客我关系，使宾客满意。要为宾客提供具有传统特色或本店特色的服务形式、服务礼仪等，满足其求新求异的心理需求，使其对酒店产生深刻的印象。规范的接待礼仪包括服务的姿态、语言及其他行为规范等。其中语言是员工与宾客交流中使用最多、最直接、最主要的方式，因此，提高服务质量首先应从规范服务语言做起，应加强培训，提高服务语言的规范性和艺术性，使宾客从中体会到服务的热情及餐饮企业力求体现的"亲情"和"家"的内涵。

3. 引导消费

事实上，客人对如何满足自己的需求并非很清楚，因此服务人员在与客人接触过程中，要根据情况，适时创造需求，引导消费，使其物质和心理需求得到最大程度的满足。

三、实施全面质量管理

全面质量管理（total quality control，简称TQC），起源于美国，由质量管理专家菲根堡姆于1961年提出。首先应用于工业企业，后又推广到服务性企业，取得了丰硕的成果，备受世界各国瞩目。自20世纪80年代后期以来，全面质量管理得到了进一步的扩展和深化，逐渐由早期的TQC演化为TQM（total quality management），成为一种综合的、全面的经营管理方式和理念，并且"质量"不再仅仅被看做是产品或服务的质量，而扩展为涵盖整个组织经营管理的质量。

1. 全面质量管理的涵义

ISO 9000族系列标准中对全面质量管理的定义为：一个组织以质量为中心，以全员参与为基础，目的在于通过让顾客满意和本组织所有成员及社会受益而达到长期成功的管理途径。

2. 全面质量管理的特点

中国在1978年开始推行全面质量管理，并在理论和实践上都取得了一定的成效，还实行了具有中国特色且被国外不少企业采纳的QC小组制度。通过总结实践经验，提出了"三全一多"的观点，即认为推行全面质量管理，必须要实现"全员的质量管理、全企业的质量管理、全过程的质量管理和多方法的质量管理"。

总之，酒店应以宾客需求为依据，以宾客满意为标准，以科学方法为手段，以全企业管理为基础，以全过程管理为核心，以全员参与为保证，运用全面质量的思想和观念推行服务质量管理，就能达到预期的质量效果。

四、导入ISO 9000族国际质量标准体系

1979年国际化标准组织（ISO）成立质量保证技术委员会，专门从事质量保证领域的国际标准化工作，于1987年改名为质量管理和质量保证技术委员会。1986年该组织正式颁布ISO 9000系列标准，该国际标准目前已有1987年、1994年和2000年分别颁布的三个版本。

ISO族系列标准是世界上许多国家质量管理经验的科学总结。目前我国已有许多餐饮企业导入ISO 9002标准（酒店星评标准中还引用了ISO 9004—2标准），并在质量管理中取得了显著的成效，也体现了管理者的质量意识与远见卓识。我国酒店业正与国际接轨，ISO标准体系越发显示出它的重要性，而备受餐饮业广泛重视。

ISO标准体系与全面质量管理是有联系的。ISO 9000族质量标准体系是在全面质量管理的基础上发展起来的，无论在原理上还是在基本要求上与全面质量管理都是一致的。二者都强调全员的参与、全面的质量和全过程的控制，都强调预防为主、系统管理、持续改进质量及管理者特别是决策层在质量管理和质量体系建设中的主导作用。贯彻ISO 9000族系列标准的中心任务是建立并保持文件化的质量体系，所以该标准有助于忠实地记录并证明和改善服务质量管理工作。

餐饮企业导入ISO 9002标准体系对企业而言是有积极作用的。通过ISO 9002标准体系认证，树立了企业形象，其本身就是对企业的一种宣传；对餐饮产品和无形服务进行规范化的文件管理，使企业管理向科学化发展；使员工受到一次质量再教育，质量意识和总体素质得以提高，企业质量管理水平又前进了一步。

需强调的是ISO 9000族系列标准只是世界的通用标准，并不能代表质量管理的最高水平。因此，还需做大量的跟进工作。而且ISO 9000族标准从本质上讲根植于西方国家的文化思想，许多方面不完全适用于我国的情况。餐饮企业应尝试如何在管理上、技术上把国际惯例与等同采用的国家标准、企业的实际情况相结合，创造出具有本企业特色的新的标准。

五、落实5S管理精神

源于日本的5S管理，是体现"预防胜于补救"理念的一种新形式质量管理方法。近年来，这种新方法逐渐被国人所了解，并被一些国内酒店广泛应用。

5S管理的名称源自五个不同的日文汉字词汇，因其罗马拼法的第一字母都是"S"而得名。它们的含义分别如下。

常清理（seiri）：把工作场所内不要的东西坚决清理掉。

常整顿（seiton）：使工作场所内所有的物品保持整齐有序的状态，并有必要的标识，要求杜绝乱堆乱放、用品混淆、该找的东西找不到等无序现象的出现。

常清洁（seiso）：使工作环境及设备等始终保持清洁的状态。

常维持（seiketsu）：养成能够长期保持的好习惯，并辅以一定的监督检查措施。

常自律（shitshke）：树立讲文明、积极敬业的精神。如爱护公物、尊重他人、遵守规则、有强烈的时间观念等。

酒店推行5S管理，主要是从上述五个方面整顿员工思想，训练员工习惯，强化文明工作观念，从而使酒店中每个服务场所的环境、每位员工的行为都能符合5S精神的具体要求。

餐饮企业实施5S管理的主要形式，就是针对员工的日常行为方面提出要求，倡导他们从小事做起，力求使每位员工都养成事事"讲究"的习惯；号召他们从细节入手，鼓励大家齐心协力为客人、为自己创造一个温馨怡人的就餐环境和工作环境。

落实5S精神，使每位员工都能养成5S管理所要求的良好工作习惯，并最终形成严谨认真的做人、做事风格，这必将有助于促进酒店服务质量的大幅提升。

六、正确处理宾客投诉

餐饮服务质量构成综合性及宾客需求多样性的特点决定了无论酒店的档次多高，设施设备多么先进完善，都不可能使客人百分之百满意，即使是世界上最负盛名的酒店也会遭到投诉。因此，客人投诉是不可避免的。关键在于餐饮企业要善于把投诉的消极面转化成积极面，通过处理投诉促使企业不断提高服务质量，防止投诉的再次发生，同时将对客人的危害减少到最低程度，最终使客人满意。

1. 宾客投诉的原因

（1）对设施设备的投诉　因设施设备不配套、使用不正常、不卫生等而让客人感觉不便是客人投诉的主要内容之一，如会议室设备配备不全、使用不正常、空调控制不良等。

（2）对服务质量的投诉　尊重需要强烈的客人往往把服务态度作为投诉的主要内容，如服务员待客不主动、不热情、缺乏修养，动作、语言粗俗无礼，挖苦、嘲笑客人等。对服务效率低下的投诉主要有上菜、结账速度太慢使客人等候时间太长。对于这方面投诉有的是客人急性子，有的是有要事在身，有的是因心境不佳而借题发挥，有的确因酒店服务效率低下而使客人蒙受损失。还有因服务程序与服务方法欠妥、服务员不熟悉业务、被催迫用餐等引起的投诉，如因上菜方法不对而烫伤客人等。

（3）对商品质量的投诉　如菜肴质量不佳、酒水饮料变质、调制比例不当而口味不佳等。

（4）对酒店违约行为的投诉　当客人发现酒店未兑现曾经作出的承诺，或委托代办服务未能按要求完成时，会产生被愚弄、被欺骗的愤怒情绪而引起投诉。

（5）对异常事件的投诉　如输了比赛、生意没谈成等，客人心情不好，很可能迁怒于服务员，服务稍有不慎就可引发投诉。

（6）其他方面的原因　如服务员行为不检、索要小费、损坏客人物品、客人对价格有争议、对周围治安及环境不满意、对管理人员的投诉处理有异议等。

2. 处理投诉的原则

据调查，多数投诉的客人会再次光临酒店，但有了不满而不投诉的客人则很少会再次光临。所以当客人投诉时，应感谢客人给酒店提供了挽回的机会。因此，在处理客人投诉时，应注意遵循以下基本原则。

（1）真心诚意地帮助客人　客人投诉，说明餐厅的管理及服务工作有不完善之处，客人的某些需求没有得到满足。服务人员应该理解客人的心情，同情客人的处境，努力识别并满足客人的真正需求，表现出愿意为客人排忧解难的诚意，只有这样，才能赢得客人的好感和信任，才能有助于问题的解决。

（2）绝不与客人争辩　遇到客人投诉时，应避免在公共场合接受投诉。对客人投诉持欢迎态度，感谢客人对餐厅的关心，对客人的遭遇深表歉意。对脾气火暴者应豁达礼让，保持冷静，不与客人争辩。

（3）兼顾客人和酒店双方的利益　管理者既是代表酒店同时也是代表客人去调查事件的真相，给客人以合理的解释，为客人追讨损失赔偿。为了鼓励"要投诉就在酒店投诉"的行为，管理者必须以不偏不倚的态度，公正地处理投诉，以回报客人对酒店的信任。

（4）分清责任　不仅要分清引起宾客投诉的责任人和责任部门，而且需要明确处理投诉的各部门、各类人员的具体责任与权限及宾客投诉得不到及时圆满解决的责任。

3. 宾客投诉心理

（1）求尊重的心理　客人一般都会认为自己的投诉是正确的，希望得到同情和尊重，希望有关人员重视他的意见，向他表示歉意，并立即采取行动。

（2）求发泄的心理　客人在碰到令他们恼怒的事情，或被无礼对待之后，心中充满怒气，要利用投诉的机会发泄出来，以维持他们的心理平衡。

（3）求补偿心理　客人在蒙受了一定的损失后向有关部门投诉时，一般普遍的心理是希望能补偿他们的损失。

多数情况下，宾客投诉的心理是综合性的，既有心理上的需求，又有经济上的需求。处理投诉时，要注意区分主要投诉心理，然后根据情况对症下药。

4. 处理投诉的程序

（1）认真倾听，适当记录　倾听时应注视客人，不时点头示意，准确领会客人意图，把握问题的关键所在，确认问题的性质和程度；为使客人能逐渐消气息怒，应作适当记录，以示重视；简要地重复客人的意见以示理解。

（2）表示同情和歉意，并真诚致谢　用恰当的表情表示对客人遭遇的同情，用适当的语言给客人以安慰，并向客人表示歉意。如"对于发生这类事件，我们感到很遗憾""我完全理解您现在的心情""我们感到非常抱歉，先生，谢谢您让我们及时了解餐厅存在的问题，我们将对此事负责"。

（3）立即行动，及时处理　如果你能马上弥补服务过失时，应该明确地告诉客人你将采取什么样的措施，并尽可能让客人对你的决定表示同意。如"李先生，我们将这样处理，您看是否合适？"如果不能立即采取措施，则应区别不同情况，妥善安置客人（对求宿客人，可安置于大堂酒吧稍事休息；对本地客人或离店客人，可请客人先离店，明确地告诉客人给予答复的时间，并留下他们的联系电话或地址），然后着手调查（必要时向上级汇报,请示处理方式,作出处理意见),并把调查情况与客人沟通,向客人作必要解释,争取客人同意处理意见。

(4) 认真落实,监督检查　向有关部门落实处理意见,监督、检查有关工作的完成情况。再次倾听客人的意见,达到客人满意,并再次感谢客人。

(5) 记录存档　记录投诉和处理情况,存档备查。

要点提示:

(1) 处理投诉时应注意倾听,千万不要打断客人或急于辩解。

(2) 要以弄清情况、平息事态为目的,不要跟着客人的情绪走。

(3) 语言得体、解释适当、表达准确。

(4) 给予客人的承诺一定要兑现,不可言而无信。

七、开展优质服务竞赛和质量评比活动

开展优质服务竞赛和质量评比活动,可使酒店员工树立全员质量意识,提高执行餐饮服务质量标准的主动性和积极性,并形成"比、学、赶、帮、超"的质量管理局面。

1. 定期组织,形式多样

要求明确活动意义、确定参与对象及要求、制定评比标准与方法等,形式应丰富多样,以激发广大员工的参与愿望,如每月"微笑大使"或"服务明星"、各部门的"技能比赛"、"零缺点工作月、工作周"等。

2. 奖优罚劣,措施分明

一般应遵循"奖优罚劣,以奖为主"的奖惩原则,制定出具体的奖惩措施。方法也要灵活多样,如授予优胜者荣誉称号、与总经理合影留念、以VIP身份免费入住酒店一天、去国外或外地进修、考察旅游、发奖金等。

3. 总结分析,不断提高

每次活动结束后,质量管理人员及员工都应认真总结分析,总结经验与不足,从而不断改善与提高餐饮服务质量。

八、餐饮服务质量效果评定

酒店开展了很多餐饮服务质量管理活动,采取了许多质量管理方法,但究竟效果如何呢?这就需要对服务质量管理效果进行评价。

1. 评价内容

(1) 服务质量管理标准的执行程度　即酒店餐饮各部门、各环节、各岗位的各位员工的工作是否符合质量管理标准要求。

(2) 宾客的物质和心理满足程度　即设施的配套程度、设备的舒适程度、实物产品的适用程度、服务环境的优美程度、员工素质高低及劳务服务的艺术化程度等是否满足宾客的要求。

2. 评价方法

主要是检查,检查的方式可以灵活多样。

（1）外部质量审核机构评价　如行政主管部门及质量认证机构所做的专业评价。

（2）内部质量审核机构评价　利用酒店服务质量管理体系中的质量管理机构，如酒店内部的质检部、质量管理小组等的检查评价。

（3）宾客评价　即进行宾客满意率调查等。

根据评价内容，对照评价结果，从而客观地评价酒店餐饮服务质量管理效果，同时要提出存在的质量问题，分析其产生的原因，找出切实可行的改进措施，不断提高餐饮服务质量。

> 📖 **本节思政教育要点**
>
> 　　在处理客人投诉时，一定要尊重客人，设身处地的为客人着想，积极、善意的为客人提供帮助。

典型案例

捕捉时机　超值服务

广州某西餐厅晚餐时间，宾朋满座。餐厅几位琴师弹钢琴、拉小提琴，奏出美妙的乐曲，使宾客沉浸在温馨的艺术气氛中。

服务员小姚正在巡台，偶尔听到一位女士对先生说："我现在特别想听《爱相随》，用钢琴加小提琴协奏，效果棒极了。"小姚听到后，随即走到琴师面前，说明情况请他们演奏一曲《爱相随》。即刻钢琴与小提琴协奏响起，一曲优美的《爱相随》飘荡在大厅里。小姚看见那两位客人惊奇地抬起头，满脸惊讶地倾听这动人的曲子。小姚微笑地走到两位客人身旁，悄声对客人说："这首《爱相随》送给女士您，祝二位今晚好兴致！"两位客人连声道谢，高兴之余又点了许多食品饮料，又消费了几百元。

评析

这是一个典型的超前、超值的服务的案例。

为客人点曲子本不是小姚分内的事，但当她得知了客人美好的愿望后，打破常规，给客人带来了惊喜与温馨，使客人得到了心理的满足和超值的艺术享受，同时对餐厅的服务留下极为深刻的印象。小姚这分外的出色服务，传达了服务员对客人的真情，收到了极佳的服务效果。

服务员在做好分内工作的同时，要善于观察倾听，反应机敏，及时捕捉服务时机，在客人开口之前的关键时刻提供恰到好处的服务，客人才能满意。客人原只是个美好的愿望，却意外得以实现，这份惊喜和感动是非常意外的，随之转化为对服务员的感激，从而更加愉快地在餐厅多消费。正所谓：客人因你而消费，餐厅因你而自豪。这就是服务艺术的魅力所在，同时也是对服务定义的一个最好诠释：服务是发自内心的；服务是创造美和惊喜的过程。

本章小结

通过本章内容的学习，首先要树立正确的质量观念，深刻理解优质服务的内涵，掌握餐饮服务质量分析方法、控制的手段及提高餐饮服务质量的措施，为今后从事餐饮服务管理工作打下坚实的基础。

复习思考题

1. 如何理解优质服务的内涵？
2. 餐饮服务质量控制的基础是什么？
3. 餐饮服务质量现场控制的主要内容有哪些？
4. 餐饮服务质量的分析方法有哪几种？
5. 简述处理投诉的原则与程序。
6. 提高餐饮服务质量的措施有哪些？

实训题

1. 学生分角色扮演客人和服务员，设计投诉事故，进行餐厅投诉处理模拟训练。
2. 组织学生分组开展"提高餐饮服务质量措施"的讨论，最后整理出具体可行的措施。

第七章 餐饮销售管理

学习目标

掌握餐饮定价的基本策略和方法；熟悉销售控制的各类方法和餐厅销售决策的手段；了解餐饮营销的内涵和方法；掌握餐饮活动策划的程序；了解餐饮营销的发展趋势。

第一节 餐饮定价

产品的销售价格是餐饮企业营销过程中一个十分敏感而又最难有效控制的因素，它直接关系着市场对产品的接受程度，影响着市场需求量即产品销售量的大小和企业利润的多少。

餐饮定价是销售和成本控制的一个重要环节。餐饮价格定得是否合理，不仅会影响菜单的吸引力和餐厅的客流量，而且还会影响餐饮的成本结构和经营利润。由于餐饮产品的价格结构和餐饮的经营方式具有独特性，因此餐饮产品的定价方法也区别于其他产品。

一、餐饮产品价格结构的特点

餐饮产品与制造业产品有相似的地方，即都需要购进原材料进行生产。产品的价格结构中，占较大比例的是原材料成本。在高档餐厅中这部分变动成本约占餐饮成品价格的35%，而在低档餐厅中所占的比例更大。因而餐饮定价往往要以这部分变动成本为基础来制定。

又由于餐饮业属于服务性行业，它的产品往往不能大批量的生产，而是根据宾客的指令进行小批量生产，并且由服务员直接向客人服务。因此，在高档餐厅中，人力成本在餐饮价格中占很大比例。另外，餐厅中有些精细菜的加工生产费用远远超过原材料成本。有的餐厅提供的客房送餐服务，其服务费用也很高。因此，在定价时人力成本也是一个不可忽视的重要因素。

另外，餐饮业主既是生产商又是销售商。餐厅生产的产品一般不通过销售商销售，而是直接向顾客销售。由于餐厅直接与顾客交往，因而定价决策与顾客的消费倾向、就餐喜好以及他们对价格的敏感度有直接关系。与远离顾客的制造企业不同，餐饮业可利用价格直接影响需求，应对竞争。正因为餐饮产品价格的这种特点，餐饮定价还要更多考虑顾客的需求。

二、餐饮定价目标

定价目标是指餐饮企业通过制定产品价格所要达到的目的。餐饮企业在为产品定价时，首先必须要有明确的目标。不同企业、不同产品、不同市场、不同时期有不同的营销目标，因而也就要求采取不同的定价策略。但是，餐饮企业定价目标不是单一的，而是一个多元的结合体。

在营销中，餐饮企业定价目标主要有以下几种。

1. 以追求利润作为定价目标

餐饮定价往往要以经营利润作为目标。管理人员根据利润目标，预测经营期内将涉及的经营成本和费用，然后计算出完成利润目标所必须完成的收入指标。

例如，某餐厅要求达到的年利润为400000元，根据以前的会计统计，餐饮原材料成本占营业收入的45%左右，营业税占5%，部门经营费用占30%。预计明年这些项目营业收入的比例相差不大，那么明年餐厅的营业收入指标（TR）如下。

$$TR=400000元+45\%TR+5\%TR+30\%TR$$
$$TR=400000元\div(1-45\%-5\%-30\%)=2000000元$$

决定销售收入的大小有两个关键指标：即座位周转率和客人平均消费额。通过预测的座位周转率，就能预测出客人的平均消费额指标。

如果上述餐厅具有200个餐座，预计每餐座的周转率为1.2，每天供应晚餐和午餐，则客人的平均消费额指标如下。

$$平均消费额指标=计划期餐饮收入指标/（座位数\times座位周转率\times每日餐数\times$$
$$期内天数）=2000000元\div(200\times1.2\times2\times365)=11.41元$$

根据目标利润计算出的客人平均消费额指标，还应与宾客的需求和宾客愿意支付的价格水平相协调。在确定目标客人消费额指标后，就可以根据各类菜品占营业收入的百分比来确定各类菜的大概价格范围。

2. 销售最大化目标

在有些情况下，管理人员由于经营的需要，在定价时追求增加客源和菜品的销售数量。例如有些餐饮企业所处的地点过于偏僻，或餐厅的知名度较低，管理人员为吸引客源，增强菜单的吸引力,往往在一段时间内将价格定得低些,使宾客喜欢光顾而使餐厅的知名度提高。有些餐饮企业在遇到激烈竞争时,为了扩大或保持市场占有率,甚至为了控制市场,也以很低的价格来增加客源。这些企业虽然会因低价而生意兴隆,但可能会得不到应有的利润,甚至可能会陷入亏损的境地。

3. 应付与防止竞争目标

有些企业为了阻止竞争者进入自己的目标市场,而将产品的价格定得很低,这种定价目标一般适用于实力雄厚的大型餐厅。中小餐厅在市场竞争激烈的情况下,一般是以市场为导向,随行就市定价,从而也可以缓和竞争、稳定市场。

4. 求生存定价目标

在市场不景气或竞争激烈的情况下,有些餐饮企业为了生存,在定价时只求保本,待市场需求回升或餐厅出名后再提升价格。当餐饮收入与固定成本、变动成本和营业税之和相等时,企业能够保本,保本点的餐饮收入等于固定成本除以贡献率(1-变动成本率-营业税率)。保本点的客人平均消费额等于固定成本除以贡献率和客人数之乘积。

例如某餐厅每月固定成本预计为200000元,餐饮变动成本率为40%,营业税率为5%,该餐厅具有200个座位,每天供应午、晚两餐,预计每餐座位周转率能达到1.2,该餐厅若要保本经营,客人平均消费额要达到:

$$保本点客人平均消费额 = \frac{固定成本}{客人数 \times (1-变动成本率-营业税率)}$$

$$= \frac{200000}{200 \times 1.2 \times 2 \times 30 \times (1-40\%-5)} = 25.16(元)$$

5. 刺激其他消费的定价目标

有些酒店为实现企业的总体经营目标,以增加客房或其他产品的客源作为餐饮定价的目标。在我国许多酒店中,餐饮部在定价时往往考虑酒店的整体利益,以较低的餐饮价格来吸引会议、旅游团体以及商务客人,以此提高客房出租率,使企业的整体利润提高。

6. 以树立餐饮企业形象为目标

有些餐饮企业的定价目标实行的是"优质优价",以高价来保证高质量产品的地位,以此来树立企业的形象。

总之,餐饮定价目标一般与餐饮企业的战略目标、市场定位和产品特性相关。餐饮价格的制定应主要从市场整体来考虑,它取决于需求方的需求程度和价值取向,取决于市场的接受程度以及来自替代性产品的竞争压力的大小。所以,餐饮企业应选择合适的定价目标以促进餐饮企业的长期、稳定发展。

三、定价策略

定价策略对于任何一个企业的经营来说都是十分重要的。餐饮企业如果没有价格策略,当宾客要求某个价格时,管理人员的价格决策就会缺乏依据。这样,不仅会浪费管理者的时间,同时会使企业在宾客中失去信誉。有确定的价格策略可使企业通过控制价格来实现企业的经营目标。这样,企业的价格不会被动地受市场竞争或市场潮流所牵制,而能主动地利用价格策略去适应竞争。

价格策略表现在许多方面，如价格水平的高低、价格的灵活度、价格的优惠等。确定价格策略可防止机械地采用竞争者价格，或采用只计算成本、费用加利润的定价方法，而使管理人员能有效地管理价格。

1. 新产品价格策略

对新开张的餐厅或新开发的菜品，往往要决定是采取市场暴利价格、市场渗透价格还是短期优惠价格。

（1）撇脂定价策略　当餐厅推出新产品时，将价格定得很高，以牟取暴利，当别的餐厅也推出同样产品而宾客开始拒绝高价时再降价。市场暴利价格策略往往在经历一段时间后要逐步降价。在以下前提下可以运用这种策略：如企业开发新产品的投资量大、产品相当独特、竞争者难以模仿或目标顾客对价格敏感度小。采取这种策略能在短期内获取尽可能大的利润，尽快回收投资资本。但是，由于这种策略能使企业获取暴利，因而会很快吸引竞争者加入，从而很快产生激烈的竞争，导致价格下降。

（2）渗透定价策略　这种策略是指新产品一推出就将产品价格定得很低，目的是使新产品能够迅速地被消费者接受，使餐饮企业能迅速打开市场，尽早在市场上取得领先地位。由于新产品获利低使企业能有效地防止竞争者加入，使自己长期占领市场。市场渗透策略适合用于产品竞争性大且容易模仿，或目标顾客需求价格弹性大的新产品。

（3）短期优惠价格策略　许多餐厅在新开张或刚推出新产品时，暂时降低价格使餐厅或新产品迅速被市场所接受。短期优惠价格与上述市场渗透价格策略不同，该策略是在产品的引进阶段完成后再提高价格。

2. 公开牌价策略

公开牌价是印在菜单上或贴在招牌价目表上的公开销售价格。

一些企业采用相对不变的公开牌价，也有些企业没有固定的公开牌价。相对不变的公开牌价是在一段期间内保持不变的公开销售价。企业对一般宾客按公开销售价销售，但可根据不同的场合或不同的推销需要进行加价或折扣。相对不变的公开牌价为管理提供了方便，为销售提供了准则，也可减少与宾客的矛盾。所以大多数餐饮企业都采用公开牌价。有些餐厅没有固定菜单，它们根据市场供应的品种，即时编制菜单，价格随原材料市场价格的变动而变动，因而不采用固定公开牌价。大多数餐厅对一般菜品采用固定公开牌价，但对随市场供应而附加的时令菜及根据宾客特殊需要而开设的套餐不列公开牌价。有的特殊套餐，如宴会、团体用餐还可与客户一起商定价格。

公开牌价上一般标明确切的最终价格。有些企业为了迎合某些宾客追求优惠的心理，在公开牌价上标明价格已经打了一定折扣。

由于许多宾客不了解产品真正价值，所以他们一般只关心价格折扣的大小，看到优惠价就会来购买，实际上有时这些优惠价往往还高于竞争者价格。如果餐厅经常运用这种策略的话，会有损企业的形象。

3. 价格水平策略

在追求目标利润最大化和销售最大化、刺激消费和求生存的定价目标指引下，企业会确定不同的价格水平。同时，企业还要根据本餐厅的产品质量和竞争状况来决定其价格水平与竞争者价格水平的关系。

在完全竞争的态势下，企业确定的价格高于或低于市场价都是不明智的。竞争状况越激烈，企业对价格的控制程度越小，价格越必须接近竞争者。企业需要争夺市场，扩大市场占有率时，往往愿意推出低于竞争者的价格。企业要求突出产品质量，树立高档餐厅的形象时，又往往将价格水平定得高于竞争者。

4. 价格灵活度策略

在瞬息万变的市场中，在面对不同的宾客时，餐饮企业应该采用固定价格还是采用灵活价格策略，这都需要餐饮企业经营者做出正确的判断。

（1）固定价格策略　　固定价格是在相同销售条件下，对一定数量的产品采取相同的销售价格。我国很多餐饮店采用固定价格策略。在一般情况下，价格不予商量或讨价还价。在酒店中，由于餐饮产品涉及变动成本大，边际成本随着收入的增长增加也很快。因而餐饮产品价格调节余地小，其价格通常比客房价格稳定。采取固定价格策略比较容易，管理比较方便，并容易建立良好的企业信誉。但要注意固定价格不能定得过死。过于固定的价格容易让竞争者了解，而且不易适应外界市场需求和竞争局势的变化。

（2）灵活价格策略　　灵活价格是指在销售相同品种、相同数量、相同质量的产品时，对不同宾客或在不同场合中采取不同的价格。对不同宾客所采取的价格是高是低，取决于对价格的协调能力以及企业与客户的关系。

灵活价格策略在小型的餐馆中运用较多，或在产品尚未标准化、菜单尚未固定下来时运用较多，有时餐厅为招徕顾客会答应顾客要求的折扣。在大型餐饮企业中有时为招徕大型宴会、团体用餐，管理人员会与客户协调价格。也有些餐饮企业会对常客给予特殊价格。

灵活价格策略的优越性是：可以根据竞争状况和宾客需求调节价格，不会因价格高而失去客源。精明的管理人员会对愿意支付高价的宾客收取高价，而对不愿支付高价的宾客收取较低的价格。灵活价格策略的缺点是：当宾客发现其他宾客比他支付的价格低时，会产生不满情绪，或会使更多的宾客前来协商价格，最终会给企业销售增加困难并使企业失去良好的信誉。

5. 折扣定价策略

折扣定价是指对基本价格作出一定的让步，直接或间接降低价格，以争取顾客，扩大销量。其中，折扣的形式有数量折扣、现金折扣、季节折扣等。

（1）数量折扣　　指按购买数量的多少，分别给予不同的折扣，购买数量愈多，折扣愈大。其目的是鼓励顾客大量购买。数量折扣包括累计数量折扣和一次性数量折扣两种形式。累计数量折扣规定宾客在一定时间内，在本餐厅消费若达到一定数量或金额，则按其总量给予一定折扣，其目的是鼓励顾客经常来餐厅消费，成为可信赖的长期客户。一次性数量折扣规定一次消费达到一定数量或消费多种菜品达到一定金额，则给予折扣优惠，其目的是鼓励顾客大批量消费，促进产品多销、快销。

数量折扣的促销作用非常明显，餐饮企业因单位产品利润减少而产生的损失完全可以从销量的增加中得到补偿。此外，销售速度的加快，使餐厅资金周转次数增加，流通费用下降，产品成本降低，从而导致餐饮企业总盈利水平上升。

运用数量折扣策略的难点是如何确定合适的折扣标准和折扣比例。如果享受折扣的数量标准定得太高，比例太低，则只有很少的顾客才能获得优惠，绝大多数顾客将感到失望；购买数量标准过低，比例不合理，又起不到鼓励顾客购买和促进餐饮企业销售的作用。

因此，餐饮企业应结合产品特点、销售目标、成本水平、资金利润率、需求规模、消费频率、竞争者手段以及传统的商业惯例等因素来制定科学的折扣标准和比例。

（2）现金折扣　由于在大多数餐饮企业中存在着客人赊销的情况，往往会使餐厅的现金周转发生困难。而现金折扣是对在消费结束即付款或用现金付款者所给予的一种价格折扣，其目的是鼓励宾客尽早付款，加速资金周转，降低销售费用，减少财务风险。采用现金折扣一般要考虑三个因素：折扣比例、给予折扣的时间限制、付清全部款项的期限。

由于现金折扣的前提是商品的销售方式为赊销。因此，有些餐厅采取附加风险费用和管理费用的方式，来避免可能发生的经营风险。同时，为了扩大销售，赊销条件下宾客支付的款额不宜高于现款交易价太多，否则就起不到促销的效果。

提供现金折扣等于降低价格，所以，餐饮企业在运用这种手段时要考虑产品是否有足够的需求弹性，保证通过需求量的增加使餐厅获得足够利润。此外，由于我国的许多餐饮企业和消费者对现金折扣还不熟悉，运用这种手段的餐饮企业必须结合宣传手段，使购买者更清楚自己将得到的好处。

（3）清淡时间折扣　由于餐饮企业的经营具有明显的波动性，如中午和工作日往往客人较少，而晚上和节假日客人却很多。为了调节供需矛盾，餐饮企业可采用清淡时间折扣的方式，对在清淡时间前来消费的宾客给予一定的优惠，使餐饮企业的生产和销售能保持相对稳定。

清淡时间折扣比例的确定，应考虑成本、储存费用、基价和资金利息等因素。清淡时间折扣有利于减小库存，加速商品流通，迅速收回资金，促进餐饮企业均衡生产，充分发挥生产和销售潜力，避免因波动需求变化所带来的市场风险。

6.心理定价策略

每一件产品都能满足消费者某一方面的需求，其价值与消费者的心理感受有着很大的关系。这就为心理定价策略的运用提供了基础，使得餐厅在定价时可以利用消费者心理因素，有意识地将产品价格定得高些或低些，以满足消费者生理的和心理的、物质的和精神的多方面需求，通过消费者对餐饮企业产品的偏爱或忠诚，扩大市场销售，获得最大效益。常用的心理定价策略有整数定价、尾数定价、声望定价和招徕定价。

（1）整数定价　对于那些无法明确显示其内在质量的菜肴，消费者往往通过其价格的高低来判断其质量的好坏。但是，在整数定价方法下，价格的高并不是绝对的高，而只是凭借整数价格来给消费者造成高价的印象。整数定价常常以偶数，特别是"0"作尾数。例如，高档宴席可以定价为1000元，而不必定为998元。这样定价的好处如下。

① 可以满足消费者炫耀富有、显示地位、购买精品的虚荣心。

② 省却了找零钱的麻烦，方便餐饮企业和顾客的价格结算。

③ 菜肴花色品种繁多、价格总体水平较高的宴席，利用产品的高价效应，在消费者心目中树立高档、高价、优质的产品形象。

整数定价策略适用于那些价格高低不会对需求产生较大影响的餐饮产品，如鲍翅宴、高档寿宴等，由于其消费者都属于高收入阶层，也甘愿接受较高的价格，所以，整数定价得以大行其道。

（2）尾数定价　又称"奇数定价""非整数定价"，指餐厅利用消费者求廉的心理，制定非整数价格，而且常常以奇数作尾数，尽可能在价格上不进位。比如，把炒青菜的价格定为6.90元，而不定为7元，可以在直观上给消费者一种便宜的感觉，从而激起消费者的购买欲望，促进产品销售量的增加。

使用尾数定价，可以使价格在消费者心中产生四种特殊的效应。

① 便宜。标价9.90元的菜品和10.00元的菜品，虽仅相差0.1元，但前者给购买者的感觉是还不到"10元"，后者却使人认为"10多元"，因此前者可以给消费者一种价格偏低、商品便宜的感觉，使之易于接受。

② 精确。带有尾数的定价可以使消费者认为商品定价是非常认真、精确的，连几角几分都算得清清楚楚，进而会产生一种信任感。

③ 中意。由于民族习惯、社会风俗、文化传统和价值观念的影响，某些数字常常会被赋予一些独特的涵义，餐饮企业在定价时如能加以巧用，则其产品将因之而得到消费者的偏爱。例如，很多餐饮企业将婚宴的价格定为598元，取"我就发"之意，就很受消费者的欢迎。当然，某些为消费者所忌讳的数字，如"3""4"，餐饮企业在定价时则应有意识地避开，以免引起消费者的厌恶和反感。

（3）声望定价　这是根据餐饮企业在消费者心中的声望、信任度和社会地位来确定价格的一种定价策略。声望定价可以满足某些消费者的特殊欲望，如地位、身份、财富、名望和自我形象等，还可以通过高价格显示名贵优质，因此，这一策略适用于一些具有历史地位的特色餐厅，以及知名度高、有较大的市场影响、深受消费者欢迎的著名餐饮企业。比如，全聚德烤鸭店的烤鸭卖到138元一只，喜来登饭店的咖啡卖到58元一杯，都是成功地运用声望定价策略的典范。为了使声望价格得以维持，需要适当控制市场拥有量。这也就是为什么在顶级餐饮企业看不到宾客盈门的原因。

但是，声望定价必须非常谨慎。某著名餐厅将菜品价格提高很多，结果销售量迅速下降，大部分市场被竞争者抢去。

（4）招徕定价　招徕定价是指将某几种菜肴的价格定得非常之高，或者非常之低，在引起消费者的好奇心理和观望行为之后，带动其他菜肴的销售。这一定价策略常为经营很多种菜肴的大型餐饮企业所采用。

招徕定价运用较多的情况是将少数菜肴价格定得较低，吸引顾客在购买"便宜货"的同时，购买其他正常价格的菜肴。江苏有家餐厅每天以16元的价格卖出一盆十三香龙虾，极大地刺激了消费者的购买欲望，餐厅每天门庭若市。一个月下来，每天以16元价格卖出的龙虾的损失不仅完全补回，企业还有不少的利润。

四、定价方法

定价方法，是餐饮企业在特定的定价目标指导下，依据对成本、需求及竞争状况等的研究，运用价格决策理论，对产品价格进行计算的具体方法。旅游酒店及餐饮企业的餐饮产品定价方法较多，且各不相同。每种定价方法各有优点和缺点。各酒店及餐饮企业应根据自己的具体情况及不同的产品类别灵活选用定价方法。

1. 销售毛利率法

销售毛利率法是根据餐饮产品的标准成本和销售毛利率（销售毛利率＝毛利/销售价格）来计算餐饮产品销售价格的一种定价方法。其计算公式如下。

$$销售价格＝原材料成本÷(1-销售毛利率)$$

某餐厅新增一种菜肴，其原材料成本为5.40元，餐厅对该菜肴规定的销售毛利率为55%，求该菜肴的销售价格。

$$该菜肴的销售价格 = 原材料成本 \div (1 - 销售毛利率)$$
$$= 5.40 \div (1 - 55\%)$$
$$= 12.00（元）$$

某餐厅的鸡尾酒"红粉佳人"耗用的基酒成本为8.50元，辅料成本为4.96元，配料和装饰物成本为0.14元。企业规定调制饮料的销售毛利率为60%。求"红粉佳人"的销售价格。

首先计算"红粉佳人"的原材料成本。

$$调制饮料成本 = 基酒成本 + 辅料成本 + 配料和装饰物成本$$
$$= 8.50 + 4.96 + 0.14$$
$$= 13.60（元）$$

再按销售毛利率法来计算其售价。

$$"红粉佳人"的销售价格 = 原材料成本 \div (1 - 销售毛利率)$$
$$= 13.60 \div (1 - 60\%)$$
$$= 34.00（元）$$

使用销售毛利率法进行餐饮产品的定价，可以让经营者清楚地知道餐饮产品的毛利在销售额中所占的比例，但不能反映每种餐饮产品的人力成本。

2. 成本毛利率法

成本毛利率法是根据餐饮产品的标准成本和成本毛利率（成本毛利率＝毛利/原材料成本）来计算餐饮产品销售价格的一种定价方法。其计算公式如下。

$$销售价格 = 原材料成本 \times (1 + 成本毛利率)$$

某餐厅新增一种菜肴，其原材料成本为17.30元，企业对该菜肴规定的成本毛利率为85%，求该菜肴的销售价格。

$$该菜肴的销售价格 = 原材料成本 \times (1 + 成本毛利率)$$
$$= 17.30 \times (1 + 85\%)$$
$$= 32.00（元）$$

由于成本毛利率法进行餐饮产品的定价时以原材料成本为出发点，所以，经营者难以清楚地知道餐饮产品的毛利在销售额中所占的比例。

3. 计划利润法

计划利润法是以餐饮企业所测定的目标利润率为出发点，以原材料成本占营业收入的比例为依据，对餐饮产品进行定价。使用计划利润法定价的指导思想是每位就餐宾客除需支付所购餐饮产品的成本之外，还须根据其所购产品的价值大小支付一部分费用以作餐饮企业产品销售的毛利。其计算公式如下。

$$销售价格 = 原材料成本 \div 标准成本率$$

使用计划利润法进行餐饮产品定价时，餐饮企业应编制利润预算，以确定计划利润率、其他营业费用率和人力成本率，并计算出标准成本率，用于制订餐饮产品价格。如甲餐饮企业根据2002年10月份的营业结果，为下期营业制订了如下指标。

  计划利润率 18.00%
  其他营业费用率 19.00%
  人力成本率 18.00%

根据上述指标，甲餐饮企业必须获得占营业收入总额55.00%的毛利，才有可能支付其他营业费用和人力成本，并取得18.00%的税前利润，也即原材料成本率必须控制在45.00%以下。该原材料成本率即可作为制订餐饮产品价格的标准成本率。

某餐饮企业某菜肴的原材料成本为9.90元，其标准成本率为45.00%，求该菜肴的销售价格。

$$\begin{aligned}该菜肴的销售价格 &= 原材料成本 \div 标准成本率 \\ &= 9.90 \div 45.00\% \\ &= 22.00（元）\end{aligned}$$

采用计划利润法定价的优点如下。
① 每种餐饮产品的成本与售价之间的关系十分明了。
② 如果餐饮企业在经营过程中能将其他营业费用率和人力成本率控制在预算指标内，企业就能获取预期的赢利。
③ 餐饮产品的价格差距大，较容易满足消费水平不同的宾客的餐饮需求。
④ 计算较为方便。

但使用计划利润法定价也有缺点。
① 无法反映每种餐饮产品所需的人力成本。
② 在实际的餐饮产品定价过程中，每种产品的原材料成本率不可能都相同，因此，餐饮企业必须对所有餐饮产品进行平衡，并作相应的调整，使高成本和低成本的产品达到一定的比例，以求得整体餐饮产品的标准成本率符合企业的要求。

> **📖 本节思政教育要点**
>
>   经营者在定价时可以不使用公开牌价策略，这也是正常的经营手段，但不可据此对顾客漫天要价。
>   经营者在定价时可以使用价格灵活度策略，但不能采用"阴阳菜单"对弱势客人进行欺诈。

第二节 餐厅销售决策

餐厅在做销售和经营决策时，要以企业能获得尽可能大的经济效益为前提。下面介绍一下餐厅营业时间决策、清淡时间价格折扣决策及亏损先导推销决策的方法。

一、餐厅营业时间决策

餐厅在什么时候营业,什么时候打烊,要以餐厅获利最大作为决策准则。但要确定最佳营业时间,必须以经营数据作为决策依据。

在餐厅试营业时要统计下列数据。

1. 各时段销售额

科学管理的餐厅需要统计各时段的销售额作为经营决策的依据之一。各时段的销售额数据应用于营业时间决策、清淡时段推销活动决策和人工安排决策。该数据可由餐厅收银员来收集。

2. 食品饮料成本率

从经营分析表中可汇总得出平均成本率。

3. 营业需增加的固定费用

这部分固定费用不包括餐厅固定资产的折旧,餐厅即使不营业这种费用也已经存在,是沉淀资本。这里仅计算若在清淡时间营业需要增加的固定开支。例如增加的人工成本、增加的能源费用及其他固定费用等。

4. 其他变动费用

除食品饮料成本外还有些费用会随销售量的增加而增加,如台布的洗涤费、餐巾纸成本等,通过实际费用统计,计算变动费用。

5. 营业税率

根据上述数据能够算出餐厅营业要求达到的最低销售额。如果餐厅在较早或较晚的时间内达到该销售额,那么在这些时段餐厅营业比不营业更为合算。

计算营业要求达到的最低销售额的公式如下。

$$最低销售额 = \frac{营业需增加的固定费用}{1-食品饮料成本率-其他变动费用率-营业税率}$$

如果餐厅在晚上10:00—11:00时段内营业需要增加人工成本100元,增加其他固定费用80元,食品饮料成本率为35%,其他变动费用率为10%,营业税率5%,那么在这个时段餐厅营业要达到的最低销售额如下。

$$\frac{100+80}{1-35\%-10\%-5\%} = 360（元）$$

如果餐厅在这个时段内达到该销售额,那么在这个时段餐厅营业比不营业更为合算。

但是,有些餐厅在清淡时间内虽然客源少,从经济角度上营业可能不合算,但考虑到下述因素就必须延长营业时间。

① 延长营业时间是餐厅招徕客源的一种推销手段。使餐厅树立一种经营时间长、能方便宾客的良好形象,使宾客愿意到酒店来住宿或到餐厅来就餐。

② 为营业高峰做准备工作。餐厅在清淡时间内可以作一些营业准备工作。例如叠餐巾、摆台、整理账务,晚上晚一点停业可以作一些清扫卫生工作。有些餐厅既要节约费用,又要为顾客留下关门晚的好印象,可以在正式停业前作停业准备和打扫。但是这些工作不

能让顾客看到,要在后台准备停业,在餐厅前台打扫卫生等于催促客人,会引起客人反感。

③ 延长营业时间是应付竞争的一种措施。有许多餐馆为战胜竞争者,即使赔钱,营业时间也要比竞争者更长,以此来争夺客源。

④ 新餐厅早营业、晚停业可使更多的顾客了解它、提高餐厅的知名度。

有的咖啡厅或快餐厅在下午2:00—5:00之间生意清淡,也许达不到最低销售额。在这段清淡时间,如果搞一些推销活动会增加些客源,餐厅可能会达到最低销售额。但是这种促销活动一定要有时间限制,因为促销时间过早或过晚都会影响盈利。

二、清淡时间价格折扣决策

根据价格的需求弹性理论,降低商品价格会提高销售数量。许多餐厅试图利用优惠价格来提高利润。有许多餐厅为了提高座位周转率,在生意清淡时间推出折扣价格,但在作价格折扣决策时,必须研究价格折扣对盈利的影响。

有的餐厅在生意清淡的时段中推出折价酬宾活动。这种折扣政策是否有效,必须对降价前后的毛利进行比较,通过比较可算出降价后的销售量达到折价前的多少倍这项折扣才算合理。

计算公式如下。

$$降价后的销售量需达到折价前的倍数 = \frac{折价前单位食品饮料毛利额}{折价后单位食品饮料毛利额}$$

外出就餐往往是一种享受性的消费,而不是必需消费,故价格下降通常会引起销售量的增加,但并不是每项折扣政策都能提高经济效益。管理人员必须详细记录折价前后的就餐人数和销售额等数据,比较实际销售额能否达到目标水平。如果不能达到,就应立即采取措施改进或取消这项推销活动。

三、亏损先导推销决策

亏损先导产品,是指餐厅经过选择的那些价格定得很低、用来作诱饵吸引客人光顾餐厅的产品。分析这些产品折价推销的效果,不能只分析这一产品折价前后的盈利性,更重要的是还必须分析它们的"次级推销效应"。

"次级推销效应"就是某产品的销售对其他产品的销售带来的影响。顾客在受到诱饵产品折价的吸引进入餐厅后,通常还会购买其他产品。特别是某些餐饮产品之间具有互补性,一种产品的销售往往会刺激另一种产品的销售。

但在进行亏损先导推销前必须做好销售预测和可行性研究。在推销过程中还要注意收集信息,避免产生不可补救的错误。在作亏损先导推销时要收集下列数据。

① 亏损先导推销给其他产品增加的销售额。
② 亏损先导推销所增加的成本。
③ 亏损先导推销所损失的收入。
④ 推出亏损先导销售所增加的其他费用。
⑤ 亏损先导推销所获得的净收益。

只有在亏损先导推销所获得的净收益为正数时,亏损先导推销决策才能被实施。

计算公式如下。

净收益＝亏损先导推销给其他产品增加的销售额×（1-其他产品变动成本率）-亏损先导推销所增加的成本-亏损先导推销损失的收入-增加的其他费用

> **本节思政教育要点**
>
> 经营者在清淡时间是否开业不仅需要考虑餐厅的利润，也应兼顾顾客的特殊就餐需要。虽然有时看似在清淡时间没有利润，但有时往往会赢得良好的口碑，从而增加整体的收入。

第三节 销售控制

销售控制的目的是要保证餐厅向客人提供的产品都能产生收入。成本控制固然很重要，但销售的产品若不能得到预期收入，则成本控制的效率就不能实现。假如售出金额为100元的食品，耗用原材料的价值为35元，则食品成本率为35%。如果餐厅销售控制不好，只得到90元的收入，则成本率会提高至38.9%，这样毛利额就减少10元，成本率就提高3.9%。由此可见，对销售过程要严格控制。如果缺乏这个控制环节，餐厅就可能出现员工内外勾结，钻制度空子，使企业利润流失等问题。

销售控制不力通常会出现以下现象。

不收费或少收费。服务员对前来就餐的亲友不记账也不收费，或者少记账少收费，使餐厅蒙受损失。

不记账单，吞没现款。对客人订的食品和饮料，不记账单，将收取的现金全部吞没。

少计品种，攫取差额。对客人订的食品和饮料，少记品种或数量，而向客人收取全部价款，二者的差额，装入自己腰包。

重复收款。对一位客人订的菜不记账单，用另一位客人的账单重复向两位客人收款，私吞一个客人的款额。在营业高峰期往往容易出现这种情况。

偷窃现金。收银员将现金柜的现金拿走并抽走账单，使账、钱核对时查不出短缺。

欺骗顾客。在酒吧中，将烈性酒冲淡或售给顾客的酒水分量不足，将每瓶酒超额的收入私吞。

上述现象说明，如果餐厅管理人员对销售控制不严会使餐厅蒙受损失。

一、点菜单控制

1. 点菜单的作用和内容

搞好销售控制的第一个环节是要求将客人点的菜品及其价格清楚而正确地记载在客人的点菜单上。如果销售的菜品不记载在点菜单，营业收入会漏损，现金短缺难以追查。

客人点菜单具有以下作用。

① 服务员使用客人点菜单向厨房下达生产指令，厨房必须凭点菜单生产。

② 客人点菜单上记载客人订的菜品价格，作为向客人收费的凭证。

③ 记录各菜品销售的份数和就餐人数，以利于生产预测、人员控制、菜单设计等工作。

④ 点菜单可以核实收银员收款的准确性，核实各项菜品的出售是否都产生收入。点菜单与账钱核实可控制现金收入的短缺。

⑤ 客人点菜单可作为餐厅收入的原始凭证，将点菜单上的销售金额汇总，可统计出餐厅各餐的营业收入。

为使客人点菜单能发挥以上作用，点菜单应包括以下内容。

① 基本信息。在客人点菜单上要有时间、桌号、服务员姓名（或工号）、客人数。这些信息便于服务员向客人服务，以免将菜送错餐桌，并帮助辨别点菜单和餐桌的服务由哪个服务员负责。这样，在服务过程和收入核算过程中发现问题，便于追查责任。基本信息还可用于管理决策。汇总这些信息能统计每天餐厅服务的客人数，各时段服务的客人数以及每个服务员服务的客人数。

② 点菜信息。客人点菜单要包括客人点的菜品和价格。点菜单上的菜品是客人要求点的菜，是对厨房生产下达的指令，其金额是向客人收费的凭证。点菜信息也是产品销售信息，汇总产品销售额可统计出餐厅每日的营业收入，并在销售过程中起着核算与控制营业收入和现金收入的作用。在经营管理决策时，可利用点菜单上各菜品的销售量的汇总信息，帮助确定菜品的生产计划和人员的配备安排。

③ 存根。餐厅的客人点菜单的下方有一联作存根。存根上有客人点菜单的编号、日期、服务员姓名（或工号）、点菜单总金额、收银员签字等。服务员向收银员送交点菜单和客人的付款后，收银员在点菜单和存根上盖上"现金收讫"字样，并将存根撕下交服务员保存，此存根可证明服务员已将点菜单和收取的钱款交给收银员，如再有点菜单和现金的短缺，应由收银员负责。

有的餐厅的客人点菜单上还特意印上餐厅的名称和店徽、订餐电话，有的还注明需加服务费。这样的点菜单必须专门定制。使用定制点菜单可以防止有人在市场上购买普通点菜单以充当餐厅点菜单使用，用这种假点菜单向客人收款会造成私吞现金。

如果企业有多个餐厅，应使用不同颜色的点菜单以免相互混淆。服务员填写点菜单时必须使用圆珠笔或其他不易擦掉字迹的笔。

2. 点菜单编号

绝大多数餐厅要求点菜单编号，点菜单编号制度具有以下控制作用。

（1）点菜单编号能防止收入流失。若在营业结束时核对点菜单编号，可以很快查出点菜单是否短缺。一旦发现点菜单短缺，管理人员要追查责任，采取措施，堵塞漏洞。

（2）点菜单编号能确定对点菜单负责的服务员。点菜单上的菜品价格不正确或点菜单短缺，一般会追查到服务员。因而一些餐厅规定服务员对点菜单负责并要求签字。采取这种制度，在开餐前服务员领点菜单时要记下点菜单的起始号；营业结束后要记下结束号，如果服务员粗心或有意识地在点菜单上开错价格或点菜单缺号，则通过查找点菜单编号的负责人，就很容易追查责任。为加强控制，有些餐厅要求餐饮成本控制员检查每天的点菜单有无漏号，价格填写是否正确。如发生差错对收银员或服务员可以及时处理。

二、出菜检查员控制

较大规模的餐厅，一般会在厨房中设置一名出菜检查员。出菜检查员必须熟悉餐厅的菜品品种与价格，要了解各种菜肴的质量标准。他的岗位设在厨房的出菜口。出菜检查员是菜品生产和餐厅服务之间的协调员，是厨房生产的控制员。他的责任如下：

（1）保证每张点菜单上的菜都应得到及时生产，并保证服务员正确取菜和准确地送到餐桌。

（2）保证厨房只根据点菜单所列的菜名进行生产，每份送出厨房的菜都应在点菜单划菜联上有记载。这样可防止服务员或厨师不按点菜单生产并擅自免费把食品送给客人。

（3）检查客人点菜单上填的价格是否正确，防止服务员为私利或粗心将价格写错。

（4）检查生产好的菜品的份额和质量是否符合标准。

（5）防止点菜单划菜联丢失。

三、收银员控制

如果有收银机，每笔收入都要输入收银机，不管是现金销售还是记账销售。现金收入和记账收入必须分别统计。顾客已付款的账单要盖上"现金收讫"之章，有的企业要求将已收款的账单锁在盒子里。这两种方法都是为防止已收现金的账单再次被收银员或服务员使用而窃取企业的收入。

有的餐厅往往要求收银员统计各项菜品的销售数、宾客人数及营业收入（见表7-1）。

在销售汇总表中，要求收银员按账单号登记。这样，账单如有短缺会很明显地反映出来，以便于对菜品销售进行控制。

销售汇总表除能对账单进行控制外，由于对记账收入和现金收入分别汇总，它还便于对现金进行控制。

汇总表上的销售信息不仅对会计统计有用，而且能及时反映餐厅吸引客源和推销高价菜的能力。

表7-1 餐厅销售汇总表

账单号	员工号	客人数	销售额/元	现金销售额/元	签单销售额/元
1001	8	8	￥200.00	￥200.00	
1002	5	5	￥120.00		￥120.00
1003	6	2	￥80.00	￥80.00	
1004	7	4	￥100.00	￥100.00	

收银员_____ 日期_____

四、酒水的销售管理与控制

酒水的销售管理不同于菜肴食品的销售管理，有其特殊性。因此，加强酒水的销售管理与控制，对有效地控制酒水成本，提高餐厅经济效益有着十分重要的意义。

酒水的销售控制历来是很多酒店的薄弱环节。因为，一方面管理人员缺乏应有的专业知识；另一方面，酒水销售成本相对较低，利润较高，少量的流失或管理的疏漏一般不会引起管理者足够的重视。因此，加强酒水销售管理首先要求管理者了解酒水销售的过程和特点，有针对性地采取相应的措施，使用正确的管理和控制方法，从而达到酒水销售管理和控制的目的。

在酒吧经营过程中,常见的酒水销售形式有三种,即零杯销售、整瓶销售和配制销售。这三种销售形式各有特点,管理和控制的方法也各不相同。

1. 零杯销售

零杯销售是酒吧经营中常见的一种销售形式,销售量较大,它主要用于一些烈性酒如白兰地、威士忌等的销售,葡萄酒有时也会采用零杯销售的方式销售。销售时机一般在餐前或餐后。零杯销售的控制首先必须计算每瓶酒的销售份额,然后统计出每一段时期的总销售数,采用还原控制法进行酒水的成本控制。

由于各酒吧采用的计量标准不同,各种酒的容量不同,在计算酒水销售份额时首先必须确定酒水销售计量标准。目前酒吧常用的计量有每份30ml、45ml和60ml三种,同一酒店的酒吧在确定标准计量时必须统一。标准计量确定以后,便可以计算出每瓶酒的销售份额。以黑方威士忌为例,每瓶的容量为700ml,每份计量设定为1oz(约30ml),计算方法如下。

$$销售份数 = \frac{每瓶酒容量-溢损量}{每份计量} = \frac{700-30}{30} = 22.3(份)$$

计算公式中溢损量是指酒水存放过程中自然蒸发损耗和服务过程中的滴漏损耗。根据国际惯例,这部分损耗控制在每瓶酒1oz左右被视为正常。根据计算结果可以得出每瓶黑方威士忌可销售22份,核算时可以分别算出每份或每瓶酒的理论成本,并将之与实际成本进行比较,从而发现问题并及时纠正销售过程中的差错。

零杯销售关键在于日常控制,日常控制一般通过酒吧酒水盘存表(见表7-2)来完成,每个班次的当班调酒员必须按表中的要求对照酒水的实际盘存情况认真填写。

表7-2 酒吧酒水盘存表

| 酒吧 | 大堂吧 | 日期 | ××××年8月5日 | 班次 | 早班 | 制表 | 王红 |

编号	品名	基数	领进	调进	调出	售出	实际盘存	备注
1001	黑方	50	70	10	20	80	30	
1005	伦敦金	30	50	—	—	45	35	
2004	干马提尼	40	60	—	20	30	50	

单位/oz

盘存表的填写方法是,调酒员每天上班时按照表中品名逐项盘存,填写存货基数,营业结束前统计当班销售情况,填写售出数,再检查有无内部调拨,若有则填上相应的数字。最后,用"基数+领进数+调进数-调出数-售出数=实际盘存数"的公式计算出实际盘存数填入表中,并将此数据与酒吧存货数进行核对,以确保账物相符。酒水领货按惯例一般每天一次,此项可根据酒店实际情况列入相应的班次。管理人员必须经常不定期检查盘点表中的数量是否与实际贮存量相符,如有出入应及时检查,及时纠正,堵塞漏洞,减少损失。

2. 整瓶销售

整瓶销售是指酒水以瓶为单位进行销售,这种销售形式在一些大酒店和营业状况比较好的酒吧较为多见,而在普通档次的酒店和酒吧则较为少见。一些酒店和酒吧为了鼓励客人消费,通常采用低于零杯销售10%～20%的价格销售整瓶酒水,从而达到提高经济效益的目的。但是,由于差价的关系,往往也会诱使觉悟不高的调酒员和服务员相互勾结,把零杯销售的酒水收入以整瓶酒的售价入账,从而攫取差价。为了防止此类作弊行为的发生,减少酒水销售的损失,整瓶销售可以通过整瓶酒水销售日报表(见表7-3)来进行严格控制,即每天将按整瓶销售的酒水品种和数量填入日报表中,由主管签字后附上订单,一联交财务部,一联酒吧留存。

另外,在酒店各餐厅的酒水销售过程中,国产名酒和葡萄酒的销售量较大,而且以整瓶销售居多,这类酒水的控制也可以使用整瓶酒水销售日报表来进行,或者直接使用酒水盘存表进行控制。

表7-3 整瓶酒水销售日报表

酒吧	大堂吧	日期	××××年8月5日	班次	早班	制表	王红	主管	李强

编号	品名	规格/ml	数量/瓶	单价/元	金额/元	备注
1001	黑方	750	7	¥500.00	¥3500.00	
1005	伦敦金	750	5	¥400.00	¥2000.00	
2004	干马提尼	750	6	¥300.00	¥1800.00	

3. 混合销售

混合销售通常又称为配制销售或调制销售,主要指混合饮料和鸡尾酒的销售。鸡尾酒和混合饮料在酒水销售中所占比例较大,涉及的酒水品种也较多,因此,销售控制的难度也较大。

酒水混合销售的控制比较复杂,有效的手段是建立标准配方,标准配方的内容一般包括酒名、各种调酒材料及用量、成本、载杯和装饰物等。建立标准配方的目的是使每一种混合饮料都有统一的质量,同时确定各种调配材料的标准用量,以利加强成本核算。标准配方是成本控制的基础,不但可以有效地避免浪费,而且还可以有效地指导调酒员进行酒水的调制操作,酒吧管理人员则可以依据鸡尾酒的配方采用还原控制法实施酒水的控制,其控制方法是先根据鸡尾酒的配方计算出某一酒品在某段时期的使用数量,然后再按标准计量还原成整瓶数。计算方法如下。

$$酒水消耗量=配方中该酒水用量×实际销售量$$

以干马提尼酒为例,其配方是金酒2oz,干味美思0.5oz。假设某一时期共销售干马提尼150份,那么,根据配方可算出金酒的实际用量如下。

$$2oz×150份=300oz$$

每瓶金酒的标准份额为25oz,则实际耗用整瓶金酒数如下。

$$300oz÷25oz/瓶=12瓶$$

因此,混合销售完全可以将调制的酒水分解还原成各种酒水的整瓶耗用量来核算成本。

在日常管理中,为了准确计算每种酒水的销售数量,混合销售可以采用鸡尾酒销售日报表(见表7-4)进行控制。每天将销售的鸡尾酒或混合饮料登记在日报表中,并将使用的各类酒品数量按照还原法记录在酒吧酒水盘点表上,管理人员将两表中酒品的用量相核对,并与实际贮存数进行比较,检查是否有差错。

表7-4 鸡尾酒销售日报表

酒吧 大堂吧		日期 ××××年8月5日		班次 早班	制表 王红	主管 李强
鸡尾酒	品名	数量	单位	单价/元	金额/元	备注
干马提尼 (100份)	金酒	4	瓶	¥400.00	¥1600.00	
	干味美思	1	瓶	¥200.00	¥200.00	

鸡尾酒销售日报表也应一式两份,由当班调酒员、主管签字后,一份送财务部,一份酒吧留存。

五、销售指标控制

所谓餐饮销售额是指餐饮产品和服务的销售总价值。此价值可以是现金,也可以是保证未来支付的现金值,例如支票、信用卡等。销售额一般是以货币形式来表示。有一些主要的控制指标会影响餐饮销售总额。

1. 平均消费额

平均消费额是指平均每位客人每餐支付的费用。这个指标之所以重要是因为它能反映菜单的销售效果,反映餐饮销售工作的成绩,能帮助管理人员了解菜单的定价是否过高或过低,了解服务员是否努力推销高价菜和饮料。通常,餐厅要求每天都分别计算食品的平均消费额和饮料的平均消费额,计算公式如下。

平均消费额=总销售额÷就餐客人数

管理人员应经常注意平均消费额的高低,如果连续一段时间平均消费额都过低,就必须检查食品饮料的生产、服务、推销或定价有何问题。

2. 每位服务员销售量

该销售量也有两种指标。一是以每位服务员服务的客人数来表示。这个数据反映服务员的工作效率,为管理人员配备职工、安排工作班次提供了依据,也是职工绩效评估的基础。当然,该数据要有一定时间范围才有意义,因为服务员每天、每餐、每小时服务的客人数是不同的。不同餐别每位服务员能够服务的客人数也不同,一位服务员在早餐能服务的客人数多于晚餐。不同餐厅的服务员能够服务的客人数也不同,高档餐厅的服务员比快餐厅服务员服务的人数要少得多。

二是每位服务员的销售量也可以用销售额来表示。每位服务员的客人平均消费额是用服务员在某段时间中产生的总销售额除以他服务的客人数而得。如某位服务员的客人平均消费额较高,则说明他在推销高价菜和点饮料方面做得比较好。

服务员的销售量数据可由收银员对账单的销售数据进行汇总,也可由餐厅经理对账单存根的销售数据进行汇总而得。

3. 每座位销售量

每座位销售量是以平均每座位产生的销售金额或平均每座位服务的客人数来表示。平均每座位销售额是由总销售额除以座位数而得。

每座位销售额这一数据可用于比较相同档次、不同规模的餐厅经营好坏的程度。每座位销售额也常用于评估和预测酒吧的销售情况。比如说A餐厅的年销售额为500万元，具有餐位200个；而B餐厅的年销售额为300万元，具有餐位100个；A餐厅的每座位年销售额为25000元，而B餐厅的每座位年销售额为30000元，可见B餐厅的经营效益要好一些。

4. 座位周转率

座位周转率是以一段时间的就餐人数除以座位数而得。餐厅早、午、晚餐客源的特点不同，座位周转率往往分餐统计。座位周转率反映餐厅吸引客源的能力。座位周转率越高，说明餐厅吸引客源的能力越强；反之则相反。

5. 时段销售量

某时段的销售量数据对于人员的配备、餐饮推销和决定餐厅最佳营业时间是特别重要的。

时段销售量可以用两种形式表示：一段时间内所服务的客人数和一段时间内产生的销售额。例如某餐厅中午12:00—14:00所服务的客人数为60位，产生的销售额为800元；而在18:00—21:00所服务的客人数为250位，产生的销售额为8000元。很明显，在这两个不同时段应配备不同人数的职工。又如某餐厅原定于午夜12:00停业，但在晚上10:00—12:00期间的费用和成本超过了收入，因此管理者应提前结束营业。

6. 销售额指标

销售额是显示餐厅经营好坏的重要销售指标。销售额指标可以用下述公式来预测。

$$销售额指标＝餐厅座位数\times 预计平均每餐座位周转率\times 客人平均消费额指标\times 每天餐数\times 天数$$

由于各餐每位客人的平均消费额相差较大，故销售额的计划往往要分餐进行。例如A餐厅有餐位200个，计划明年晚餐每位客人的平均消费额指标为50元，晚餐平均座位周转率指标为1.5，则A餐厅计划明年晚餐的销售额指标如下。

$$200\times 1.5\times 50\times 365＝5475000（元）$$

六、餐饮销售报表

为能及时反映餐厅的经营情况，餐厅每日都需编制营业日报表。营业日报表上一般反映各餐的就餐人数、销售额和客人的平均消费额等数据。为做比较，报表上还要列出本月的累积值、上年本月的累积值数据，这样可清楚地反映本日和本月经营的数据，有利于管理人员做出正确决策。为了综合反映餐厅的经营情况，许多餐厅都将销售报表与成本报表合在一起。

> 📖 **本节思政教育要点**
>
> 餐饮从业者一定要积极践行社会主义核心价值观，做到诚信、敬业，不应靠投机取巧来获得非法利益。

第四节　餐饮营销

随着市场竞争的日益加剧，餐饮企业的营销观念也从原来的以自我为中心的产品观念、生产观念和推销观念，逐步发展成为以满足宾客需求为中心的市场营销观念，甚至还出现了从餐饮企业更长久的发展着眼的"社会营销"理论，即餐饮企业不应只盯着眼前的经济利益，而应同时注重其社会效益，注重树立餐饮企业自身的整体形象以及长远利益。

所谓餐饮营销，不仅是指单纯的餐饮推销、广告、宣传、公关等，它同时还包含有餐饮经营者为使宾客满意并为实现餐饮经营目标而展开的一系列有计划、有组织的促进餐饮产品销售的活动。它不仅仅是一些零碎的餐饮推销活动，更是一个完整的过程。餐饮营销是在一个不断发展着的营销环境中进行的，所以为适应营销环境的变化，抓住转瞬即逝的时机，营销人员应该制定相应的营销计划。

首先，应进行市场调查以确定餐饮企业的经营方向；然后深入进行市场细分，对竞争对手及竞争形势进行分析，确定营销目标；再研究决定产品服务、销售渠道、价格及市场营销策略，并通过一段时期的实施，结合信息反馈的情况，及时调整经营方向和营销策略，最后达到人员（people）、价格（price）、渠道（place）、产品（product）、包装（package）、促销（promotion）等诸多因素的最佳组合。

一般来说，餐饮企业可以从以下几个方面采取相应的营销手段。

一、广告营销

广告营销是通过购买某种宣传媒介的空间或时间，来向餐饮公众或特定的餐饮市场中的潜在的宾客进行推销或者宣传的营销工具，它是餐饮业常用的营销手段。"酒香不怕巷子深"这句古语所存在的局限性，已经被越来越多的人所认识。所以餐饮营销中，广告是必不可少的重要手段。

餐饮广告一般可分为以下几种。

1. 电视广告

其特点是传播速度快，覆盖面广，表现手段丰富多彩，并且色彩鲜艳、动感强烈，是感染力很强的一种广告形式。但此种方法成本昂贵、制作繁琐、不易贮存，同时还受播放时间、播放频道等因素的限制和影响，信息只能被动地单向沟通。这种广告适合于市场覆盖面广的大型连锁餐饮企业。

2. 电台广告

它是适于面向本地和周边地区消费群体的一种餐饮广告形式。其特点是：成本较低、效率较高、大众性强。一般可以通过热线点播、邀请嘉宾对话、点歌等形式，来刺激听众参与，从而增强广告效果。但是这种方式同样也存在着缺陷，如：传播覆盖面窄，不具备资料存储性，对消费者构不成直观的视觉冲击。这种广告适用于新餐厅开张。

3. 报纸、杂志等平面广告

这类广告适于做食品节、特别活动等餐饮广告，也可以登载一些优惠券，让读者剪下来凭券享受餐饮优惠服务。此种方法具有易于资料收集的优点，成本也较低，但是形象性差、传播速度慢、广告范围也较小。

4. 餐厅内部宣传品

餐厅可以印制一些精美的定期餐饮活动目录单，介绍本周或本月的各种餐饮娱乐活动；印制带有餐厅的种类、级别、位置、电话号码、餐厅餐位数、餐厅服务方式、开餐时间、各式特色菜点的介绍等内容的精美宣传册；特制一些可让宾客带走以作留念的"迷你菜单"和各种图文并茂、小巧玲珑的"商务套餐""儿童套餐"的介绍等，将这些宣传品放置于餐厅的电梯旁、餐厅的门口，或者前厅服务台等处，供宾客取阅。

5. 电话推销

即餐饮营销人员与宾客通过电话所进行的双向沟通。这种推销方式只是通过声音进行沟通，所以就需要特别注意运用自己的听觉，要在很短的时间内对宾客的要求、意图、情绪等方面做出大致地了解和判断，推销自己的餐饮产品和服务时力求精确，突出重点，同时准确做好电话记录。对话时语音语调应委婉、悦耳、礼貌，同时不要忘记商定面谈，以及进一步确认的时间、地点等细节，最后向宾客致谢。这种方式局限性较大，一般细节性的内容不易敲定。

6. 邮寄广告

即将餐厅商业性的信件、宣传小册子、餐厅新闻稿件、明信片等直接邮寄给消费者的广告形式。它比较适合于宣传一些特殊餐饮活动、新产品的推出活动、新餐厅的开张活动等，以及吸引本地的一些大公司、企事业单位、常驻饭店机构以及老客户再次光临。这种方式较为灵活，不易引起竞争者注意，给人感觉亲切，也便于衡量工作绩效；但是成本较高，且费时费工。

7. 户外广告

通过户外的道路指示牌、建筑物、交通工具、灯箱等所做的餐饮广告。如在商业中心区、主要交通路线两旁、车站、码头、机场、广场等行人聚集较多的地带所做的各种霓虹灯牌、灯箱广告、屋顶标牌、墙体广告、布告栏等；高速公路等道路两旁的广告标牌；汽车、火车等交通工具内外车身上的广告；设置在餐饮设施现场外的广告等；甚至包括广告衫、打火机等都可以成为广告的载体。其特点是：费用低、广告持续时间长。这种方式很适合餐厅做形象广告，但应注意其广告的侧重点应突出餐饮产品的特色，另外广告载体的位置以及形象，应给人以新奇独特的感觉。

8. 其他印刷品、出版物上的广告

如在电话号码本、旅游指南、市区地图、旅游景点门票等处所登载的餐饮广告。

二、宣传营销

宣传营销是以付费或非付费的新闻报道、消息等形式出现的，一般通过电台广播、电视、报刊文章、口碑、标志牌或其他媒介，为人们提供有关饮食产品以及服务的信息。与广告相比，它更容易赢得消费者的信任。

餐饮营销人员应善于把握时机，捕捉一些餐厅举办的具有新闻价值的活动，向媒体提供信息资料，凡餐厅接待的重大宴请、新闻发布会、文娱活动、美食节庆等，都应该邀请媒体代表参加。可以事先提供有关信息，也可以以书面通报的形式或自拟新闻稿件的方式进行。一般应由营销人员负责稿件的撰写、新闻照片的拍摄等事宜。还可以与电视台、电台、报纸、杂志等媒介联合举办如"减肥食谱""节庆美食""七彩生活""饮食与健康"等小栏目，既可以扩大本餐厅在社会上的正面影响，提高餐厅的声誉，又可以为自己的经营特色、各种销售活动进行宣传。

三、员工推销

1. 员工的形象推销

餐厅的每一名员工都是推销员，他们的仪容仪表、一言一行，都是对餐饮产品的无形推销。服务员清新的工作服会强化餐厅的形象。服务员着装的要求是：有统一感，清洁整齐，能强化餐厅的形象，具有功能性和推销性。

2. 服务员的推销技巧

良好的餐饮销售经验可以帮助宾客满足需要，提高餐厅的营业额，给宾客留下美好的回忆而使其愿意重复光顾餐厅。

（1）主动招呼　主动招呼对招徕顾客具有很大意义。比如有的顾客走进餐厅，环视一下餐厅四周就转身走了。这时，如果有服务员主动上前问候"欢迎光临"，同时引客入座，顾客即使对餐厅环境不十分满意也不会退出。可见，主动招呼能对吸引顾客起很大作用。

（2）熟悉产品，适时介绍　负责点菜的服务员要熟悉菜单上每一个菜品，熟悉各菜品的配料、烹调方法和口味。如果餐厅提供新产品，要让服务员先尝一尝。看到客人想了解菜品的特点时，要主动上前介绍菜品，并依据客人的特点推荐一些相应的菜品和饮料。在推荐时，根据客人特点，尽量推销高价菜。客人点菜不是完全理智的，经过服务员对菜品配料和烹调特点的介绍，往往会使顾客点高价菜和增加点菜量。如果顾客没有点酒水饮料和点心，服务员可介绍几种提醒客人去点。但是如果客人表示不想点，服务员切不能强行推销，以免使客人难堪。客人在听完服务人员的推荐后，有时会举棋不定。在这种情况下，服务人员可适时地促使其做出决定。

菜品的介绍要能调动宾客的购买欲望。服务员在向客人介绍时，除了介绍菜品的配料外，还要强调菜品的烹调特点，强调菜品由哪位名厨烹调，使客人产生想品尝的欲望，如果菜名具有典故和来历，服务员一定要结合典故，作生动介绍，以引起宾客的兴趣。

菜品的介绍不仅要有趣味性，还要有针对性，要根据宾客的特点和心理来介绍和推荐。西餐厅服务员要知道什么主菜应配什么酒水，以便根据客人点的菜来推荐酒水。

菜品的介绍要强调"新"和"独特"。在介绍菜品时要注意推销菜品的"新"，要介绍"这是本季节的时新菜"。另外还要强调菜品的"独特"，要设法告诉顾客某菜为本餐厅独有，或烹调方法与众不同。突出"新"和"独特"，能够影响和引导顾客对菜品的评价。因为人们对菜品的品尝和评价往往不是完全客观的，它常常会受到各种介绍的影响。

（3）增加销售与提高档次销售　餐饮企业一般有三种销售类型。一是自动销售：顾客主动要求点菜，服务员被动地接受订菜，不通过介绍、推荐菜品影响顾客的选择，即不通过服务增加销售机会。这种销售最容易，服务员对推销所做的贡献最小。二是提高档次销售：顾客对产品的选择不是完全理智的，往往经过服务员的推荐和介绍而改点高价菜和饮料，这对餐厅的利润贡献较大。如果客人订低档菜或饮料，服务员可以推荐说："××菜是本餐厅特级厨师烹调的特色菜，要不要换换口味？"这种推销能为餐厅增加收入。三是制造性销售：顾客本来没想购买或犹豫时，如果服务员略加推销，顾客就购买了产品。这种推销需要服务员的推销技巧和工作热情,对餐厅的贡献最大。

(4)主动服务,抓住销售机会　在客人就餐时,服务员要注意观察客人有什么需要,要主动上前服务。有的客人用完一杯葡萄酒后想再来一杯,环顾四周,但服务员却没有主动上前,客人往往因怕麻烦就不再要了,结果餐厅丧失了一次销售机会。所以,服务员要注意客人的咖啡杯、酒杯,等空了以后,要立即上前询问客人是否再来一杯。在宴会、团队用餐、会议用餐的服务过程中,餐厅要多多地准备酒水饮料,只要客人杯子一空,要立刻斟满。由于在宴会过程中会有多次饮酒高潮,因此服务员若不注意斟酒,这一餐的酒水销售会减少很多。

3. 在推销中应该注意的问题

(1)重点推销　根据用餐者的身份及用餐性质,进行有重点的推销。一般来说,家庭宴会讲究实惠的同时也要吃些特色。这时,服务员就应把经济实惠的大众菜和富有本店特色的菜介绍给客人。客人既能吃饱、吃好,又能品尝独特风味,达到了到酒店就餐既有排场又实惠的目的。而对于谈生意的客人,服务员则要掌握客人摆阔气、讲排场的心理,无论推销酒水、饮料、食品都要讲究高档,这样既显示了就餐者的身份又炫耀了其经济实力。同时,服务员还要为其提供热情周到的服务,使客人感到自己受到重视,在这里很有面子。

(2)选准推销目标　在为客人服务时要留意客人的言行举止。一般外向型的客人是服务员推销产品的主要目标。另外,若接待有老人参加的宴会,则应考虑到老人一般很节俭,不喜欢铺张而不宜直接向老人进行推销,要选择健谈的客人为推销对象,并且以能够让老人听得到的声音来推销,这么一来,无论是老人还是其他客人都容易接受服务员的推销建议,有利于成功推销。

(3)运用语言技巧,达到推销目的　语言是一种艺术,不同的语气、不同的表达方式会收到不同的效果。例如,服务人员向客人推销饮料时,可以有以下几种不同的询问方式:"先生,您用饮料吗?""先生,您用什么饮料?""先生,您用啤酒、果汁、咖啡还是茶?"。很显然第三种问法为客人提供了几种不同的选择,客人很容易在服务员的诱导下选择其中一种。因此,运用语言技巧,可以大大提高推销效率。

四、菜单营销

即通过各种形式的菜单向前来消费的宾客进行餐饮推销。可通过各种形式各异、风格独特的固定式菜单、循环式菜单、特选菜单、儿童菜单、中老年人菜单、情侣菜单、双休日菜单、美食节菜单等来进行宣传和营销。

各种菜单也可以根据情况来选择不同质地的材料,设计出意境不同、情趣各异的封面,格式、大小可灵活变化,并可以分别制作成纸垫式、台卡式、招贴式、悬挂式、帐篷式等;色彩或艳丽、或淡雅,式样或豪华气派、或玲珑秀气,都可让宾客在欣赏把玩之中爱不释手,无形中产生了购买欲,并付诸行动。这些菜单实际上起到了广告作用。

五、餐厅形象营销

餐厅形象营销主要包括餐厅的外部形象与内部环境推销。

1. 餐厅的外部形象推销

(1)店名推销　店名必须适应目标顾客的层次,适应餐厅的经营宗旨和情调。店名应取易记和易读的文字,应该笔画简洁,字数少,文字排列要避免误会,字体设计要美观大方,要具有独特性;使用的店名应好听和易念;多数顾客通过电话预订餐桌,所以应该避免使用易混淆的词语和发音困难或在一起念不顺口的词汇,特别是不能因为追求独具一格而选用一些常人不认识的生僻字。

(2) 招牌推销 招牌要大而醒目,这样容易吸引人的注意力。晚上招牌要有霓虹灯照明,使得晚上易于辨识。

(3) 外观与橱窗推销 餐厅外观与橱窗应美观大方,门口和橱窗可种植摆放花草树木,保持清洁卫生,特别是树木的叶子上面应该没有尘土,只有这样才能让顾客觉得餐厅内部是清洁卫生的。在门前或橱窗上列出特色菜肴及价格可消除顾客疑虑,使顾客能够放心地踏进餐厅消费。

2. 餐厅的内部环境推销

主要包括餐厅的气氛和情调、卫生清洁以及服务员的服务水平和技巧等。

(1) 气氛和情调 餐厅的环境要求是设法制造适合经营范围和经营方式的气氛和情调,要求选择适宜的装潢、布局、家具、陈列品、照明与色彩。

(2) 卫生清洁 卫生清洁是餐饮店的基本要求,它是顾客选择餐厅时所看重的基本要素。卫生间的卫生清洁也是往往被管理者忽视的地方,在卫生间喷洒香水是制造清新空气的好方法。打扫卫生应分两次进行,开餐前要有一个清爽舒适的环境迎接客人。停业后要清洁地板、卫生间和桌椅。

(3) 服务员的服务水平和技巧 服务员应以娴熟的服务技能、高超的服务艺术,赢得顾客满意,因为"服务是最好的营销"。

六、餐饮营销策划

餐饮营销策划是对餐饮企业未来的营销行为、营销活动的筹划,其本质是餐饮企业围绕某一具体的目标,充分激发创意而进行的筹划。这种筹划是建立在对市场环境和市场竞争充分了解的基础之上,综合考虑外界的机会和威胁,自身的资源条件及优、劣势,竞争对手的竞争战略和策略,以及市场变化趋势等因素,编制出规范化、程序化的行动方案,从构思、分析、归纳、判断,直到拟定策略,实施方案,跟踪、调整和评估方案的实施。

1. 餐饮营销策划的三要素

餐饮营销策划包含创意、目标和可操作性三个要素,如果没有独辟蹊径、令人耳目一新的营销谋略,不能称之为营销策划;没有具体的营销目标,策划也落不到实处;而可操作性差的方案,无论创意多么巧妙杰出,目标多么具体、富有鼓动性,也都没有任何实际价值,策划的过程就成了资源浪费的过程。

(1) 独特的创意 所谓创意就是与众不同、新奇而又富有独特魅力的构思与设想。营销策划的关键是创意,可以说,创意是营销策划的核心和灵魂。创意并不是什么高深莫测的东西,独特的创意来源于长期的积累。另外,必须充分发挥想象力和创造力,开阔思路。除此之外,还要运用独特的思维方式,打破常规、习惯、定势的思维方式。

(2) 明确的目标 营销策划是为了解决某一难题或达到某一目标,有很强的目的性,因此,必须为营销策划确立一个恰当的目标。恰当的营销策划目标包括如下三个方面。

① 目标要具体化、量化。

② 目标要包括长期目标、短期目标。短期目标是长期目标的分解，各阶段的短期目标之间要保持连续性和协调性。

③ 目标要具有价值。营销策划目标的价值表现在两个方面：一是对企业的所有员工是有意义有价值的，与他们的利益息息相关，并能取得他们的认可和支持，能充分调动他们的积极性；二是对餐饮企业的发展是有促进作用的。

(3) 可操作性　要使营销策划能够实施、易于实施，就要求营销策划不仅要有新颖奇特的构想和具体的目标，而且还要有很强的可操作性。可操作性是指在企业现有的人、财、物、信息、信誉、品牌的条件下可以实现，同时又与外部环境不冲突；另外，要有具体的可操作的行动方案，使营销策划的各种参与者都知道如何去行动。

2. 餐饮营销策划的主要特点

(1) 创新性　餐饮营销策划最重要的特点就是创新性，餐饮营销策划的过程就是创造性思维发挥的过程。餐饮营销策划从创意开始，经构想变成概念，再提炼出主题，然后由主题衍生出各类行动计划，并在参与者中加以推行。作为餐饮营销策划生命力源泉的创造性思维，贯穿于餐饮策划活动的方方面面和全过程。餐饮营销策划一般都是围绕餐饮企业某一具体目标或某一问题而进行，其目的是力争最大限度地达到目标和寻求到解决问题的有效途径。依靠传统的营销方法，模仿他人成功的营销策略，或重复自己过去的经验，是远远不够的，是难以在激烈的市场中取胜的。因为餐饮企业的营销环境是在不断地变化的，将来不可能是过去和现在的简单重复，因此，必须要有创新性，打破思维定式，充分发挥想象力和创造力，要有独特新颖的构思、不落俗套的方法、巧妙周密的策划，才能获得最好的营销效果。

餐饮营销的创新范围广泛，主要包括餐饮产品的创新、技术的创新、价格和分销渠道的创新、促销方式的创新，也包括多种营销组合因素的重新组合等。

(2) 可行性　餐饮营销策划是有一定的目的并且要被实施的，因此，它不能是抽象的设想，而应该有具体的实施方案和行动指南，要充分考虑其操作的可行性，即在餐饮企业现有的人、财、物、信息等资源条件的约束下，是可以实现的。因此，营销策划的内容要完整和具体，既有完整的程序和行动的步骤，又有具体的易于操作的实施方案。一般来说，策划方案在实施过程中需要多方面的密切配合，如供应商、消费者、新闻媒体和其他社会公众等，为了确保策划方案的顺利实施，就需要让他们了解其可行性和易操作性，调动他们参与的积极性。

(3) 应变性　餐饮营销策划是根据事物内在的因果关系，对餐饮企业未来的餐饮营销活动进行当前的决策，决定未来可供选择的行动方案。而从现在到未来的实施过程中，不确定的因素很多，既有餐饮企业自身条件的变化，又有外部客观环境的变化，难免会有可预见或不可预见的突发性事件对营销策划形成冲击，如政策的变化或自然灾害的发生等，都会使精心设计的营销策划难以实施，这就要求餐饮营销策划还要具有较强的应变性。为此，首先应在营销策划实施前对可能发生的突发性事件进行周密的分析，建立预警系统，准备防范措施，尽量增加营销策划的灵活性和应变能力；其次，一旦出现意料不到的突发事件影响营销策划的实施时，要立即采取应变措施，减轻突发事件造成的不良影响，力争达到预期的目标。

3. 餐饮营销策划的基本程序

餐饮营销策划是科学性和艺术性的结合，具有很强的逻辑性，它由五个步骤组成，即确定餐饮营销策划的目标、调查和分析营销环境、策划创意、实施与调整方案、评估方案实施的绩效。现结合某市某宾馆西餐厅的情人节"烛光晚餐"实例来谈一下如何制定餐饮营销策划方案。

（1）确定目标　餐饮营销策划，一定要围绕达成某一目标来进行，确定目标是最重要的第一步。好的开始是成功的一半，明确界定餐饮营销策划所要达到的目标或要解决的问题，可为整个策划指明方向，并奠定良好的基础。

该西餐厅有一百多个餐位，但由于平时客人较少，上座率只有40%左右，日均营业额在5000元上下徘徊。为了吸引客源，创造更多的营业额并扩大餐厅的知名度，有必要借难得的情人节机会进行促销。

（2）调查和分析营销环境　调查和分析要从以下方面入手。

① 预测需求。由于该市是一座大中型城市，交通发达、信息便捷、经济基础较雄厚，年轻人也非常喜欢追求消费时尚。每到情人节时，大街上到处都是手捧鲜花的情侣，而且各类餐厅都被情侣们所挤满。

② 分析消费者市场和购买行为。虽然在平时人们不太爱吃西餐，但由于情人节是西方节日，再加上西餐厅的氛围安静优雅，适合谈情说爱，所以情侣们为追求时尚还是非常愿意在这一天来西餐厅就餐。因而，环境好的西餐厅就是情侣们"约会"的首选地之一。

③ 分析行业竞争者。在该市市区，中高档的西餐厅只有十几家，在情人节这一天是远远无法满足市场需求的。所以，宾馆西餐厅在情人节这一天必须要扩大服务规模，争取最大限度地接待更多的顾客。

④ 确定细分市场和选择目标市场。根据网上调查，进行情人节消费的人群中18～25岁的青年人占52%，25～35岁的夫妻占45%，由此可见，在情人节，年轻人是消费的主体。

（3）进行策划创意　创意是餐饮营销策划的点睛之处，创意是否新颖、独特、切合主题，直接关系到餐饮营销策划的成败。好的策划创意往往来自策划人员的灵感，也就是创意暗示、创意联想、模糊印象、灵感闪现等，将灵感经过整理、变形、加工和组合，就可形成创意。

本案的创意由以下几部分组成。

① 促销策略。在情人节到来的十天前，酒店营销部需要在当地销量比较大、并且目标群体是年轻人的报纸上刊登广告。由于情人节只有一天，销售额比较有限，所以不宜在广告价格昂贵的电视媒体上刊登广告。西餐厅提前七天接受情人节订餐。

② 产品策略。西餐厅在情人节这个特定的时段内，它的产品应是温馨的环境、高品位的菜肴和适宜的服务。

a. 环境布置。考虑到西餐厅的餐位数量可能远远接待不了数量较多的客人，就将隔壁的大型中餐宴会厅也布置成临时西餐厅，使总餐位达到了300个。由于情侣在就餐时对就餐环境要求较高，特别是在特殊的日子，他们要求有较多的私人空间，不希望有人打扰，所以必须将每张餐桌用屏风或较高的装饰植物隔开，形成一个个私密的就餐环境。

b. 调整菜肴。在情人节，西餐厅往往提供"情侣套餐"，菜品有色拉、头菜、主菜、甜点，当然蕴涵浪漫情调的红葡萄酒是不能少的。

西餐厅的菜式名字也由于情人节的到来而改得相当"贴心"。"红粉佳人""天荒地老""心肝宝贝""心相印""情浓时""甜蜜语"等,这样才能令情侣们从嘴里甜到心里,大掏腰包吃个痛快。

c.服务方式。由于在特殊的日子,情侣们要求有较多的私人空间,不希望被人频繁打扰,所以服务员只需提供必要的上菜服务就可以了,除非客人有其他要求,服务员一般要与客人保持一定的距离。

③ 定价策略。在情人节这一天,情侣套餐的供给是远远小于需求的,所以餐厅可以采取需求导向定价方法,将价格定得高一些,当然也不能超过消费者的承受能力。

而且价格的数字要满足宾客的心理诉求,如将情侣套餐的价格定为299元,取"爱久久"之意。

(4) 实施方案　策划方案制定出来以后,经过营销决策人员的批准,就可付诸实施,进入策划的实施阶段。

在实施过程中,要对营销策划进行有效的监督和管理,尤其要注意保持策划的连续性、权威性,要按照策划的内容来实施,不得随意改变策划内容。

① 准备工作。在情人节晚宴开始前,要按照策划创意进行准备。首先进行西餐厅的布置,除了增加餐位和隔开餐桌外,还要将餐厅的灯光调暗,并在每张餐桌上放置红色的蜡烛。最后,餐厅领班向服务员分配工作。

② 引领服务。在客人抵达时,迎宾员将其引领至座位,点亮蜡烛,并向男宾送上红玫瑰,由其向女宾献上,最后向情侣祝福。

③ 餐桌服务。服务员为客人斟倒红葡萄酒,并按顺序为客人上菜,在上菜时要报上蕴涵浪漫情调的菜品名称。

(5) 评估方案实施的绩效

活动结束后,应对方案的设计和取得的经济效果做出科学的评价。如是否达到了预期的目标;费用预算是否合理;餐厅的知名度、美誉度是否得到提高;客人是否满意等。

经过评估,此次活动共创造营业额30000元,客人满意率98%,由此得出此次情人节活动获得了成功。

七、餐饮营销的发展趋势

近年来,我国的餐饮业发展非常迅速,据统计,近年来餐饮业的增长率每年都在十个百分点以上,大大超过了我国的经济增长率。可以说我国正迎来一个餐饮业大发展的时期,市场潜力巨大,前景非常广阔。但从另一个方面来看,餐饮需求又是复杂多变的,口味爱好和消费心理都可能随着社会环境的变化而变化。餐饮企业必须根据自身条件和环境条件的要求,看清餐饮市场的发展趋势,选择适当的营销方法,才有可能在激烈的市场竞争中获得成功。未来餐饮营销的发展,将主要沿着下述几个方向进行。

1. 主题餐厅的兴起

消费者经历了从吃饱到吃好的阶段后,吃在逐渐演变成一种文化消费,在品尝美味佳肴的同时,开始关注用餐环境的文化氛围与个性化,而且还要满足消费者的心理诉求。

为求新求变,最早在欧美国家非常流行的餐厅形式——主题餐厅在我国悄然出现。与一般餐厅相比,主题餐厅令人印象深刻的是它的用餐环境。它往往围绕一个特定的主题对餐厅进行装饰,甚至食品也与主题相配合,为顾客营造出一种或温馨或神秘,或怀旧或热烈的气氛、千姿百态、主题纷呈。主题餐厅在中国是一种新的餐厅经营形式，一经推出，就立刻受到消费者的关注。

主题餐厅有它的优势，但也有它的劣势。优势在于它有一个主题环境，可以在比较短的时间内打响知名度；而劣势则是它来得快去得也快，人们往往受主题餐厅的环境吸引而忽略了它的菜品，可能在开始时客人出于好奇慕名而来，餐厅会热闹上一段时间，但当新鲜感过后，生意便会转淡。因此，主题餐厅不能只注重环境，而要在菜品和服务方面做整体考虑，这样才能保持长兴不衰。

专家认为，随着消费者生活水准与文化水平的进一步提高，今后主题餐厅将更符合消费者对就餐环境的不同要求，这无疑也是餐饮发展的方向。

2. 文化营销得到重视

国内外有许多餐饮店，以举办各种文化活动作为招徕客人的重要手段，如卡拉OK、爵士音乐、轻音乐、电影、剧场、民歌等活动。还有的餐厅经营者将餐厅布置成画廊，或者以漫画、古董来装饰餐厅环境，以提高餐厅的文化品位。

江苏的竹园餐厅，因其院子内生长着大片竹林，而竹子又被中国古典文化比喻为高风亮节的雅士，所以独树一帜，高举起"竹文化"的旗帜，重点吸引文化层次较高、收入相对丰厚的消费者。一方面有效地树立了"竹园"的形象，同时也迎合了特定消费者的消费心态，使人闻雅名而生慕心，因慕心而欲亲身领略、光临竹园餐厅，享受温馨高雅的服务，领略贯穿于服务全过程的"竹的风骨和竹园文化"，极大满足了文人雅士的心理需求，因此顾客回头率高达60%。

借着名文学作品的知名度进行餐厅菜肴的推销也是近几年兴起的崭新的营销模式。经营者把小说中提到的食物抽离出来，经过模拟修正，推上餐桌，让现代人透过菜肴去温习小说中的情节，也借小说的想象空间和流传性，吸引客人上门。台北"茶余酒餐厅"的经营者，自称是"金庸迷"，他把金庸的武侠小说《射雕英雄传》中描述的几道美味佳肴，如"岁寒三友拼盘""二十四桥明月夜""玉笛谁家听落梅"等隆重推出，以飨公众。经营者宣称，他推出"射雕菜"的目的是"利用文学的想象力，为菜肴添上更多典故的趣味。同时，也为单调的吃饭，营造出诗情画意的想象空间——因为武侠小说中天马行空的想象，可以让菜肴有更多的弹性发挥"。

3. 生态农业、绿色食品、保健功效将更为人们所重视

随着人们对环境污染、生态平衡、自身健康等问题的关心程度日益提高，无公害、无污染的绿色食品、保健食品，受到了消费者的欢迎，许多餐饮企业为适应这种要求，纷纷推出了自己的保健绿色食谱，并营造自然、健康的环境。

在北京有一家生态餐厅，覆盖全园的透明大棚让众多的热带和亚热带的奇花异木在这里繁荣生长。走进园中，泉水叮咚、枝叶繁茂、花红叶绿，一派田园风光。餐厅10000m^2的院落像一个偌大的热带雨林，有一百多品种、近十万株具有观赏价值的花卉树木。南国园林景观与北方建筑特色结合，这边小桥流水，那边亭台楼阁假山，再加上满眼的亚热带珍奇植物和奇花异草让人仿佛置身于森林中的片片绿荫，呼吸都顺畅了许多。室内以植物类别划分为4个大区、8个小区，就餐区融入植物丛中。能容纳2000人就餐的餐厅内仅设置了800个餐位，即使客满时人均绿化面积也在5m^2以上。可以开启的天棚与几十个巨型换气扇使室内空气每3分钟就更新一次。与餐厅配套的几千亩蔬菜大棚，不仅每天能为餐厅提

供几十个品种、上千斤新鲜蔬菜,也为餐厅增添了一抹新绿。

4. 迎合都市时尚及其生活方式

追求时尚是现代人的重要心理需求,时髦的东西往往能够调动起人们的消费欲望。电视剧《宰相刘罗锅》在南京播出后,街头巷尾都在谈论刘罗锅,剧中有关广西地方官向皇帝进贡荔浦芋头的情节,使荔浦芋头家喻户晓。南京丁山美食城抓住时机,迅速派人到广西购买荔浦芋头,空运南京,投放市场,受到了许多人的好评。

最近几年在伦敦、在巴黎、在旧金山等许多地方,不断涌现的电脑酒吧,也正在成为新潮一族们感受时代脉搏和引导生活方式的新场所。电脑酒吧的餐桌上都装备有电脑,餐台也是经过特制的,一张餐台由高低两张桌面组成,一张桌面用来放食物和饮料,另一桌面用来放电脑、键盘和鼠标等。酒吧中的电脑是内部联网的,因此,客人们可以坐在餐桌前,通过电脑与邻座进行"无声"的交流,而更让宾客们心驰神往的是,这里的电脑还联结着四通八达的国际计算机网络,宾客们可以一面畅饮,一面在网络中进行足不出户的世界之游。酒吧还开通了与一些本地实况转播的电视节目相连的业务,宾客们甚至可以在酒吧中欣赏摇滚歌星的火爆现场演出。为了招揽顾客,酒吧还推出了自己的特别服务。酒吧中一项名为"真爱之路"的国际电脑婚姻介绍服务就让当地的青年趋之若鹜。进行一些简单的操作,电脑上就会出现远在纽约等地的异国青年的照片和详细的个人资料,因此,来酒吧坐坐,说不准还会交上几个异乡的朋友。

5. 重视人们的情感、社交等方面的需求

情感生活是人们的基本需要之一,近几年来社会上兴起了一股所谓"煽情"的营销方法,就是通过各种措施和活动刺激和调动人们的情感,以达到促销的目的。许多餐饮企业也通过设立诸如情侣包厢、情侣茶座、情侣套餐、情侣烧烤等服务项目来促销,或以强化家人的团聚、朋友的聚会,以及加深乡亲情、同学情等来调动人们的消费欲望。

很多餐饮店均实施"生日赠礼""猜谜赠奖""赠送鲜花"等酬宾活动,在宣传上也强调情感服务的特色,尽力突出适合各类情感生活的消费环境。

消费者外出就餐的一个重要原因就是基于应酬的需要,如婚丧喜庆、商业会谈、情感交流、朋友聚会等,人们需要寻求一种更好的环境氛围、更周到的服务、更形式化的场所和更丰富的饮食选择。

国外的餐饮企业经常通过举办鸡尾酒会、自助餐等形式,向顾客提供社交机会。有些酒店的餐厅设有专门的招待单身客人的餐桌,为那些无陪伴的商业旅游者提供一个与酒店职员和其他客人相互认识的机会,这种办法对那些定期到该地出差的人特别有效。

以上实例证明,餐饮营销的发展将呈多元化的趋势,但是发展的宗旨只有一个,那就是最大限度地吸引消费者的眼球,并使消费者前来就餐,使餐厅的销售额得到提高。

> **本节思政教育要点**
>
> 由于广告的核心价值是真实,所以经营者在推出广告时,应以优质的产品和精彩的创意来打动顾客,不可夸大事实。

 典型案例

京城餐饮如何跳出午市怪圈

一般来说，北京城有名的酒楼、饭庄，大多晚上生意火爆，但在中午，有不少会唱空城计。午市清淡似乎成了京城中高档餐馆走不出的怪圈。

说来也好理解，有句话叫心急吃不了热豆腐，老祖宗的美食观是食不厌精，脍不厌细，为了保证菜品质量，似乎只有小炒慢烧才能出好味儿，换言之，美味与烹制时间成正比。中午用餐时间较短，谁有工夫等着品尝您文火慢工做出来的珍馐美味？这也就难怪经营美食佳肴的诸多名店午市淡、晚市闹。

然而走进以经营海派美味闻名的A餐厅时，看到的却是一派人气旺盛的红火景象。

忙着翻台的服务员挺得意：虽说我们的大门今年东移了50米，进出不如原来方便，中午依然是宾客盈门，三十多张餐台常常被坐满，有时连包间也不够用。究其原因，大部分顾客就是冲着美食套餐来的。

什么套餐能有这么大的魅力，居然能使酒楼走出午市冷清的怪圈？

一位在附近工作的某公司的老主顾对A餐厅的午市套餐印象很好：葱油白菜、本帮鳝糊、油爆河虾、百叶结、红烧肉、老鸭汤……只要花上168元，就可以从23个菜式中任选五菜一汤，还赠送饮料、果盘、米饭、茶水，足够四五个人吃的。人少了也不要紧，少要一款可以减收20元。吃饭的人多上两三个也没关系，点个套餐再加俩菜也就够了，可花的钱要比吃正餐少近百元。更重要的是味道好，出菜快。每天中午，附近几座写字楼的人都来。

A餐厅的管理人员谈起自己的套餐战略很直率："闻香下马，知味停车"，我们的午市红火的秘诀就是把握市场脉搏，找到了菜品、价格和午市特点的最佳契合点。

据了解，作为京城经营上海菜及江南美味的餐厅，A餐厅与其他著名的餐饮名店一样，以前也曾面临如何突破午市冷清的难题。在市场调查中他们发现，A餐厅地处朝阳商圈的黄金位置，周围写字楼林立，白领消费群体庞大，可真正适合白领阶层用餐特别是午餐的地方并不多。不少在此用餐的白领顾客表示：扎在又乱又热的小饭馆吃午饭实属无奈，可是到中高档餐厅吃饭也不方便。一是中午的午休时间短没工夫等菜，再者天天中午吃大菜经济上也不划算。

针对顾客的这种需求，A餐厅的管理人员琢磨开了：我们这里的幽雅环境和高品质的美食非常适合白领顾客用餐，可怎么才能做出出菜速度快、价格便宜又不降低饭菜品质的白领午餐呢？

经过仔细研究和试验，精明的经营者终于找到了两全其美的好办法——在中午推出二十几种厨师拿手、价格又不贵的美味饭菜，组合成由顾客自己挑选的美食套餐。就拿套餐中的红烧肉来说，选料极精，每天清晨，厨师从供货商送来的上好五花肉中别选精华部分，以大小火交替烹制，工序多达26道。这道菜肉质爽嫩、香浓不腻，深得许多本来对肉菜不感兴趣的巨贾名流的青睐，赢得了美誉。但这道菜并非鱼翅海参等贵重原料制作的高价菜，而是厨师操作熟练的招牌菜，还能提前在上午备料烹制，耗时不多却完全能够保证高品质，加之午市红火无形中扩大了销售规模，大大节约了人工成本，即使按特价出售，利润也有一定的保障。

红烧肚裆、葱油芋艿煲等组成套餐的河鲜、肉类、煲类、蔬菜、汤羹都是A餐厅厨师们的拿手菜。原料也绝对都是正宗产地的。雪菜炒肉丝中的雪菜来自浙江邱隘，是畅销日本和东南亚的著名绿色环保产品；温州敲鱼汤用的海鱼产自著名的舟山渔场，全是当天空运来的鲜货；就连不起眼的葱油白菜，也是用从上海运来的小青菜精心烹制。正是因为A餐厅的午市美食套餐与一般酒楼的套餐不同，使顾客能够以套餐的价格吃到口味、质量很高的沪上名菜，既经济又够档次，一推出便大受"白领"顾客的欢迎。

评析

A餐厅在市场调查中发现了餐厅中午生意淡的原因：消费者午休时间短没时间等菜，再者天天中午吃大菜经济上也不划算。找出了问题的症结所在，就可以实施有针对性的营销策略了。

针对白领顾客的午餐需求，A餐厅推出了出菜速度快、价格便宜、饭菜品质又较高的白领午餐，满足了顾客的需要，也解决了中午生意清淡的问题。

本章小结

餐饮销售管理是餐饮管理的重要组成部分，餐厅的定价策略和方法、餐厅销售决策、销售控制的方法、餐饮营销的手段都决定了餐厅经营的好坏，对餐厅提高美誉度、扩大销售额有着重要的影响。本章分别介绍了餐饮定价、餐厅销售决策、销售控制、餐饮营销等内容。

复习思考题

1. 餐饮定价通常采取哪些方法？各有什么特点？
2. 如何通过销售控制来减少销售中的舞弊现象？
3. 在经营比较清淡的时段，餐厅宜采取哪些方法来提高销售额？
4. 餐厅营销策划的程序是什么？

实训题

1. 一家餐厅的经理经常发现菜品的实际销售数量与账单登记数量不相符，请你帮他设计出一个有效的销售控制方法，以杜绝此类非正常现象。
2. 一家位于繁华市中心的高档中餐厅即将开业，请运用餐厅营销策划知识为其制定出一份科学的开业策划方案。

第八章 中西式快餐厅的运营与管理

学习目标

了解中西式快餐的发展现状;熟悉西式快餐厅的运营与管理;了解中式快餐的发展前景,熟悉中式快餐的发展途径,掌握中式快餐连锁经营的具体模式。

第一节 中西式快餐的发展现状

随着社会经济发展和人民生活水平的不断提高,人们的餐饮消费观念逐步改变,外出就餐更趋经常化和理性化,选择性增强,对消费质量要求不断提高,更加追求品牌质量、品位特色、卫生安全、营养健康和简便快捷。快餐的社会需求随之不断扩大,市场消费的大众性和基本需求性特点表现得更加充分。现代快餐的操作标准化、配送工厂化、连锁规模化和管理科学化的理念,经过从探讨到实践的深化过程,目前已被广为接受和认同,并从快餐业扩展到餐饮业,成为我国餐饮现代化的重要发展目标与方向。快餐作为我国餐饮行业的生力军和现代餐饮的先锋军,成为现代餐饮发展的重要代表力量,对全行业的推动与带动作用不断突出,为社会和行业发展做出了积极的贡献。什么是快餐呢?快餐就是烹饪的工业化,即用现代科学技术和经营管理技术把古老的烹饪操作像工业生产那样组织起来,形成烹饪产业。它的特征是标准化品质、工厂化生产、连锁化经营、科学化管理。

据国家统计局发布，2010年，我国全社会餐饮业实现营业额12226亿元，比上年增长21.6%；全国餐饮网点超过600万个，从业人员达到2400多万，行业发展速度持续地以较大幅度增长，对国民经济的贡献率不断提高。据初步测算，全国快餐连锁经营网点100多万个，年营业额可达1500亿元，将分别占到餐饮业的22%和20%左右，快餐行业规模继续扩大。从餐饮业年度百强企业统计调查情况看，快餐企业在餐饮百强企业中占据三分天下：2008年度的餐饮百强企业中快餐企业入围12家，营业额占30.1%；2009年度餐饮百强企业中快餐18家，营业额占33.29%；2010年度餐饮百强企业中快餐20家，营业额占33%左右。快餐行业在网点数量增加和规模扩大的同时，品牌企业的发展实力和运营能力更趋看好，内在支撑体系建设加强，发展质量日趋提升，发展的总体水平不断提高。

以肯德基、麦当劳为代表的国际快餐品牌企业在我国迅速扩张，发展速度明显加快。到2010年底，肯德基在中国拥有3000家连锁店，麦当劳超过1200家，比2008年分别增加800家和300家左右，年均开店达到200家和80家，年营业规模分别超过400亿元和160亿元，单店年均营业额在1100万元以上，成为中国快餐以及餐饮行业的领头企业，对行业发展的作用和影响不断扩大。从其发展的特点看，由中国的一、二类城市向三、四类城市延伸，由东部城市向西部城市拓展；企业发展的战略布局、体系建设和本土化理念基本完成，"立足中国、融入生活"的思想得到确立；品种开发调整力度加大，中式品种的引入和营养内涵增强，中西融合的趋势更加明显等。

在中国的快餐市场上，麦当劳、肯德基是当之无愧的两大霸主，两大寡头争霸中国快餐市场的局面恐怕一时难以被打破。尤其是近年来，它们不惜血本地大打价格战、服务战、品牌战，赢得了更多顾客，也扩大了知名度。据有关统计资料表明，在国人对快餐品牌的认知程度打分中，肯德基和麦当劳分别以100%和97%排一、二位，必胜客以42%位于其后。而对中式快餐的认知程度则明显偏低：其中最高的是荣华鸡24%。事实表明，肯德基与麦当劳的竞争实际上是一场双赢的战斗，它们共同拓展了中国市场，却进一步压缩了中式快餐的生存空间。

与大规模连锁经营的西式快餐相比，中式快餐的发展只能说刚刚起步。无论是企业规模、经营管理水平，还是市场占有份额及知名度，与老牌西式快餐相比相去甚远。近些年来，中式快餐也出现过一些小有名气的品牌，如曾宣称要挑战洋快餐的荣华鸡和红高粱等。可是历经10多年的发展之后，这些中式快餐并没有形成气候。在与西式快餐的对峙中劣势明显，留下了一个又一个遗憾。曾在十年前踌躇满志地挺进北京的荣华鸡，不久前关闭了在京城的最后一家门店，表明中式快餐在与西式快餐的较量中又一次落败。

目前，西式快餐在中国的扩张速度仍在加快，中式快餐若不奋起直追，在餐饮市场中的份额将会进一步下降。

中式快餐的尴尬境遇，缘于其与西式快餐的多方面差距。而如何缩小这些差距正是中式快餐业发展的关键所在。

📖 本节思政教育要点

餐饮从业者要客观认识到中式快餐的经营水平与西式快餐的差距，但也不能妄自菲薄，一定要看到中式快餐发展的优势，努力提高中式快餐的经营水平。

第二节　西式快餐厅的运营与管理

西式快餐之所以能在具有浓厚传统饮食文化的中国站稳脚跟并获得很大发展，是与其先进的运营模式和管理方法分不开的。这里就以跨国快餐集团麦当劳为例，来阐述西式快餐的工业化、标准化生产，连锁经营，优质服务和准确定位等方面的先进经验。

一、生产工业化

西式快餐发展的基础在于餐饮的发展要紧跟时代的变化、现代科学技术应用于烹饪设备、人工操作转变为机械化生产等。快餐并不等于简单的正餐，快餐经营者首先要在"快"字上做文章，"快"是基本特点，而麦当劳快餐的工业化生产正是把这个"快"字做到了家。具体体现在以下几个方面。

1. 生产的机械化

在麦当劳，只有服务员，没有厨师，因为厨师都被机械替代了，这就大大降低了人力资源成本及劳动强度，保证食品品质稳定统一，而且极大地提高了食品生产速度。麦当劳的厨房内是一排排机器，包括电子炸锅、制冰机、饮料机、雪糕机等厨具设备。服务员只要经过短时间的系统培训，就可以按照操作规范熟练操作这些机器。

2. 操作速度快

麦当劳采取了自助式服务、使用一次性餐具等措施来简化操作流程，这必然会节省就餐者的时间。它的"快"通常表现在三个方面。一是备餐快。麦当劳规定，厨房提供一份汉堡包、奶昔和炸薯条的时间不得超过50s，因此，员工在煎制、灌装、烹调等操作程序上必须不断提高效率。二是交易快。麦当劳采用的店面销售系统促进了人力的有效使用，缩短了顾客等候的时间。三是品种简单。麦当劳的食谱整齐划一、品种简单、顾客选择余地小，所以不会拖延点餐时间。这样也就保证了备餐和交易的速度加快。

二、生产标准化

所谓生产标准化指的是围绕实现企业生产经营的目标，以提高经济效益为中心，以企业生产、经营活动的全过程及其要素为主要内容，通过制定标准和贯彻实施标准使企业全部生产技术、经营管理活动达到规范化、程序化、科学化和文明化的过程。西式快餐通过几十年的摸索，已经实现了快餐生产标准的统一，甚至对每一种产品，它们都制定出了详尽的生产标准。产品的配方、大小都有着严格的量化标准，这就保障了产品质量的稳定性。生产的标准化为快餐生产的工业化打下了坚实的基础。

1. 进货方面

食品最终品质的高低取决于对食品原料的把握。麦当劳在选择供应商时可以说是苛刻挑剔。为了它的炸薯条在中国的味道与世界上其他地方的保持一致，麦当劳花了很长的时间和大量的精力在中国许多地区进行考察，最后在河北省的承德培育出了符合标准的马铃薯。牛肉也是一样，它选用在中国华北的气候、草场上养出的牛的精肉，生产出的成品和世界上所有的麦当劳餐厅的牛肉是一个味道。更可贵的是麦当劳还能不断与供应商交流合作,它为牧场改良牧牛方法,为乳制品厂提供新工艺,教农民新式土豆的种植技巧,这样做不仅确保了每家分店的原材料质量优良稳定,而且供应商也必然更努力、更迅速地为快餐企业服务,最终享受规模经济带来的高效益,达到良好的双赢局面。

2. 生产方面

食品的质量是决定消费者满意度的关键,而标准化的生产是产品品质最有效的保证。麦当劳的产品对温度、新鲜度、水分、脂肪含量等指标都有明确的规定。它在《产品质量指南》中规定:"所有食品,冷的以4℃为宜,热的以40℃为宜,压力炸锅炸鸡腿的时间被电脑控制在8min。"此外,"炸薯条超过7min,汉堡包超过10min,咖啡超过30min,香酥派超过9min而未售完,都必须毫不吝惜地扔掉,以确保它们的味道鲜美和纯正"。在严格的标准化体制下,麦当劳的每一个生产流程都井井有条,每一个细节都做到精益求精,用数字说话。

三、经营连锁化

麦当劳、肯德基在全球能有如此巨大的影响,就是充分利用了连锁经营这个开拓市场的利器。尤其是特许连锁,即特许经营模式。这种商业发展模式的最大优点就是使特许者不必花费太大的投资就可以拥有特许加盟店的最终管理权。西式快餐正是借助这种模式,通过对加盟店的统一管理、统一形象,降低了经营成本,提升了自己的技术和品牌价值。通过多年的特许连锁实践,西式快餐积累了丰富的经验,无论是对加盟店的管理人员的培训,还是目标市场的选择、资金运作、品牌的宣传等诸多方面都形成了一套系统的、切实可行的管理体系,这样就可以确保其品牌扩张能有计划、有条不紊地进行。

四、服务优质化

快餐业是典型的服务产业,而服务的品质差异性决定了人员服务质量难以衡量与把握。麦当劳通过严格的培训和标准化的条款来进行有效的管理。《麦当劳员工手册》中规定,所有员工必须接受上岗前的严格训练,完成基本操作课程的训练,对基础作业知识逐步达到娴熟的程度,操作以后能够加快服务速度。此外,麦当劳于1981年成立了著名的麦当劳大学,负责中高级管理人员的培训,整个教学紧密围绕麦当劳的经营展开,实践性非常强。同时,按照麦当劳的标准,服务员必须按照柜台服务六步曲来服务顾客,即打招呼、点购、取齐点购品、交予点购品、收取货款、欢迎再次光临。服务员必须在1.5min内将食品送至顾客手中,并为团体顾客提供订餐及免费送餐服务。

五、卫生明确化

食品卫生是影响人们购买的关键因素,而为顾客提供卫生、清洁、幽雅的就餐环境是麦当劳一直追求的目标。公司对清洁卫生有严格的规定,包括以下几个方面。

(1)服务员上岗操作前,必须严格清洗消毒,先用洗手槽中的温水将手淋湿,然后使用专门的麦当劳杀菌洗手液洗双手,尤其注意清洗手指缝和指甲缝。

(2)两手必须至少一起揉擦20s,彻底清洗后,再用烘干机烘干双手,不能用毛巾擦干。

(3)手接触头发、制服后,必须重新洗手消毒。

(4)餐厅内外必须干净整齐,桌椅、橱窗和设备做到一尘不染。

(5)所有的餐具、机器在每天下班后必须彻底拆开清洗、消毒。

六、定位准确化

对于任何服务企业来说，准确的市场定位是企业生存和发展的基础。企业要取得成功，必须把自己和其他竞争对手区分开来，要明确界定自己是某些特性的最佳提供者，并且这些特性对于目标顾客非常重要。快餐业当然也不例外。麦当劳有很明确的市场定位，它不是面向所有层次的消费者，因为那样不现实也不可取。在美国，麦当劳的目标市场是生活节奏快并且收入较低的人群。而在中国，它的目标市场是儿童、青少年和一般的白领。因为儿童与青少年容易受广告的影响，接受新事物快，越是新口味越要品尝，而幽雅的环境和美味的食品又容易得到白领们的青睐。

以上六个方面是麦当劳成功的精髓之处，也是西式快餐得以成功的关键。可以看出，麦当劳不仅提供快餐产品，而且也提供了一种快餐新概念。它不仅一点不马虎、不随便，而且特别讲究食品品质，讲究卫生，讲究就餐环境的文化氛围，把快餐升华为休闲和享受，使之成为一种餐饮文化，得到现代消费者的广泛认可。

> **本节思政教育要点**
>
> 餐饮从业者一定要积极学习借鉴西式快餐的经营优势，并将其与中式快餐的经营结合起来。

第三节　中式快餐的发展前景与发展途径

在现代中式快餐20世纪80年代末至90年代的发展历程中，广大企业付出了艰辛努力，在发展中也体现出了摸索性和冲动性的特点。通过这一阶段的实践，广大中式快餐企业积累了经验，看到了不足，不断总结与反思，使中式快餐进入21世纪后，发展得更加坚实，以理性积累为主的发展特征表现得更加明显。下面就从分析中式快餐存在的问题入手，来展望中式快餐的发展前景，探讨中式快餐的发展途径。

一、中式快餐存在问题分析

1. 生产标准化程度低

中式快餐企业沿袭了传统快餐中一些与现代快餐要求不相符的特征。传统的中式快餐产品基本都是由手工操作完成，饮食产品的质量很不稳定，制作工序复杂而且耗时。即使是一名特级厨师，他在做同样的一道菜时会因做菜的时间不同，或因所用原料的产地不同，而导致产品的效果不同，这些与现代快餐要求的产品标准化、生产工业化不相符。

2. 经营规模小而散，未真正实现连锁化

在我国，中式快餐企业的数量非常多，但绝大多数是小作坊生产，规模小而散，企业管理也不够科学。在这种局面下，中式快餐企业当然不可能实现真正的经营连锁化。所以目前在我国，中式快餐业连锁经营的外在条件与内在条件显然并不十分成熟，多数快餐店是"连得起，锁不住"，根本不能做到"标准统一"，在实践中往往盲目追求店面数量的扩张，而忽略了管理的统一，造成经营过程中出现各种各样的问题。如大部分连锁经营体系不完善，一味地强调店名、店貌等外在形式的标准化，忽视了食品制作、服务方式等方面的标准化，在原材料采购、半成品加工和配送、人员培训、管理制度等方面没有达成真正的一致。连锁体系内部尚未实现"统一采购、统一配送、统一价格、统一核算、统一管理"的高度集权的直线管理模式。连锁经营的优势和作用未得到充分发挥。同时，企业缺乏科学管理的意识，自身管理水平处于较低的程度，很多企业不会从消费者的角度来考虑问题，因此容易与顾客的期望和需求产生偏差。

3. 中式快餐的餐厅布局、饮食环境、服务环境还有待提高

在中式餐厅里经常会看到餐桌过于密集、走道不通畅等现象，此外在餐厅还会看到一些不卫生的现象（如餐具不干净、食品里有头发、餐厅里有苍蝇），或服务人员的服务态度很粗鲁等现象。我国快餐店一般是前堂后厨的店面结构，经营者存在着只注重食品口味而忽略顾客就餐环境的问题，这与人们越来越注重饮食卫生、环境舒适的要求相违背。

4. 中式快餐食品与各地的社会文化、消费习惯适应不够

中式快餐业的管理者对处于不同地区的消费者的风俗习惯、消费心理缺乏足够的理解。在企业扩张时，不注重对目标地区进行详细的市场调研，导致了店铺开张后，由于不适合当地的口味，问津者寥寥无几，最后只能是昙花一现。而西式快餐之所以能在中国取得成功，与其产品的中国化是分不开的。例如，肯德基集团为了适应各地中国人的口味，就推出了一系列中式食品，如老北京鸡肉卷、香菇鸡肉粥、海鲜蛋花粥等，仅2003年一年就推出了20多款"中国特色"的长短线产品，这些产品深得中国消费者的肯定和喜爱。事实证明本土化是肯德基快速拓展中国市场的最大撒手锏。所以中式快餐要想取得长足发展必须适应不同地区消费者的风俗习惯、消费心理和饮食口味。

5. 中式快餐店的店址选择合理性有待优化

中式快餐店选址上存在的问题很多，出现了过于注重客流量大、商业繁华度高的地区的现象，这与现代快餐的投资决策相违背。商机是由营业者、消费者共同创造的，客流量大、商业繁华度高的地区并不代表消费额和利润就高。如武汉汉口古琴台处的长江广场购物中心门前每天的客流量达百万，但这里的商机却平平，因为附近只有这么一个商场，周围既没有商业区也没有生活区，大多数的人在这下车只是为了倒车，一般不会去就餐，更不会有人特意来此就餐，所以此地就不适合开餐饮店。

6. 中式快餐企业对自己的企业文化认识不足

现在，一些快餐企业没有企业文化或企业文化尚不成熟，出现了一些表面统一、协调，而深层次还是散兵游勇的状况，这是十分脆弱的。一旦环境发生波动，企业就会乱成一团麻。

7. 中式快餐企业的物流中心不够完善

当前国内一些快餐企业对物流的认识不够，物流的发展水平、管理水平都还较低，绝大部分企业未能形成网络化经营体系。因而连锁店经常出现对客户需求预测不准或各部门

职能"结交点"不畅通的问题，这就导致出现缺货、断货的现象或食品滞销而变质的现象。

8. 中式快餐企业人才匮乏

连锁企业的经营店铺数量多，地区分散，环境复杂多变，这就要求管理人员具有比较高的素质，能够驾驭复杂多变的形势。标准化的实施要求有大批合格的专业人才，如信息技术人才、企业策划人才、市场调查人才、投资管理人才等，同时对普通员工的要求也较高。然而综观我国快餐企业，几乎没有什么专业化的人才，管理人员素质也不高，根本无法运用现代化的管理方法，其职责很大程度上只限于日常的监督管理。员工的招收存在着很大的随意性，同时缺少必要的培训，无法满足标准化的要求。

二、中式快餐的发展前景

据统计资料表明，到2010年底，我国中式快餐业的营业额达到2750亿元，约占整个餐饮行业营业额的1/4。初步形成了快餐市场，消费需求不断增加。快餐以其简明快捷、价格明朗、分量清晰、服务简单、携带方便等优点满足了现代人的饮食需求。而我国传统的烹饪文化形成了各地各式各样的名点小吃，为发展中式快餐提供了适合的产品。只要解决了产品的操作程序化、规范化、标准化等问题，积极开发适用于食品制作的机械设备，就能提升我国中式快餐发展的速度和水平。

中国餐饮业历史悠久，有着深厚的文化积淀。中国传统饮食文化不但养育了中国人，而且培养了具有民族特点的饮食习惯。以汉堡、薯条、炸鸡为主的西式快餐是无法占据整个中国快餐市场的，它只能影响青少年及儿童等目标消费群，市场的其他部分还有待开发，尤其是适合中老年与一些年轻人的中式快餐市场的开发。价格低廉、口味适宜、品种丰富、搭配合理是中式快餐要注意保持的优点，也是与西式快餐有着明显不同的区别。

三、中式快餐的发展途径

1. 特许连锁

麦当劳、肯德基在全球能有如此巨大的影响，就是充分利用了连锁经营这个开拓市场的利器，而连锁经营正是一种适合快餐业发展的经营方式。

从事中式快餐经营的企业为数众多，但连锁店数目在十个以上的却很少，无法实现规模效益。西式快餐企业大多采用连锁经营形式，通过控股、特许经营等方式迅速建立起庞大的跨国公司，且规模效益突出。中式快餐企业应在仔细分析内外部环境的基础上选择正确的经营战略来指导企业的发展。实现连锁经营要将现代大工业、大生产的组织原则运用于餐饮企业，采用先进的科学技术和完善的专业化分工，统一管理、统一制度、统一店名、统一标识、统一广告、统一采购、统一配送、统一价格。这样可以改变传统的单店经营、购销合一的小作坊生产方式，适合快餐业的发展规律，有很大的优越性，可以扩大企业的影响，吸引更多的顾客。

经营规模的扩大可以提高企业的市场占有率；高素质的专业人才能够提高企业的经营管理水平；统一经营运作可以降低企业的经营成本与营销费用，大幅度提高企业的经营效益。连锁经营的优势还具体体现在以下几个方面。

（1）节省广告推销费用　由于费用分摊到相同名称的众多分店里，每一个快餐店可以用很少的费用来扩大社会知名度。

（2）集中批量生产，降低食品生产成本　在一个较大的区域内设立一个中心厂，用以生产各种快餐食品，速冻处理后再送往附近各分店。这样，每一个分店就不必购置大量的生产设备，只要具备必需的储藏设备和加工设备就可以了。

（3）便于人员培训　集团规模变大后，可以成立培训中心，为各分店培训具有专业快餐管理知识的高素质员工，保证连锁店的科学管理。

2. 品质标准化

标准化对于连锁经营企业来说具有举足轻重的作用，然而我国本土快餐连锁企业的标准化程度相对于麦当劳等跨国企业来说却非常低。

实行标准化，对企业经营中的各个环节包括经营方式、经营理念以及品牌形象制定统一的标准，能使分散的经营分支机构遵循统一的规范，这样既能实现系统的整体优化，又带给顾客一致的服务及形象，容易使顾客产生定向消费的信任或依赖，从而减少顾客消费的风险成本，提高顾客的消费忠诚度，并且具有市场整合效应、资源共享效应和无形资产倍增效应等方面的优势，也避免了重复成本支出和营销费用。

连锁企业的专业化分工主要是通过标准化管理实现的，通过数据采集、定性定量分析、现场作业研究等途径制定出既简单易行又节省时间和费用的标准化作业流程，这样不但会大大提高企业的营业效率，减少意外差错的发生，保证发挥专业分工的优势，又可以有效地保持企业的经营特色，以标准化的作业为顾客提供品质稳定的产品和服务，从而取得市场竞争优势。规范化管理是连锁企业高效运作的重要保证。

由于连锁经营在管理方式上不是传统的单店管理，因此必须制定一套规范的管理制度和调控体系，以保证庞大而又分散的连锁经营体系内部的各类机构协调有效地运转，减少个体的经验因素对经营的影响。通过制定统一的标准，使复杂的商业活动在职能分工的基础上实现相对的简单化，能够保证管理的规范化在所有分店得到充分的实施。

而许多人对中式快餐的标准化持怀疑态度，认为中国食品讲技艺、讲火候、讲锅气，不可能实现标准化。其实在标准化的问题上恰恰不是技术障碍而是观念保守，只要采取开放的、愿意尝试的观念，由了解快餐运作的专业人员和懂中餐厨艺的人员共同制定标准，部分中国食品实现全面标准化的可能性是很大的。标准化的第二个难点才是硬件上的，即设备的自动化、专业化程度不够。事实上可以通过制定科学的标准，然后再据此进行加工设备的开发。甚至说只要标准定得好，部分手工作业也可达到满意的效果。

标准化的特点是将涉及产品的前前后后每个环节都制订出标准，操作过程全部按标准进行，得到的产品都是符合标准要求的产品。在江苏大娘水饺餐饮有限公司，他们制订了原材料采购标准、存储标准、初加工标准、煮制过程标准、服务售卖标准等，使产品的风味好，品质比较稳定，普通中学毕业生经过两个星期的培训就可以做出标准的快餐食品。生产的标准化是连锁分店复制的基础，能有效控制分店产品质量的统一。因此标准的完善为"大娘水饺"的全国性连锁经营打下了坚实基础。

3. 准确把握市场定位

中国的快餐企业给人的感觉是为所有人服务，目标市场不明确，产品特色不突出，针对性不强，经营效果就不显著。因此，企业首先要进行市场细分和市场定位。市场细分是市场定位的前提和必要条件,市场定位是市场细分的目的。企业要根据人们所处地域、年龄、收入和口味的不同把消费者分成若干个子市场,然后根据企业的经营规模和经营特色选择最有可能满足需求的细分市场,努力为这一市场的顾客服务。这样,准确的市场定位就形成了,产品的特色就鲜明了,给人们的印象也就深刻了。

4. 提高顾客忠诚度

我国的快餐业有着广阔的市场空间。我国13亿人口,如果每人年均快餐消费100元,那么年消费额就是1300亿元。据专家分析我国最终可形成每天有3亿人吃一次快餐的格局,市场之大,不可低估。巨大的市场空间只是为快餐业的发展提供了外部条件,中式快餐想要在这个市场中像肯德基、麦当劳那样长足发展就要抢占市场并且实现可持续发展,而抢占市场就先要赢得顾客。因此,怎样才能成功地赢得并留住顾客就成为中式快餐实现可持续发展的关键。

洋快餐有其特定的消费群,如肯德基、麦当劳抓住了孩子,但中式快餐往往想把所有的中国人都作为他们的消费群,强调"大众口味,老少咸宜",这样的定位虽然可能使大多数顾客满意,但顾客的忠诚度并不高,并不能使企业实现可持续发展。按照Aon咨询公司忠诚度研究所总裁大卫·斯坦的说法,50%以上满意的顾客将来还会到别处购买同样的产品,他们对公司是不忠诚的。肯德基以回头率把顾客划分为重度、中度、轻度3种类型。重度顾客是指一个星期来一次的,中度顾客是指大约一个月来一次的,轻度顾客是指半年来一次的。对重度顾客,肯德基的营销策略是要保持他们的忠诚度,不让他们失望。调查表明肯德基的重度顾客几乎占了30%~40%,来自这些重度顾客的销售额占了肯德基总销售额的很大比例。由此可见,拥有忠诚度高的顾客对于中式快餐成功地留住顾客从而实现可持续发展具有非同寻常的意义。

因此,作为餐饮业固然应该给顾客提供优质的产品、优秀的服务、舒适清洁的就餐环境,但仅仅停留在这些层面上充其量只能实现顾客满意,而满意的顾客并不都是忠诚顾客。快餐业的忠诚顾客应该有以下特点。

(1)反复在同一家公司的餐厅就餐。

(2)倾向于买一家公司的多种食品。

(3)向其他顾客介绍公司的食品和服务。

(4)相信他们购买的食品物有所值,并且能抵制竞争者的诱惑。

(5)了解公司的政策和程序,所以重复购买并不需要太多的时间。

(6)由于喜欢和信赖公司,乐意购买它的食品,即使公司稍许提价,也不会停止在这家公司就餐。

鉴于忠诚顾客具有的特点及其对公司发展的重要性,中式快餐需要准确定位自己的顾客群,全方位地改进软硬件设施。对于产品、服务、清洁等方面要制定严格、科学、可操作性强的细化标准,并要求每一位员工都不折不扣地执行。还要加强对员工的培训、激励,使员工完全融入企业文化中,真心为顾客提供高质量的服务,而不只是停留在原来意义上的热情待客、微笑服务,要给顾客营造出一种轻松亲切而又值得信赖的氛围。在营销方式上还要注意提高各餐厅的地区融入程度与亲和力,只有这样才能实现顾客满意,进而将满意的顾客变成忠诚的顾客,使中式快餐实现可持续发展。

5. 引用先进的科学技术，加强系统建设，完善整个服务网络

快餐企业要结合行业特征、企业自身特点，选择适宜的管理技术，如供应链管理、客户关系管理、订货管理系统等，对企业整个业务流程进行优化配置，提高企业经营效率，为顾客提供更加及时、更高水平的服务。此外，在开展连锁经营时，物流系统建设的好坏直接决定了企业经营效果，所以企业应该非常重视物流。根据企业自身的状况，可以自己完成整个物流配送的工作，也可以将物流业务委托给专门的第三方物流企业完成。不论哪种方式都是为了将企业的内、外资源合理配置，真正达到连锁企业发展要求的七个"统一"，即统一采购、统一配送、统一标识、统一经营方针、统一服务规范、统一广告宣传和统一销售价格等，进而在行业竞争中能更吸引消费者和合作伙伴。

6. 引进和培养人才，加强技术研发

在中式快餐发展过程中，专业人才的作用越来越突出，培养人才、引进人才和建立人才培育机制成为当务之急。要把外来引进和自我培养相结合，以自我培养为主，完善企业的人力资源系统，逐步建立企业的内部培训体系，形成人才的输送机制，这是支撑中式快餐发展的重要基础。同时，要增强在岗培训力度，不断提升员工素质与专业水平，使员工与企业共同成长，才能保证达到企业发展壮大的迫切要求。

教育、培训、理论研究、科技开发水平的提高，相关产业链条的紧密嫁接联合，能进一步加快中式快餐生产专业化、经营集约化、企业规模化、服务社会化和产业一体化的发展步伐。要进一步推进我国传统烹饪技术工艺的更新与发展，重视适合快餐生产工艺要求的专门设备研究开发力度，加快理论水平、科技应用和产业化进程，提高快餐业的科技含量和质量水平，使快餐发展走上新的台阶。

7. 发挥中式快餐的特色

中式快餐在实施标准化时，需要借鉴现代西式快餐在标准化运作方面的成功经验，但也不能照搬西式快餐的模式，必须结合中式快餐的条件和特点，按照适度标准化的原则建立具有实用性、可操作性的标准化控制体系。例如，把中式快餐的工艺条件、配料、制品形状和大小、制作动作等作为标准化控制的对象；针对不同的操作特点和条件采用不同方式来进行控制；通过对从原料到成品生产过程的每一工序的质量分析，确定标准化控制点与控制措施。

从中式快餐的本质看，一味追求快餐的标准化、工业化会掩盖中式快餐品种多样、原料丰富、烹饪手法灵活等特点，不能很好地满足消费者求新、求特、求奇、求变的心理需求。其次，一些很有特色的中式菜点只因技艺含量高，研发时达不到标准化、工业化的要求，而被无情地抛弃了，使得中式快餐推陈出新的速度赶不上消费者对多样性需求的变化。

因此，走有中国特色的中式快餐发展之路势在必行。

（1）建立松散型品牌连锁，突出地方特色　中式快餐不能完全标准化、工业化决定了产品在口味、形状、质量上达不到高度的统一。那么，以连锁方式经营的企业应该将经营重心由追求产品的"刚性"统一转向松散型品牌连锁——以建立和渲染企业文化为主线，将品牌的营运作为企业工作的重中之重，允许各加盟店根据当地实际情况，将产品稍做改变或适度开发特色菜，以便更能迎合当地消费者的需求。实际上，这是一种产品的"柔性"管理，具体的实施方法为地方化。

地方化，即在不违背企业利益、不损害品牌形象的前提下，使产品（从菜品本身，到餐厅装饰、服务、促销等）尽量适应当地的饮食特色、消费习惯和民风民俗。既能提高产品的接受度，又能美化和巩固品牌的形象。下面举一个反例来说明忽略地方化的后果。天津狗不理进驻杭州时只为了强调产品在口味和形式上的统一，保持皮薄、馅满、汁多的特点和坐在餐厅里慢慢享用的消费习俗，而忽略了当地人的饮食习惯——边走边吃，结果使消费者非常不便，最后引起了消费者的排斥导致经营失败。

地方化的另一个好处是能够保持品牌，乃至整个企业的活力。第一，地方化的基础——创新，是维持品牌和企业旺盛生命力的源泉；第二，地方化意味着更多的自主权，能够提高加盟者的积极性；第三，地方化能使企业触及到最终端的消费者，并能根据瞬息万变的消费需求和市场环境作动态调整。

但是，用地方化进行松散型品牌连锁时很难把握一个度，易造成品牌的分散和管理的弱化。地方督导制度恰能起到监督作用。总部定期派出专业督导员，到各加盟店例行检查、沟通意见。其中，对菜品的监督尤为重要，既要保持"主打菜"的原汁原味，又要防止地方特色菜越俎代庖。

"刚"与"柔"的并进、标准与特色的融合，才是发展中式快餐应该达到的境界。

（2）实事求是的定位思想　近来，有人提出将"振兴民族餐饮"作为中式快餐的定位方针。但这样很容易使中式快餐连锁企业在与西式快餐的盲目竞争中迷失自己。曾经名噪一时的荣华鸡就是因为沉迷于不切实际的定位"中国历史上第一个打败肯德基的快餐店"，迷失了自己，丧失了特色。因此，中式快餐连锁企业应以实事求是的定位思想为指导，根据自身实力和市场情况，及时捕捉消费者求新、求奇、求变、求特的思想火花，使自己在激烈的竞争中立于不败之地。

（3）特色与创新相结合　中国饮食中有许多适合快餐的品种，如北方水饺、兰州拉面、无锡煎馒头、成都龙抄手等。企业在继承的基础上，创新发展，学习西式快餐的精髓，才是中式快餐的根本出路。中式快餐品种较多，制作工艺繁杂，消费者要求干湿搭配，保热保烫。同时，传统的名点名菜、小吃具有较高的技艺含量，有些并不适合机械生产。这与快餐的最大特点——加工制作机械化、产品供应速度快捷化相抵触。化解矛盾的方法之一，便是融合手工制作和机械生产——除部分成品和半成品等用机械生产，以保证质量外，少数名特品种仍坚持现场成型、现做现卖的原则。

综上所述，中式快餐要想兴旺发达，就必须学习西式快餐成功的精髓，而不是表面的、肤浅的东西，这就需要我国的快餐企业要有钻研和牺牲的精神，真正地去剖析快餐文化，真正地去了解消费者需求，真正地为消费者服务，从小事做起，在保持中式快餐特色的基础上，学习西式快餐的经营管理与服务经验，走规模化、标准化、优质化的道路。

四、中式快餐连锁经营具体模式

上面阐述了中式快餐的发展途径，那么中式快餐如何具体实施连锁经营模式呢？下面以中式快餐连锁"马兰拉面"为例，来具体阐述中式快餐连锁经营的具体模式。

"马兰拉面"经过十几年的发展，已在技术标准化、配方科学化、生产工业化、服务规范化等方面取得了较大的进展。这与其一贯重视产品品质的严格管理是分不开的。

1. 在原材料产地建立生产加工基地

为了向连锁店提供质量稳定、标准统一的食品原料,他们在原材料产地建立了生产加工基地。在兰州建立的汤料、拉面剂生产加工基地的基础上,他们又先后在国家中草药资源十分丰富的西北岷山地区建立了无污染的、天然的调味料种植生产基地;他们经过对全国盛产辣椒的云、贵、川等地考察后,发现西北甘肃省的甘谷县出产的辣椒有一种特殊的香气,遂决定在甘谷当地建立辣椒生产基地;此外,他们还在甘肃陇南建立花椒生产基地,在山东建立干姜生产加工基地,在青海、四川、甘肃等地建立牦牛肉生产加工基地,在江西九江建立筷子加工基地。

2. 制定原材料检验标准

他们对面粉、牛肉的标准进行了重新修订,制定出"马兰拉面"专用面粉检验标准和牛肉检验标准。选定的"马兰"专用特精面粉不仅完全符合国家面粉质量标准,而且其粗细度、面筋质、灰分等理化指标远远优于国内同等级面粉,制作出来的"马兰拉面"口感更加滑爽、筋道、细腻。在牛肉的选定上,马兰公司经过对全国主要肉牛产地的考察,选定青海、甘肃等地的海拔3500m以上的天然牧场放养的牦牛。其肉质鲜嫩,具有天然野味、高蛋白、低脂肪、无任何污染的特点,是名副其实的绿色食品和理想的保健食品。每碗"马兰拉面"中都配有这种牛肉,提升了拉面的营养价值。目前"马兰拉面"已建立牦牛肉生产加工基地,供应全国各连锁店。

3. 投入大量资金建立研发中心和中心厨房,加大科研开发力度

"马兰拉面"引进日本快餐设备专家研制开发的现代快餐专用设备,提高了马兰快餐设备的工业化、标准化水平;聘请韩国餐饮管理专家,使得管理更加标准化、规范化。中心厨房的建立保证了食品质量的高度统一,并且提高了生产效率,减少了各连锁店的生产面积,从而获得了规模效益,降低了生产成本。

4. 建立和完善配送体系

2000年,马兰对配送中心业务进行了重大调整,明确了配送业务的市场化自由竞争的发展方向。通过建立和完善各项配送管理制度,加强配送人员队伍的建设,增加配送产品的种类,实现了配送商品的标准化;通过建立联盟制业务模式和联盟商的评定与评审制度,重点发展主要供应商联盟队伍,逐步建立起供应商网络体系;通过配送中心统一采购、批量进货、集中存放商品,减少了各连锁店的库存量。这不仅使各连锁店能够得到同等质量且价格较低的商品,降低了经营成本,而且较大幅度地降低了物流配送的整体成本,也提高了连锁店的配送能力,并逐步开始向中式快餐业的专业化配送方向发展。

5. 强化品牌形象

随着社会经济的发展,人们选择的商品在质量、技术上的差别日益缩小,而消费者越来越关注"品牌"二字。在"马兰拉面"的发展过程中,品牌战略始终被视为重中之重并贯彻始终。"马兰拉面"推广伊始便斥资导入形象设计,营造"千店一面"的品牌效应,树立起了极富个性化的品牌形象。

"马兰拉面"为我们提供了一个快餐连锁经营模式的具体范例,非常值得中式快餐企业借鉴。

> **本节思政教育要点**
>
> 餐饮从业者要结合中式快餐的特点和优势，不断探索中式快餐的发展途径，努力提高中式快餐的经营水平。

 典型案例

"标准化"加"灵活性"

"永和豆浆"在推广标准化的时候，不是简单地照搬照抄洋快餐的做法，更不是机械地模仿而忽视了中式餐饮自身的特殊性。虽然，产品的标准化是中式快餐高速成长的瓶颈，但中式快餐的机械化生产又容易失去原有的风格。为此，"永和豆浆"一直谋求在两者之间取得平衡点。

一方面，将所有能够标准化、机械化生产的工序都标准化；能标准化、机械化制作的产品一律实行工厂化制作。另一方面，还十分重视中国餐饮文化以"味"取胜的特点。在标准化中注意个性化操作，由厨师"因地制宜作调整"，来保证以味取胜。在进入连锁加盟的新市场、新区域时，还要充分了解当地的习俗，如消费习惯、生活方式、口味特点等，以便有针对性地设计和生产适合当地消费的产品。

就拿豆浆来说，台湾人喝的咸豆浆中必须要加醋才对味，而上海人喝咸豆浆则完全不能加醋，加了醋，会认为豆浆变质了。所以，"永和豆浆"当时在大陆开店时，即对导入大陆市场的食品进行改进，然后再请大陆的台商在当地的亲戚朋友来试吃，并根据他们的反映调整产品的口味，很快就适合了当地市场的需求。

"永和豆浆"的经验表明：中式快餐应"以我为主，博采众长，融合提炼，自成一家"，标准化加上灵活性，才能真正体现中式快餐的特色。

评析

首先，"永和豆浆"将所有能够标准化、机械化的生产工序都标准化；能标准化、机械化制作的产品一律实行工厂化制作，以保证产品质量的统一。

另一方面，"永和豆浆"还十分重视各地不同的消费习惯、生活方式、口味特点，在标准化中注意个性化操作，来保证中餐以味取胜，以便有针对性地设计和生产出适合中国各地消费者的产品。

本章小结

快餐厅运营与管理水平的提高，对发展中的中式快餐业具有急迫和现实的意义。生产的工业化、产品的标准化、经营的连锁化、服务的规范化是中式快餐业稳步发展的关键。本章分别介绍了中西式快餐的发展现状；西式快餐厅的运营与管理；中式快餐的发展前景及发展途径和中式快餐连锁经营的具体模式。

复习思考题

1. 西式快餐厅的运营与管理有哪些特点？
2. 中式快餐的经营和管理存在哪些问题？
3. 中式快餐的发展途径是什么？
4. 中式快餐如何进行连锁经营？

实训题

1. 充分利用吃中西快餐的时机，观察比较中西快餐厅在餐厅环境、服务与管理方面有何不同，并思考中式快餐如何缩小与西式快餐在生产与经营管理方面的差距。
2. 分组探讨中式快餐的发展途径及连锁经营的具体模式。

参考文献

[1] 荆新，王化成.财务管理学.北京：中国人民大学出版社，2002.
[2] 孙庆群，王铁.旅游市场营销学.北京：化学工业出版社，2005.
[3] 林南枝.旅游营销学.天津：南开大学出版社，2000.
[4] 国家旅游局人教司.现代旅游饭店管理.北京：中国旅游出版社，2001.
[5] 王心广.餐饮旺店的秘密—管理细节篇.北京：北京大学出版社，2011.
[6] 刘德光.旅游市场营销学.北京：旅游教育出版社，2004.
[7] 赵西萍.旅游市场营销学.天津：南开大学出版社，2000.
[8] 靳国章.饮食营养与卫生.北京：中国旅游出版社，2004.
[9] 孙超.饭店前台管理.北京：中国旅游出版社，2004.
[10] 阎喜霜.烹调原理.北京：中国旅游出版社，2004.
[11] 郑晓明.人员培训实务手册.北京：机械工业出版社，2002.
[12] 沈小静.采购管理.北京：中国物资出版社，2005.
[13] 蒂莫西·拉塞特.战略采购管理.北京：经济日报出版社，2003.
[14] 夏连悦.餐饮业现场管理方法.北京：东方音像电子出版社，2002.
[15] 王文君.酒吧经营与管理.北京：商业出版社，2002.
[16] Jone F.Love.McDonald's: Behind the Arches.New York：Random House，2008.
[17] 杨凤珍，潘小慈.餐厅服务与管理.大连：东北财经大学出版社，2002.
[18] 姜松龄，祝宝钧.餐巾折花.杭州：浙江人民出版社，2006.
[19] 张志宇，黎万国.餐饮服务与管理.北京：中国财政经济出版社，2005.
[20] 汪春蓉.餐饮服务教程.成都：四川大学出版社，2004.
[21] 周宇，颜醒华.宴席设计实务.北京：高等教育出版社，2003.
[22] 陈觉.餐饮服务要点及案例评析.沈阳：辽宁科学技术出版社，2004.
[23] 苏北春.餐饮服务与管理.北京：人民邮电出版社，2006.
[24] 于英丽，李丽.餐厅服务技能实训教程.大连：东北财经大学出版社，2006.

[25] 劳动和社会保障部，中国就业培训技术指导中心.餐厅服务员（初级技能、中级技能、高级技能）.北京：中国劳动社会保障出版社，2003.

[26] 乐盈.饭店餐饮管理.重庆：重庆大学出版社，2002.

[27] 郭敏文.餐饮服务与管理.北京：高等教育出版社，2003.

[28] 赵建民.餐饮质量控制.沈阳：辽宁科学技术出版社，2001.

[29] 肖晓.餐饮管理——原理与实践.北京：经济管理出版社，2011.

[30] 李勇平.餐饮服务与管理.大连：东北财经大学出版社，2005.

[31] 黄浏英.主体餐厅的设计与管理.沈阳：辽宁科学技术出版社，2001.

[32] 黎洁，肖忠东.饭店管理概论.天津：南开大学出版社，2007.

[33] 黄文波.餐饮管理.天津：南开大学出版社，2010.

[34] 谢世忠.中小餐馆经营管理大全.北京：中国纺织出版社，2004.

[35] 程新造.星级饭店餐饮服务案例选析.北京：旅游教育出版社，2000.

[36] 邵万宽.现代餐饮经营创新.沈阳：辽宁科学技术出版社，2004.

[37] 付钢业.现代饭店服务质量管理.广州：广东旅游出版社，2005.

[38] 徐文苑，严金明.饭店前厅管理与服务.北京：清华大学出版社，北京交通大学出版社，2006.

[39] 李韬.餐饮全面服务管理.北京：旅游教育出版社，2009.

[40] 邹金宏.现代饭店餐饮服务与培训.广州：广东旅游出版社，2003.

[41] 姜玲.星级餐饮服务人员指导教程.广州：广东经济出版社，2003.